Alain Braconnier

Väter & Töchter

Alain Braconnier

Väter & Töchter

Eine prägende Beziehung verstehen

Aus dem Französischen
von Karola Bartsch

Kreuz

Bibliografische Informationen der Deutschen Bibliothek
Die Deutsche Bibliothek verzeichnet diese Publikation in der
Deutschen Nationalbibliografie; detaillierte bibliografische Daten
Sind im Internet über http://dnb.ddb.de abrufbar.

© 2008 Verlag Kreuz GmbH
Postfach 80 06 69, 70506 Stuttgart

www.kreuzverlag.de

Alle Rechte vorbehalten
Umschlaggestaltung: [rincón]² medien gmbH, Köln
Umschlagbild: © Jack Hollingsworth / Getty Images
Satz: de·te·pe, Aalen
Druck: GGP Media GmbH, Pößneck

ISBN 978-3-7831-3031-7

Inhalt

Einführung

Kann ein Vater seine Tochter zu sehr lieben? Die Beziehung zum Vater bestimmt die gesamte Entwicklung eines Mädchens und prägt ihr Schicksal als erwachsene Frau, Geliebte oder Ehegattin.

Um die Beziehung zwischen einer Tochter und ihrem Vater zu verstehen, müssen wir uns klar machen, welche Rolle der Vater für das Selbstbild des Mädchens und ihre Vorstellung von sich als Frau spielt. Positiv wird ein Mädchen dann geprägt, wenn es sich vom väterlichen Stolz getragen fühlt und auch danach strebt: Kaum etwas wirkt stimulierender auf das Berufs-, Familien- und Liebesleben als Stolz, und Mädchen müssen dieses Gefühl, das allerdings weder oberflächlich noch egoistisch motiviert sein darf, bei ihrem Vater spüren. Negativ geprägt wird ein Mädchen durch den Vater, wenn es entweder zu sehr geliebt wird oder die Verbindung Verletzungen verursacht hat, die nicht überwunden sind.

Viele Frauen erwarten heute von einem Mann, dass er ihrem Vater ebenbürtig ist, ohne dessen Schwächen zu haben; sie wollen zu ihm aufschauen und erwarten gleichzeitig die Zuneigung von ihm, die ihnen früher vielleicht nicht immer in ausreichendem Maß zuteil geworden ist. Sind es unerfüllte Erwartungen an einen »idealen« Vater, weswegen manche Frauen noch so lange nach ihm suchen? Finden sie deshalb nicht den »Traummann«, der sich um sie kümmert und ihnen hilft, sich als Frau zu verwirklichen, weil sie sich einen Mann wünschen, der sämtliche Eigenschaften ihres Vaters besitzt?

Väter spielen immer eine entscheidende Rolle für das Schicksal ihrer Töchter, und zwar schon in deren ersten Lebenstagen und -wochen. Wie sollen sie sich also verhalten, damit ihre Töchter ihre Weiblichkeit nach den eigenen Bedürfnissen entwickeln können? Was sollen sie tun, was unterlassen, damit die Töchter sich auch als Erwachsene gern mit ihnen abgeben und nicht zuletzt dank ihnen glücklich sind? Natürlich kann man die Geschichte einer Frau nicht auf ihre Vaterbeziehung reduzieren, aber bei genauerem Hinsehen können wir vor dem Hintergrund einiges an dem Glück und Leid der Frau besser verstehen.

Die Funktion der Väter ist nicht mehr dieselbe wie vor fünfzig Jahren. Die Rolle, die sie heute für ihre Töchter von deren jüngster Kindheit an spielen oder spielen sollten, hat sich beträchtlich gewandelt. Es ist ein Wechsel von einer entrückten, patriarchalen Vaterfigur hin zu einem väterlichen Vorbild, mit dem sich eine Tochter unmittelbar identifizieren kann – sofern der Vater auch tatsächlich Möglichkeiten zur Identifikation bietet. Folglich hat sich auch die Vater-Tochter-Beziehung gewandelt: Heutzutage ist ein Vater schon in den ersten Lebensmonaten seiner Tochter emotional und ebenso in praktischen Belangen an deren Aufwachsen beteiligt; sämtliche Studien belegen das. Eine entscheidende Veränderung innerhalb nur weniger Jahrzehnte! Mädchen können sich heute in allen Lebensbereichen sehr viel mehr als früher mit ihren Vätern identifizieren, sei es während ihrer Schullaufbahn und in ihrer beruflichen Karriere, sei es in ihrer Lebensweise ganz allgemein und in Sachen Unabhängigkeit, Liebesleben und gesellschaftlicher Erfolg. Damit haben sich auch die Erwartungen an ihre Väter grundlegend gewandelt. Wie sehen sie konkret aus, worin äußern sie sich und was genau verbirgt sich hinter ihnen? Bekanntlich ist die Mutter-Tochter-Beziehung von Ambivalenz geprägt, die Vater-Sohn-Beziehung von Komplizenhaftigkeit und Rivalität und die Mutter-Sohn-Beziehung von Liebe und dem Bedürfnis nach Abstand. Was aber hat es mit Vätern und Töchtern auf sich? Auf welchen Nenner lässt sich diese Beziehung bringen, und worin liegt heutzutage ihre Hauptproblematik? Auch wenn sich das Verhältnis zwischen Vater und Tochter für jedes Mädchen anders darstellt, sogar innerhalb ein und derselben Familie, scheint mir, dass diese Geschichte, die einen Vater mit seiner Tochter verbindet, insgesamt noch immer viel Unausgesprochenes enthält. Das ist die Folge einer Schamhaftigkeit auf beiden Seiten, die genauso stark ist wie alle anderen Gefühle. So kann das Unausgesprochene auch von angestauter Wut und Enttäuschung herrühren, etwa bei Töchtern, denen bewusst wird, dass ihre Väter sich nicht von ihrer eigenen Kindheit gelöst haben und das Bild ihrer Mutter auf alle Frauen und damit auch auf die eigene Tochter übertragen.

Hat Katharina von Medici, die einstige Königin von Frankreich und Mutter dreier Könige, ihre Kraft, ihre Charakterstärke und ihr Machtbewusstsein ihrer väterlichen Abstammung zu verdanken? Immerhin avancierte Florenz zu Zeiten ihres Großvaters Lorenzos des Prächtigen und ihres Vaters Lorenzo II. zum Zentrum Europas. Im Laufe meiner Tätigkeit habe ich jedenfalls die Erfahrung gemacht, dass väterlicher Einfluss sich nicht nur von Königen auf Prinzessinnen überträgt. Kehren wir zurück zu den jungen Frauen von heute, wie beispielsweise Anäis: Sie ist eine moderne Frau, die Wert auf ihre Unabhängigkeit legt und in ihrer Ehe unzufrieden ist. Sie braucht, wie sie sagt, das Gefühl, geliebt und unterstützt zu werden; sie will sich frei fühlen und zu ihrem Mann »aufschauen« können. Anäis' Vater war, wie viele Männer seiner Generation, autoritär und mitunter cholerisch, doch hat er seine Kinder stets geliebt. Er war distanziert, aber gesellschaftlich angesehen und außerhalb der Familie sehr engagiert – beruflich wie außerehelich. Als Kind wünschte sich Anäis, ihr Vater wäre präsenter gewesen und hätte sich mehr mit ihr beschäftigt. Sie hätte gern das Gefühl gehabt, dass sie ihm unendlich viel bedeutet, doch gehörte er zu den Männern, die keine Gefühle zeigen. Wie viele ihrer Geschlechtsgenossinnen wünscht sich die intelligente und energiegeladene Dreißigjährige einen Mann, der ihr zur Seite steht, Alltagsfreuden und -probleme mit ihr teilt und sie nicht enttäuscht; doch tief im Innern sucht sie in dieser Verbindung auch nach Empfindungen, die ihr Vater in ihr hervorgerufen hat. Diese »Vaterfigur« hat bei der Tochter eine Mischung aus Wut, Bewunderung und Schamhaftigkeit erzeugt.

Mit dem Älterwerden wird alles anders, und das wird den Töchtern wohl schneller bewusst als den Vätern. Sie tun sich oft schwer, wenn sie sehen, dass ihre Tochter erwachsen wird; sie leiden, wenn sie die Tochter in den Armen eines anderen Mannes sehen, bei dem sie fortan auch Rat einholen und dessen männliche Autorität für sie zählt. Das Bedürfnis, einander zu sehen, mag allmählich nachlassen, die Suche nach dem Vater aber dauert fort. Im Grunde sind Väter und Töchter nicht so unterschiedlich, aber immerhin doch so sehr, dass sie sich manchmal erst nach langer Zeit aussprechen und zueinander finden.

In dem sehr schönen, dreifach Oscar-prämierten Film *Am goldenen See* spielen Jane und Henry Fonda eine Tochter und einen Vater, die Bilanz ziehen über ihr befremdliches Verhältnis zueinander. Bei ihrer Begegnung an diesem See wird der Tochter Chelsea bewusst, wie sehr ihr der Austausch mit dem Vater gefehlt und wie viel Liebe sie von ihm erwartet hat. Und ihr stolzer, scharfzüngiger Vater Norman begreift, was er alles falsch gemacht hat, weil er nicht verstand, was seine Tochter von ihm wollte. Plötzlich sind Vater und Tochter, die praktisch nicht miteinander kommuniziert haben und ein scheinbar distanziertes Verhältnis hatten, mit ungeahnt intensiven Gefühlen konfrontiert.

Sollten Väter und Töchter ein Leben lang brauchen, bis sie sich wirklich begegnen? Eines Tages fragte ich schmunzelnd eine Freundin, die über den Egoismus von Männern klagte, wie lange sie ihren Vater geliebt habe. »Bis ich zwei war und begriffen habe, dass er ein Mann ist!«, gab sie humorvoll zur Antwort – und fuhr dann mit plötzlichem Ernst fort: »Ich glaube, mein Vater ist immer der wichtigste Mann in meinem Leben gewesen. Ich hätte ihm das auch irgendwann gern gesagt, aber nur, wenn er mir wirklich zugehört hätte und nicht wütend geworden wäre, weil ich ihm Vorwürfe mache, und wenn er seinen paternalistischen Ton abgelegt hätte, über den ich mich so oft geärgert habe. Als wenn ich immer noch ein kleines Mädchen wäre!«

Wenn Frauen ausführlich mit mir über ihre Väter geredet haben, ging es meistens auch um die Probleme mit ihnen. Damit stellt sich die Frage, warum es in dieser zuweilen schwierigen, von Liebe und Schamhaftigkeit geprägten Beziehung manchmal ein Leben lang braucht, bis man sich näher kommt und einander sagen kann, wie sehr man sich liebt. Auch wenn es nicht den Anschein hat, hegen viele Töchter für ihre Väter noch lange dieselbe Bewunderung wie als kleines Mädchen. Die Väter nehmen ihrerseits irgendwann die unleugbare Tatsache hin, dass ihre Töchter erwachsen sind, und lieben sie weiterhin, wenn auch auf andere Weise. Bevor zwei Menschen sich begegnen können, vergehen mitunter Jahre. Manchmal kann man erst mit dem nötigen Abstand ohne Schuldzuweisungen und Feindseligkeit miteinander reden wie Erwachsene, die sich in Liebe zugetan sind. Zeit spielt hier, wie so oft, eine wichtige Rolle.

Sollte man aus all dem nicht Konsequenzen ziehen, bevor es zu spät ist? Kann man den offenbar schwierigen Dialog zwischen Vätern und Töchtern heutzutage nicht erleichtern? Väter sollten die Erwartungen und das Gespür ihrer Töchter zulassen, auch wenn diese sie nicht offen zur Sprache bringen. Und Töchter sollten wissen, dass ihre Väter oft Zärtlichkeit, Liebe und Wertschätzung für sie empfinden, auch wenn es nicht gerade ihre Stärke ist, sich mitzuteilen. Beide müssen einen Schritt aufeinander zugehen.

Schamhaftigkeit spielt eine zentrale Rolle im Vater-Tochter-Verhältnis; meistens bewahrt sie vor gefühlsbetonten Momenten – und sollte deshalb, wenn nicht ganz, so doch zum Teil überwunden werden. Das vorliegende Buch ist die Quintessenz dessen, was junge Frauen mir – und damit einem Mann, der zugleich Therapeut ist und von daher eine besondere Rolle innehat – über ihre Väter anvertraut haben. Ob ihre Beziehung zu ihnen glücklich oder unglücklich war, alle haben mir irgendwann versichert, welch enorme Bedeutung dieser Mann in ihrem Leben hatte. Natürlich habe ich auch berücksichtigt, was Väter und Mütter mir berichtet haben. Ich habe zu verstehen versucht, was mir unmittelbar erzählt wurde, und habe mich bemüht, versteckte Hinweise zu deuten. Was ich auf diese Weise erfahren habe, gebe ich weiter in der Hoffnung, dass Töchter sich mit ihren Fragen über ihre Väter künftig nicht mehr allein gelassen fühlen und ihr Leben dadurch leichter wird. Ebenso hoffe ich, dass Väter besser verstehen, was ihre Töchter von ihnen erwarten – und dadurch wiederum ihre Töchter besser verstehen. Letztlich geht es mir darum, die grundlegende Frage von Vätern und Töchtern zumindest in Ansätzen zu erhellen: »Wer ist eigentlich mein Vater?« und »Wer ist meine Tochter wirklich?«

Kapitel I
Wer bist du, Vater?
Wer bist du, Tochter?

Wenn eine Tochter über ihren Vater spricht, legt sie ihn oft auf eine bestimmte Wesensart fest, einen Aspekt seiner Person, dem ihr besonderes Augenmerk gilt und der sie am meisten beschäftigt hat. Das nachstehende, keineswegs lückenlose Panorama zeigt »Momentaufnahmen«, wie sie mir oft beschrieben wurden. Dahinter steht natürlich immer eine komplexe Vater-Tochter-Beziehung, die sich nicht so leicht auf einen Nenner bringen lässt. Ein Klischee kann jedoch ein Ausgangspunkt sein, um eine einzigartige, unvergleichliche Verbindung in ihrer ganzen Komplexität zu begreifen. Wenn eine Tochter das Bild heranzieht, das sie insgesamt von ihrem Vater hat – »Du warst dermaßen autoritär!« –, und wenn man das Klischee als solches erkannt hat, dann lohnt sich die genauere Beschäftigung mit der Frage, warum gerade dieses Bild sich bei der Tochter verfestigt hat.

Was Frauen über ihre Väter berichten

Mädchen haben oft Angst vor ihrem Vater, und diese Angst lässt sie, bei aller Liebe für ihn, auch lange nicht los. Das ist einer der bemerkenswertesten Widersprüche in der Vater-Tochter-Beziehung. Auch wenn die eigene Liebe sich vielleicht erschöpft hat, will man doch immer noch geliebt werden: Rührt die Angst der Töchter vor ihren Vätern etwa von der Angst, nicht mehr geliebt zu werden? Oder wird sie durch seine symbolische Autoritätsstellung ausgelöst? Schon im Alter von sechs bis sieben Jahren denken Mädchen darüber nach, was ihre Väter für sie darstellen, und ganz ohne Zweifel kommen sie auch zu Urteilen über ihren Erzeuger. Wie weit reicht diese Liebe? Und mit welcher Desillusionierung ist sie mitunter verbunden? Das wollen wir anhand verschiedener Fallbeispiele untersuchen.

»Er war immer für mich da« – der ideale Vater

Als ich einer Freundin von meiner Arbeit an diesem Buch berichtete, lautete ihre unmittelbare Reaktion wie folgt: »Ich hoffe, dass du nicht nur problematisierst. Ich zum Beispiel habe mich mit meinem Vater viel besser verstanden als mit meiner Mutter … Er hat mir immer das Gefühl gegeben, dass er für mich da ist …« Es gibt viele »gute« oder – um eine Beschreibung des Kinderarztes und Psychoanalytikers Winnicott zu verwenden – »hinreichend gute« Väter. Haben sie eine Art innerer Gabe, die ihnen vielleicht der eigene Vater vermittelt hat? Oder geht es im Gegenteil um »Wiedergutmachung«, weil sie den eigenen Vater nicht geliebt haben und ihn auf keinen Fall nachahmen wollen? Oder haben sie ihre Mutter so sehr geliebt, dass sie deren Ebenbild bei der eigenen Tochter suchen? Jede Geschichte ist einzigartig, aber fast immer findet man bei den Mädchen und Frauen die Vorstellung, ihr Vater sei der Beste und immer für sie da. Gibt es Männer, die ihm das Wasser reichen können? Das ist die eigentliche Frage, wenn der Vater als perfekt und über jeden Verdacht erhaben gilt …

Nehmen wir Diane, die Sprachen studiert und sich gerade von ihrem Freund getrennt hat. Sie ist traurig und sucht Zuspruch bei ihrer Freundin und ihrem Bruder, mit dem sie sich sehr gut versteht, der aber gerade in England lebt. Die eher klassische Beziehung zur Mutter ist geprägt von stiller Übereinkunft und Konkurrenz. Es gibt oft Streit. Diane fühlt sich allein; es ist eine schwere Zeit für sie. Als ich sie in der ersten Unterredung nach ihrem Vater frage, geht zum ersten Mal ein Lächeln über ihr Gesicht. Sie antwortet: »Mein Vater und ich reden nicht viel miteinander, aber ich weiß, dass er mich liebt; er hat mich immer schon sehr geliebt. Ich glaube sogar, dass er mich in der ganzen Familie am liebsten mag. Auf ihn kann ich mich jedenfalls verlassen.« Alle Mädchen mit gutem oder sehr gutem Vaterbild haben das Gefühl, dass ihr Vater, wenn es darauf ankommt, stets zur Stelle ist. Diese Sicherheit, die Anhänger der Bindungstheorie der Mutter zuschreiben, gibt hier eindeutig der Vater.

Laurence hat berufliche Sorgen. Sie fühlt sich von ihrer Vorgesetzten schlecht behandelt; deren Verhalten grenze an Psychoterror. Sie sagt, sie habe nicht gelernt, mit derlei Konflikten umzugehen. Ihre Eltern sind sehr unterschiedlich, waren aber ihren Kindern und speziell ihr gegenüber beide ausgesprochen aufmerksam. Sie ängstigten sich leicht, vor allem ihre Mutter, wie Laurence hinzufügt. Zwar stritten sie sich manchmal, doch vermieden sie es immer, ihre Probleme auf die Kinder zu übertragen. Laurence erinnert sich, dass ihr Vater sich jeden Abend zu ihr ans Bett setzte und ihr eine Geschichte erzählte. Sie erinnert sich auch, dass ihr Vater ihr, wann immer er konnte, bei den Hausaufgaben half; dabei verlor er nie die Beherrschung und hatte auch nicht die Erwartung, sie müsse eine perfekte Schülerin sein. Er nahm Anteil am Schulbetrieb und an ihren Noten, und er ging zu den Elternabenden. Als Jugendliche verspürte Laurence das Bedürfnis nach mehr Abstand zu ihrem Vater, was er, wie sie sagt, gut aushalten konnte. Er mischte sich nie in ihre Flirts ein und gab kein Urteil über ihre Freunde ab. Aber er war immer auf dem Laufenden, wofür natürlich die Mutter sorgte … Am Tag der Abiturprüfungen hat ihr Vater sie morgens zur Schule begleitet, ohne groß Fragen zu stellen oder sie nervös zu machen; er hat ihr lediglich ein Schokoladencroissant gekauft, ihr Lieblingsfrühstück …

Laurence erinnert sich an eine ganze Reihe unscheinbarer Details und hat den Eindruck, sie habe immer ohne Weiteres mit ihrem Vater reden können. Diese Erinnerung hilft ihr jetzt bei ihren Problemen in der Arbeit. Sie hat das Bild eines Vaters, der ihr immer mit Rat und Tat zur Seite gestanden hat und liebevoll mit ihr umgegangen ist. Sie sieht in ihrem Vater keine männliche Glucke oder jemanden, der sie zu sehr geliebt hätte. Er ist für sie weder ein egoistischer noch ein gleichgültiger Vater.

Laurence' Vater hatte schon als Kind seinen Vater verloren und wurde gemeinsam mit seiner Schwester von seiner Mutter und seinen Großeltern väterlicherseits großgezogen. Auch wenn er nie darüber spricht, glaubt Laurence, dass seine Kindheit nicht unbedingt glücklich war. Ist das der Grund, weswegen er seinen Kindern gegenüber stets so aufmerksam war? Hat er sein eher optimistisches Gemüt von seiner Mutter geerbt? Oder ist er als Vater schlicht begabt? Laurence kennt die Antwort nicht, aber sie ist sicher, dass sie immer auf seine Zuneigung zählen kann, solange er am Leben ist, und vermutlich sogar darüber hinaus …

Ganz anders Émilie. Sie hält sich für sehr launisch und hat das Gefühl, immer Bestätigung zu brauchen. Nachdem sie Innenarchitektur studiert hatte, arbeitete sie in mehreren Büros, von denen ihr jedoch keines zusagte. Nach kurzer Zeit wurde ihr klar, dass sie einen Chef braucht, der sie bestätigt. Inzwischen ist sie fündig geworden; seither plagen sie deutlich weniger Ängste. Privat hat sie sich in einen 15 Jahre älteren Mann verliebt. Sie bewundert ihn; er gibt ihr die Sicherheit, die ihr kein Mann ihres Alters bislang gegeben hat. Woher aber kommt dieses Schutzbedürfnis? Nach Émilies Einschätzung geht es weit zurück; schon als Kind sei sie sehr ängstlich gewesen. Sie wollte immer alles richtig machen und in der Schule gute Leistungen bringen.

16

Sie erinnert sich auch, dass sie verzweifelt war und regelrechte Noteneinbrüche hatte, wenn ihr ein Lehrer einmal strenger erschien oder keinen rechten Zugang zu ihr hatte. In solchen Momenten der Angst und des Zweifels flüchtete sich das begabte Kind in sein Zimmer, um zu träumen und zu zeichnen. So ergab es sich wie von selbst, dass sie irgendwann auf der Kunsthochschule landete.

Ihre Ängstlichkeit hat Émilie lange auf ihre Mutter zurückgeführt, während sie ihren Vater für sehr beschützend und konsequent hielt; er habe ihr immer gegeben, was sie brauchte, ohne sie dabei zu verwöhnen. »Er ist auf meine Launen gar nicht erst eingegangen. Er hat sich um alles zu Hause gekümmert.« Wie sie meint, wegen der ängstlichen Mutter, für die alles ein Problem war. Nachdem sie ihr Studium an der Kunsthochschule abgeschlossen hatte, war ihr Vater, anders als ihre Mutter, einverstanden, dass sie ins Ausland ging, um ihre Ausbildung fortzusetzen und selbstständiger zu werden. In diesem Jahr zeigte sich, welche Schwierigkeiten sie wegen ihrer Launenhaftigkeit und Abhängigkeit in der Beziehung zu anderen hatte. Sie schrieb diese Charaktereigenschaften ihren Ängsten zu, wozu ich zu Beginn unserer Gespräche auch neigte. Mittlerweile ist Émilie der Ansicht, dass ihr Vater ihr Fehler zugestehen konnte und von ihm gleichzeitig eine in ihren Augen positive Autorität ausging. Zurück in Frankreich, lebte sie allein, hatte aber weiterhin Schwierigkeiten im Umgang mit anderen und bei der Bewältigung ihres Alltags. Behördengänge, die Bearbeitung ihrer Post, die Organisation ihres täglichen Lebens – lauter Dinge, zu denen sie sich außerstande sah. Bezeichnend dafür war ein Möbelkauf. Unter dem für sie selbst fadenscheinigen Vorwand, ihr Vater könne besser verhandeln als sie, bat sie ihn, sie zu begleiten …

Nach ihrer Beziehung zu dem wesentlich älteren Mann, die auch in ihren Augen eher ihrem Schutzbedürfnis als einem wirklichen Verliebtheitsgefühl entsprach, lernte sie einen Mann ihres Alters kennen. Er konnte ihr etwas entgegensetzen, wenn sie zu fordernd oder abhängig war, und gab ihr gleichzeitig die emotionale und materielle Sicherheit, die sie brauchte. Obwohl sie ihren Vater immer noch liebte, stellte sich bei ihr das Gefühl ein, sie könne sich von ihm lösen und dürfe ihn sogar kritisieren, ohne ihn deshalb ablehnen zu müssen. Ihr wurde bewusst, wie gut der zärtliche, beschützende Vater ihr getan hatte, der ihr Bedürfnis nach Unabhängigkeit stets respektiert hatte. Diese Eigenschaften wünscht sie sich auch bei ihrem Freund, sollten sie einmal Kinder haben.

Wie so oft, geht es auch hier um das rechte Maß: Bei aller Zärtlichkeit und allem Beschützerinstinkt des Vaters muss eine Tochter selbstständig und eigenverantwortlich werden können. Das heißt, dass ein »hinreichend guter« Vater zu Liebe und Strenge fähig sein muss, ohne ambivalent zu sein. Zuwendung, wie ich sie verstehe, ist nicht emotional erdrückend, sondern das Interesse für den anderen. Und Strenge ist nicht gleichbedeutend mit Boshaftigkeit oder Ungerechtigkeit, sondern steht für die Stringenz und Verlässlichkeit einer Haltung, die den Standpunkt des anderen mit einbezieht. Möglicherweise lehnt eine Tochter die Haltung ihres Vaters im konkreten Fall ab, doch irgendwann einmal wird sie sagen: »Ich wusste immer, dass er zu meinem Wohl gehandelt hat; er hat es richtig gemacht.« Dass ein Vater in der Lage ist, auch Fehler zu akzeptieren, die seine Tochter mit den Schwierigkeiten des Lebens konfrontieren, ist für sie Zeichen seiner erzieherischen Fähigkeiten.

Jede Mutter kennt die schwierige Gratwanderung zwischen Beschützerinstinkt und der Notwendigkeit, Selbstständigkeit zu fördern. Im Verhältnis von Vater und Tochter gilt das genauso. Ohne Zuneigung und Schutz fühlt sich ein Mädchen vielleicht unglücklich und ausgeliefert; sind aber die väterlichen Gefühle zu intensiv oder ihrem Alter nicht gemäß, können sie auch erdrückend sein. Jenseits dessen, was man bewusst für sich beansprucht, ist der Mensch jederzeit geneigt, sich ganz auf einen anderen zu verlassen, was vermutlich auf eine unbewusste Sehnsucht nach der frühen Kindheit zurückgeht. So wie eine Mutter ihren Sohn gar nicht zu sehr lieben kann, sofern sie auch wirklich ihr Kind und nicht über das Kind sich selbst liebt, muss ein Vater seine Liebe dosieren können, damit seine Tochter sich weder allein gelassen fühlt noch seine Liebe als erdrückend empfindet. *Eine Tochter spürt, ob ihr Vater sie um ihrer selbst willen liebt, mit all ihren Stärken und Schwächen, Überzeugungen und Ängsten, oder um der persönlichen Befriedigung willen, die sie ihm verschafft.*

Ob eine Tochter ihren Vater als zärtlich und beschützend wahrnimmt, hängt davon ab, wie er konkret auf ihre Erwartungen reagiert. Fragt er sie beispielsweise beim Essen: »Und was hältst du davon?«, bezeugt er ihr über die harmlose Nachfrage hinaus Interesse und Respekt. Wenn ein Vater seine Arbeit unterbricht und sofort ansprechbar ist, wenn seine Tochter ein echtes Problem hat – ob in der Schule, beim Studium, am Arbeitsplatz, ob gesundheitlicher oder materieller Art –, muss sie ihn nicht erst sagen hören, dass er sie liebt; sie spürt es unmittelbar an seiner Haltung. Wenn ein Vater sich von seiner Tochter dazu anregen lässt, ein Buch zu kaufen oder einen Zeitungsartikel zu lesen, sich eine Fernsehsendung oder Internetseite anzusehen, zeigt er ihr, wie wichtig sie ihm ist. Man könnte etliche Beispiele anführen, die zeigen, dass das Verhalten genauso viel zählt wie Worte und Gesten der Zuneigung. Zärtlich und beschützend ist ein Vater dann für seine Tochter, wenn er unbeirrbar, fröhlich und vertrauenswürdig ist und aufmerksam, liebevoll und herzlich für sie eintritt. Ein idealer Vater ist zweifelsohne einer, der männliche und weibliche Eigenschaften wie Stärke und Zärtlichkeit in sich vereint. Vielleicht sind noch nicht alle Männer dazu fähig, aber viele bemühen sich inzwischen darum. Sehen ihre Töchter das aber auch so, und haben sie das Bild ihres Vaters vor Augen, wenn sie nach einem Mann Ausschau halten, der ihren Hoffnungen und Erwartungen entspricht?

»Als Kind hatte ich Angst vor ihm« — autoritäre Väter

Wie oft habe ich diesen Satz selbst von erwachsenen Frauen gehört! Ein Mädchen kann große Angst vor seinem Vater haben, und die Erinnerung daran bleibt lange wach. Erwachsene machen Kindern von Haus aus Angst, auch ohne dass verbale oder physische Gewalt im Spiel wäre: Sie sind groß und beeindruckend, sie haben das Sagen und gehören zu einer anderen Welt ... Vor allem Mädchen haben Angst vor ihrem Vater, dem nicht immer bewusst ist, was für eine Wirkung seine Stimme und seine Statur, seine Abwesenheit oder sein Geheimnis hat. Um Missverständnissen vorzubeugen: Weder Mütter noch Väter sollten sich scheuen, elterliche Autorität auszuüben, allerdings gerecht und angemessen und entsprechend der kindlichen Sensibilität.

Vor allem Väter tun sich mitunter mit einem autoritären Charakter hervor. Und nicht alle Mädchen sind gleichermaßen sensibel: Für manche hat schon ein missbilligender Blick etwas Strafendes, was so gar nicht gemeint ist. So muss sich ein Vater genauso auf seine Tochter einstellen können wie umgekehrt. Eine junge Frau, die von Kindheit an hypersensibel war, berichtete mir einst: »Mein Vater musste nur große Augen machen, und schon habe ich mich in mein Schneckenhaus verkrochen. Selbst heute, wo ich mich vollkommen erwachsen fühle und wie eine Erwachsene lebe, muss ich nur vor ihm stehen und bin gleich wieder das kleine, empfindliche Mädchen.«

Allerdings sind die Grenzen zwischen beschützender Autorität und an Bosheit grenzender Missbilligung bisweilen fließend, wie das Zeugnis einer Ärztekollegin beweist: »Ich war das Lieblingskind meines Vaters, und das habe ich auch genau gespürt. Er war ungerecht zu meiner Schwester und hat sie regelrecht tyrannisiert. Manchmal hatte ich den Eindruck, dass er sie nicht liebt. Ich habe nie verstanden, warum. Es war sehr schwierig, für meine Schwester sowieso, aber auch für mich. Meine Schwester hat heute alle möglichen Schwierigkeiten, sie konnte sich nie behaupten. Im Grunde halte ich sie für depressiv, und ich glaube, dass das vor allem an meinem Vater liegt … Ich habe schon sehr früh gemerkt, dass er sie anders behandelt als mich, und hatte deswegen auch Schuldgefühle, aber das Schwierigste für mich war komischerweise, dass ich alles tat, um meinem Vater zu gefallen: Ich war ständig hin- und hergerissen zwischen dem Wunsch, er möge meine Schwester nicht mehr so behandeln, und der Angst, er könne mich genauso behandeln wie sie – mit dem Ergebnis, dass ich als Jugendliche ausgesprochen brav war. Wenn ich ihm auch nur ansah, dass ich nicht dem Bild entsprach, das er sich von mir machte, wurde bei mir schon das kleinste Aufbegehren im Keim erstickt … Ich war wirklich sehr, sehr brav.«

Häufig handelt es sich bei diesen Vätern um Männer, die mehr oder weniger bewusst der Ansicht sind, Frauen müssten »klein beigeben«. Ihre Töchter durchschauen das oft erst spät: Eines Tages wird es ihnen schlagartig klar, vielleicht auch erst dann, wenn sie das Gefühl haben, sich in ihrem eigenen Leben einem Vertreter des männlichen Geschlechts – ihrem Freund, einem Arbeitskollegen, einem Vorgesetzten – zu sehr unterzuordnen. So ergeht es Séverine, die ihre derzeitige Anstellung als Assistentin der Geschäftsführung aufgeben will – und damit auch die von Unterwürfigkeit geprägte Beziehung zu ihrem Chef. Sie räumt ein, zu Beginn ihres Arbeitslebens nach einem »Mentor« gesucht zu haben. Heute stellt sie fest, dass sie ihn im Übermaß gefunden hat. Zunächst empfand sie eher Demütigung als Empörung, doch litt sie immer mehr unter den Anforderungen und dem manipulativen Verhalten ihres Vorgesetzten und der eigenen

Unterwürfigkeit. Behutsam und klug setzte sie sich allmählich zur Wehr und lernte, Nein zu sagen. Schließlich erkannte Séverine die Gründe für ihre Unterordnung wider Willen: Ihr Vater war und ist ein autoritärer Mann, der zu verbaler Gewalttätigkeit neigt; stets hat er mit dem Geld, das er als Ernährer der Familie verdient, Macht und Stärke demonstriert. Als Séverine sich von ihrem Chef emanzipiert hat, traut sie sich bezeichnenderweise zum ersten Mal, ihrem Vater zu sagen, wie viel sie verdient – und damit im Grunde auch, dass sie ihn nicht mehr braucht … Ein solcher Schritt fällt dennoch schwer. Manchmal fürchtet Séverine, was sie sagen oder tun könnte, aber sie ist sich sicher, dass sie ihr Leben lang unglücklich bleiben würde, wenn sie sich jetzt nicht behauptet. Sie hat des öfteren Atemnot; sie weiß, dass ihr Körper auf diese Weise ausdrückt, was ihr psychisch zu schaffen macht, doch ist sie überzeugt, dass sie sich durch ihre Arbeit an sich mit der Zeit von diesen Ängsten befreien wird.

Ich habe oft die Erfahrung gemacht, dass es Töchtern, die sich gegen einen übermäßig autoritären Vater auflehnen, schwer fällt, bei sich selbst autoritäres Verhalten zu erkennen. Sie begehren leicht auf und sagen Nein, wenn sie Ja sagen sollten, sie sind idealistisch und haben ihre Kräfte und ihre Macht nicht gut im Griff. Als hätten sie sich unfreiwillig mit ihrem Vater identifiziert, um sich besser gegen ihn zu schützen … Sabine zum Beispiel hat zwei Schwestern und einen Bruder und ist die Einzige in der Familie, die sich gegen den Vater, einen Autodidakten, aufgelehnt hat: Er wollte, dass all seine Kinder nach Ende der Schulpflicht in das Familienunternehmen einsteigen; Sabine hat darum gekämpft, weiter zur Schule gehen zu dürfen. Dabei wurde sie von ihrem Onkel mütterlicherseits unterstützt, den sie sehr mochte und der allem Anschein nach von der Haltung seines Schwagers schockiert war. Mit 18 zog Sabine von zu Hause aus und machte eine Ausbildung als Krankenschwester, die sie selbst finanzierte. Solange Sabine gegen ihren Vater um ihre Unabhängigkeit kämpfte, ging es ihr – trotz gelegentlicher Wut- und Verzweiflungsanfälle – recht gut. Als sie aber im Freundeskreis und in Beziehungen eher mit Leuten ihres Alters konfrontiert war, bemerkte sie schnell, wie halsstarrig und autoritär sie selbst ist, was ihr sehr zu schaffen macht – und was sie ihrem Vater im Übrigen als negatives Erbe zusätzlich zur Last legt!

»Zu Hause hat er sich benommen wie ein Teenager ...« – kumpelhafte Väter

Oft denkt man auf Anhieb an den Begriff »Glucke«, wenn es um allzu große Nähe zwischen Eltern und Kindern geht. Dazu habe ich mich bei anderer Gelegenheit ausführlich geäußert.[1] Eine Parallele zu der »Glucke« stellt der »kumpelhafte« Vater dar: Auch ein Vater kann nämlich durchaus den Eindruck erwecken, seine Tochter zu sehr zu lieben und den wünschenswerten Abstand nicht zu wahren. Meistens identifiziert er sich dann mit der Jugend des Kindes: Er bringt ihm eine Liebe entgegen, die man als narzisstisch bezeichnen könnte und die eher der eigenen Person gilt. Das Bild des kumpelhaften Vaters trifft oft auf Männer zu, die nicht erwachsen werden wollen; sie haben Angst vor ihrer väterlichen Funktion und sind selbst von dem kindlichen Wunsch beherrscht, geliebt zu werden – was in der Beziehung zu ihren Töchtern manchmal so weit geht, dass sie mit letzteren regelrecht verschmelzen.

Diese kumpelhaften Beziehungen sind oft sehr problematisch, sowohl für die heranwachsenden Töchter als auch für deren Mütter, die bei der Erziehung ihres Kindes den nötigen väterlichen Rückhalt vermissen. Kumpelhafte Väter haben dieselben Interessen wie ihre Tochter und deren gleichaltrige Freunde – Fernsehserien, Mode, Musik ... Manchmal überbieten sie diese sogar, wenn es darum geht, über die Flirts und Freunde der Tochter zu reden, auch wenn diese darauf überhaupt keinen Wert legt, weil sie sich darüber generell lieber mit Freundinnen oder vielleicht noch mit ihrer Mutter austauscht.

Wenn sie noch sehr jung sind, schätzen sich Töchter dieser Väter womöglich glücklich, dass sie sich ihnen anvertrauen können, ein Gefühl, welches sie zum Teil auch ihrer Umgebung und sogar ihren Vätern vermitteln. Früher oder später aber stellt sich ein Unbehagen ein, und sie gehen mehr oder weniger abrupt auf Distanz. Vor allem in der Pubertät versuchen sie auch, ihre Eltern gegeneinander auszuspielen: Sagt die Mutter Nein, schaffen sie es unter Umständen, ihren Vater zu einem Ja zu bewegen, machen aber gleichzeitig die freudlose Erfahrung, dass sie ihren Vater nach Belieben manipulieren können. Ich erinnere mich an ein Mädchen, das auf diese Weise seine Meinung über den Vater einer ihrer Freundinnen radikal änderte. Nachdem sie mir zunächst erzählt hatte, ihre Freundin habe es so gut getroffen mit ihrem Vater, der vorbehaltlos aus seinem Leben plaudere und mit dem sie über alles reden könne, im Gegensatz zu ihrem eigenen Vater, der mit jungen Leuten nichts am Hut habe, besann sie sich eines anderen. Ihr wurde bewusst, dass ihre Freundin nicht glücklich damit war, dass sich ihr Vater ihr gegenüber wie ein gleichaltriger Teenager benahm. Regelrecht entsetzt war sie, als ihre Freundin ihr berichtete, ihr Vater habe ihr angeboten, einen Joint mit ihr zu rauchen. Daraufhin sah sie ihren eigenen Vater plötzlich mit anderen Augen und fand, er benehme sich sehr viel anständiger …

Wie viele andere bin auch ich von der Notwendigkeit überzeugt, an der Generationengrenze festzuhalten, die darauf beruht, dass man das jeweilige Lebensalter und die Stellung jedes einzelnen Familienmitglieds respektiert. Ein Vater ist ein Vater und kein Kumpel, und umgekehrt. Und diese Unterscheidung ändert nichts daran, dass ein Kind seine Eltern liebt – im Gegenteil.

»Er allein zählt, und sonst nichts!« — egozentrische Väter

Auch egozentrische Väter haben deutlich narzisstische Anteile, doch werden diese nicht, wie im zuvor beschriebenen Fall, auf das Kind übertragen. Vielmehr handelt es sich um einen Narzissmus, bei dem der Betreffende alles auf sich bezieht, auf seine eigenen Wünsche und Bedürfnisse. »Frauen waren für meinen Vater emotionale Nahrung«, berichtete mir Géraldine. »Er benahm sich wie ein purer Egoist; ihm ging es nie darum, wer sie wirklich waren, sondern welches Bild von sich sie ihm widerspiegelten. Mit mir war es genauso, und ich habe darunter gelitten.« Zwar muss man sich selbst lieben, um andere lieben zu können und eine eigene Identität zu entwickeln; so gesehen hat der Narzissmus sein Gutes. Doch ist er auch hinderlich für die ödipale Phase, jene Liebesgeschichte also, die die Grundlage der Eltern-Kind-Beziehung und insbesondere der Vater-Tochter-Beziehung bildet. Wenn Narziss Ödipus entthront, gewinnt der Egoismus die Oberhand.

Keine Tochter profitiert davon, wenn sie die ideale Tochter ihres Vaters ist, denn diese starke Identifizierung mit dem väterlichen Wunsch wirkt sich unter Umständen nachteilig auf ihr Dasein als Frau und Mutter aus. Man denke nur an die gefürchtete Göttin Athene, die Tochter von Zeus, dem Herrscher unter den griechischen Göttern: So allmächtig sie auch war, hatte sie doch weder Mann noch Kinder, war weder Ehefrau noch Mutter. Zeitlich näher liegt für uns das Beispiel von Freuds jüngster Tochter Anna, auf die ich an späterer Stelle noch zurückkommen werde: Als einziges von Freuds Kindern wurde sie Psychoanalytikerin und verfolgte den Weg des Begründers der Psychoanalyse weiter, so gut sie konnte, ohne allerdings je sein Niveau zu erreichen. Damit war ihr dasselbe Schicksal beschieden wie Athene: glorreich, aber einsam.

Wenn eine Tochter sich übermäßig mit ihrem Vater identifiziert, geschieht dies oft aus Bewunderung und aus dem Gefühl heraus, ein solches Ideal selbst nie erreichen zu können. Die Haltung des Vaters in diesen Beziehungen ist natürlich alles andere als neutral: Wenn er bei allen positiven Eigenschaften auch in der Lage ist, Fehler einzugestehen[2], kann er das Identifikationsbedürfnis seiner Tochter besänftigen. Steht dagegen seine Selbstbezogenheit im Vordergrund, ist die Wahrscheinlichkeit groß, dass die Tochter eine persönliche Unzufriedenheit entwickelt, deren Ursprung sie mitunter erst relativ spät erkennt.

Kati zum Beispiel erklärt sich ihr mangelndes Selbstbewusstsein auf diese Weise. Sie steht ihrem Vater keineswegs ablehnend gegenüber, sondern fühlt sich ihm nahe und fragt ihn in schwierigen Situationen auch um Rat. »Dabei hat mich«, so sagt sie, »mein Vater so erzogen, dass man stark sein muss und auf niemanden angewiesen sein darf.« Kati fühlt sich hin und hergerissen: Einerseits ist da die Bewunderung für einen Vater, der nie Schwächen zeigt und den Widrigkeiten des Lebens kampfeslustig und couragiert entgegentritt, wie etwa bei seiner betriebsbedingten Kündigung; andererseits weigert sie sich, emotionale Bedürfnisse als Zeichen von Schwäche zu sehen, wie ihr Vater es tut. Eigene Unzulänglichkeiten und Frustrationen hat sie mit allen Mitteln kaschiert. Und weil es ihr nicht immer gelang, fühlte sie sich schuldig und empfand mitunter auch Scham: Sie brauchte die Anerkennung ihres Vaters, auch wenn sie gar nicht ihrer Person galt ...

Gefährlich wird es für eine Tochter, wenn sich väterliche Missbilligung mit übermäßigen narzisstischen Ansprüchen kombiniert. Das kann sich auf verschiedene Weise äußern, beispielsweise dadurch, dass jeder männliche Umgang mehr oder weniger abgelehnt wird, weil er den Ansprüchen nie genügt. Im schlimmsten Fall wird der zum Schwiegersohn Auserkorene mit Verachtung gestraft. Die sprichwörtlichen Konflikte zwischen Schwiegermüttern und -töchtern sind dagegen vergleichsweise leicht zu entschärfen, weil sie den Beteiligten mehr im Bewusstsein sind und offen ausgetragen werden. Unter Männern ist das undenkbar: Die Rivalität wird schweigend oder gar abweisend ausgefochten. Ich glaube nicht, dass Väter nachvollziehen können, wie sehr ihre Töchter darunter leiden, wenn sie den Mann ihrer Wahl ablehnen.

Solche Väter haben gegenüber ihrer Tochter unangemessene Erwartungen intellektueller, beruflicher oder materieller Natur oder auch Erwartungen an ihr Liebesleben, die sich in der Suche nach einem männlichen Ideal äußern, stets erfolglos, denn kein Anwärter ist gut genug für die geliebte Tochter. Meistens verbirgt sich hinter einem solchen Verhalten des Vaters der unbewusste Wunsch nach Selbstverwirklichung, wenn nicht gar der Wille, seine Tochter, die er in jeder Hinsicht als seine Erbin betrachtet, für sich zu behalten. Natürlich hat ein Vater das Recht, anspruchsvoll zu sein, wenn es um das Wohl seiner Tochter geht, nicht aber grundsätzlich kritisch, denn dann erweist sich, dass er nur sein eigenes Wohl im Auge hat. Das wird immer dann besonders deutlich, wenn ein Vater seine Tochter direkt angeht, weil sie seinen diversen eigenen hohen Erwartungen nicht entspricht. In solchen Fällen ist jeder Anlass willkommen: die äußere Erscheinung der Tochter, ihre geistigen Fähigkeiten, der Umgang, den sie pflegt, ihr Beruf ... kurzum alles, was sie ist und tut. Dabei geht es nicht mehr um ödipale Rivalität, die jeder männlichen Konkurrenz oder jeder weiblichen Emanzipation zuvorkommen will, sondern um ein mehr oder weniger sadistisches Bedürfnis, die Tochter abzuwerten. Zum Glück sind diese Fälle allerdings relativ selten.

»Eigentlich war er nie da« — unnahbare Väter

Wie viele Mädchen und Frauen klagen darüber, einen unnahbaren Vater gehabt zu haben! Unter den verschiedenen Begründungen ist am häufigsten zu hören, er sei beruflich sehr eingebunden gewesen und habe wenig Zeit für die Familie gehabt. Nicht selten wird der Vorwurf mit der Zeit auch abgeschwächt: »Er hat ja auch nur deshalb so viel gearbeitet, damit er uns ein angenehmeres Leben ermöglichen konnte.« Eine weitere, häufige Begründung ist der introvertierte Charakter des Vaters. Auch unzugängliche, eher unkommunikative Väter sind bei ihren Töchtern zunächst nicht gerade wohlgelitten, weil diese lange unter dem Schweigen oder der Unbeholfenheit leiden. Erst mit der Zeit weicht dieser schmerzliche Vorwurf wie von selbst einem gelasseneren Bedauern und der Einsicht, dass man die Wirklichkeit dieses Mannes nicht mehr ändern wird. Wenn sie älter werden, verabschieden sich die Töchter von dem herzlichen, emotional präsenten Vater, den sie nicht gehabt haben. Sie begreifen auch, dass der väterliche Panzer vor Unbehagen schützen sollte und Ausdruck einer nicht überwundenen Schüchternheit oder einer inneren Unnachgiebigkeit ist, die zwar schwer zu ertragen ist, an der man jedoch nicht vorbeikommt.

Auf einer anderen Ebene bleibt die Unnahbarkeit in der Regel schmerzlich. Sie betrifft die Kategorie von Vätern, deren Unnahbarkeit daher rührt, dass sie ihre Tochter nie gewollt und sich nie für sie interessiert haben. Der mangelnden Distanz der bereits erwähnten kumpelhaften Väter steht hier eine übermäßige Distanz gegenüber, die nicht Enttäuschung oder Wut, sondern ein Gefühl des Verlassenseins und der Leere hervorruft. Dieser Schmerz ist für ein Kind Furcht erregend und hinterlässt lebenslange Spuren.

Schließlich gibt es auch die Frauen, die bei aller Lebenserfahrung zu einer schmerzlichen Einsicht kommen: Ihr

Vater erscheint ihnen unnahbar, weil ihnen die Komplexität seiner Persönlichkeit verborgen bleibt. In ihrer Autobiografie schreibt Jane Fonda unter der Kapitelüberschrift »Papa« über ihren Vater, den berühmten Schauspieler Henry Fonda: »Henry machte den Eindruck eines aufgeschlossenen und doch unzugänglichen Mannes, der sanftmütig war, aber auch fähig zu plötzlichen, gefährlichen Wutausbrüchen, sehr kritisch, aber nicht minder selbstkritisch, gefangen und gleichzeitig willens, die Gitterstäbe rings um sich zu durchtrennen, aber wiederum ängstlich wegen des Lichts, das dann eindringen könnte, jemand, der krankhaft jeden äußeren Zwang ablehnte und sich einer eisernen Disziplin unterwarf.«

»Er hat immer herumgeschrieen ...« — cholerische Väter

Wut zählt zu den fünf wichtigsten Gefühlsregungen des Menschen, und jeder kennt sie. Wut zu zeigen scheint jedoch eher eine Sache der Männer zu sein – was nicht etwa heißt, dass Frauen weniger oft wütend werden, sondern dass sie ihrer Wut weniger Luft machen. Manche Väter neigen zu explosiven Wutausbrüchen, die schon durch Nichtigkeiten ausgelöst werden. Vor ihnen fürchten sich Mädchen am meisten, nicht nur, weil sie ihnen körperlich Angst machen, wie häufig Autoritätsbekundungen des Vaters, sondern weil sie diese Ausdrucksweise, die ihnen vielleicht weniger entspricht, auch nicht verstehen.

Einer Tochter ist es nicht zwangsläufig gegeben, angemessen auf die Wut des Vaters zu reagieren, vor allem, wenn dessen Wutausbrüche unvermittelt kommen und in ihrer Intensität und Häufigkeit nicht mit dem realen Erleben der Tochter übereinstimmen. Sie fühlt sich machtlos und steigert sich leicht in ein dramatisches Szenario hinein. Géraldine erinnert sich an die väterlichen Wutausbrüche, die sie als Kind ängstigten und deren Ursache sie nicht verstand. Mit der Zeit gewöhnte sie sich daran. Geliebt hat sie ihren Vater, den sie selten sah, dennoch, und die schönen Momente mit ihm waren sehr herzlich. Als sie klein war, erzählte er ihr Geschichten; als sie größer wurde, holte er sie, wenn er da war, von der Schule ab. Trotzdem hat sie auch dreißig Jahre später noch sein Geschrei in den Ohren. Ihre Schwierigkeiten in Konfliktsituationen, ihren mangelnden Selbstbehauptungswillen im Privat- wie im Berufsleben führt sie unmittelbar darauf zurück. Die Wutausbrüche ihres Vaters, die sich ihr ins Gedächtnis geschrieben haben, führen bei ihr unwillkürlich zu panischer Angst vor allem, was Streit oder Disharmonie hervorrufen könnte. Natürlich muss es sich ein Erwachsener nicht versagen, wütend zu werden, wenn es gerechtfertigt ist, aber in der Position des Vaters, die vor allem gegenüber der Tochter Autorität, Schutz und Sicherheit bedeutet, muss er die Ursachen für seine Gefühle bedenken und berücksichtigen, wie seine Gefühlsäußerungen unter Umständen auf sein Kind wirken: In der Tat können unbegreifliche und unvorhersehbare Wutausbrüche einen schwebenden Angstzustand herbeiführen, das Denkvermögen herabsetzen oder die Neigung fördern, sämtliche Lebenssituationen zu dramatisieren.

»Materiell hat es mir nie an etwas gefehlt« — Väter mit »dicker Brieftasche«

Manche Töchter machen die schmerzliche Erfahrung, dass ihre Väter nur ihre materielle und finanzielle Absicherung im Sinn haben. In der Vergangenheit war es der Status des Patriarchen, der Vätern die Rolle des Versorgers zuschrieb; Balzacs Figur des »Vater Goriot« ist dafür ein illustres Beispiel. Heute taucht der »Brieftaschen-Papa« in zwei bestimmten Konstellationen auf. Zum einen gibt es die Väter, die beruflich stark beansprucht sind und deren Töchter sagen: »Er ist nie da, wir machen nichts zusammen, aber ihm haben wir es zu verdanken, dass wir so leben, wie wir leben …« Wenn diese Töchter Probleme haben, führen ihre Väter gern ihre Arbeit ins Feld, mit der sie die Familie ernähren müssen … Die andere Konstellation ist neueren Datums und betrifft Scheidungsfamilien und getrennt lebende Eltern: Die Kinder sind bei der Mutter, und der Vater zahlt für sie Unterhalt. In Carolines Geschichte sind beide Umstände vereint. Seit ihre Eltern sich trennten – damals war sie acht Jahre alt –, lebt sie mit ihrem Bruder bei der Mutter. Die Pubertät kam mit Donnerschlag, und seit geraumer Zeit macht sie eine schwierige Phase durch, die nicht nur auf ihr Alter zurückzuführen ist. Caroline legt sofort mit allen möglichen Klagen über ihre Mutter los, die immer schon zu nervös und launisch gewesen sei und beispielsweise von ihr verlange, im Haushalt zu helfen, sie aber gleichzeitig wie ein kleines Mädchen behandle. Ich frage, ob sie ihren Vater regelmäßig sieht und wie die Beziehung zu ihm ist. Ihre Antwort kommt wie aus der Pistole geschossen: »Meinen Vater sehe ich so gut wie nie. Er ist nur am Arbeiten. Das Beste an ihm ist, dass er uns Geld gibt; er zahlt meiner Mutter Unterhalt für meine Ausbildung, und zu Weihnachten bekommen mein Bruder und ich immer ein schönes Geschenk … Ansonsten habe ich den Eindruck, dass ich eine Fremde für ihn bin.« Im Grunde wirft dieses junge Mädchen seinem Vater mangelnde Anteilnahme und Zuneigung vor. Irgendwann hat Caroline ernsthaft überlegt, bei ihm zu leben, aber sie hat zuviel Angst davor, zurückgewiesen zu werden, worunter sie noch mehr leiden würde, ganz zu schweigen von den Schuldgefühlen, die sie hätte, wenn sie ihren Bruder und ihre Mutter verlassen würde …

An Carolines Beispiel wird deutlich, dass ein Mädchen von seinem Vater erwartet, dass er Interesse zeigt und dieses Interesse sich weniger an materiellen Annehmlichkeiten als an seiner Präsenz festmacht, die durch nichts zu ersetzen ist. Das war in der Vergangenheit so und gilt heute, seit dem Kampf für die Gleichheit der Geschlechter, vielleicht umso mehr.

»Irgendwann habe ich ihn weinen sehen ...« — depressive Väter

Ein weinender Vater ist für ein kleines Mädchen sicher ein ergreifender Anblick, auch einer, der höchst verstörend wirkt, denn schließlich möchte es ihn stark und glücklich sehen, wie im Märchen eben. Ein solcher Anblick, mag er auch einmalig oder fantasiert sein, hinterlässt starke Spuren; er kann Empörung, ein Gefühl von Ungerechtigkeit, Wut und Schuldgefühle auslösen und bewirkt eine tiefe Auseinandersetzung mit der Verletzlichkeit des Menschen und dem trügerischen äußeren Erscheinungsbild.

So war es auch bei Mathilde, die wegen der Probleme mit ihrem Ehemann zu mir kommt. Beide sind Lehrer; sie haben sich während des Studiums kennen gelernt und ineinander verliebt, haben geheiratet und mittlerweile drei kleine Kinder. Noch vor einem halben Jahr hat Mathilde ihren Mann Paul sehr bewundert – wegen seiner Kunstsinnigkeit, seiner Bildung, seiner pädagogischen Fähigkeiten. Jetzt kennt sie sich mit ihm nicht mehr aus. Seit einiger Zeit interessiert er sich nicht mehr für seine Arbeit; er redet davon, dass er wieder Theaterkurse besuchen wolle, was er vor 20 Jahren einmal gemacht hat, und kümmert sich zu Hause, wo er nur noch geistesabwesend zu sein scheint, um nichts mehr. Mathilde beklagt sich darüber, dass das Ehe- und Familienleben allein auf ihren Schultern lastet. Sie arbeitet viel und hat viel Freude an den Kindern, mit denen sie auch einiges unternimmt, aber sie kann sich, wie sie wiederholt sagt, nicht um alles kümmern. Ihre Paarbeziehung leidet, die Konflikte nehmen zu, und Mathilde findet ihren Mann immer weniger anziehend. Natürlich habe er das Recht, sein Leben zu ändern, doch in Wirklichkeit nehme sie bei ihm weniger die

Lust wahr, etwas anderes zu machen, als eine Flucht nach vorn, hinter der sich eine Art Depression verberge.

Was sich in ihrer Ehe abspielt, erinnert sie an eine Geschichte aus ihrer Kindheit, die sie nur mit Mühe verwunden hat. Es sei nicht das erste Mal, dass ein Mann, den sie liebe, depressiv werde. Als sie zehn Jahre alt war, habe ihr Vater ohne erkennbaren Grund eine echte Depression gehabt, die sie sich nur im Nachhinein habe erklären können. Der Vater, den sie über alles liebte und auf den sie sehr stolz war, war ein in der Gegend nicht unbekannter Maler. Sie hing umso mehr an ihm, als ihre Mutter autoritär, hartherzig und unsensibel war. In ihrer Erinnerung war ihr Vater sanft, verschmust und zärtlich; er nahm sie immer in den Arm, wenn sie Sorgen oder Kummer hatte. Dann setzte die Krise ein. Es folgte eine Phase, von der sie nicht mehr weiß, wie lange sie anhielt und in der ihr Vater jedenfalls nicht mehr draußen malte; er verbarrikadierte sich in seinem Atelier, das sie nicht betreten durfte. Sie weiß noch, dass sie manchmal vorgab, ihre Hausaufgaben zu machen, in Wirklichkeit aber vor der Tür hockte, um ihm näher zu sein und zu hören, ob er weint. Mathildes Vater scheint sich von dieser depressiven Phase nie ganz erholt zu haben. Er vernachlässigte seine schöpferische Arbeit und hielt sich mit ein paar schlecht bezahlten Gelegenheitsarbeiten über Wasser, was für die ganze Familie mit materiellen Schwierigkeiten und Sorgen verbunden war. Von da an sei er nicht mehr derselbe gewesen, sagt Mathilde wiederholt; bis zu seinem Tod habe sie ihn jahrelang auf ihre Weise unterstützt und versucht, ihn aufzumuntern und nicht zuletzt mit ihrem Studium auch Freude zu bereiten.

Heute hat Mathilde das Gefühl, das Trauerspiel wiederhole sich. Sie sieht eine Parallele zwischen der aktuellen Situation und ihrer Kindheit und will nicht, dass ihre Kinder dasselbe durchmachen. Muss sie ihr Leben lang stark sein und mit einem Mann zusammen leben, den sie unterstützen muss, auf die Gefahr hin, sich selbst zu opfern? Sich opfern oder frei sein – diese Wahl fällt ihr schwer. Mathilde erkennt, dass ihr Mann nicht ihr Vater ist und sie ihn an seine Verantwortung erinnern muss, was sie auch tut. Nach einer offenen, aber friedlichen Auseinandersetzung mit Paul kommt es zu einer heilsamen Reaktion. Er findet einen Kompromiss zwischen dem Lehrerberuf und seiner Leidenschaft für das Theater und sieht wieder Hoffnung für ein Leben, in dem auch Mathilde und ihre Kinder ihren Platz haben.

Ein Sonderfall: »Mein Vater, der Held ...«

»Ich denke daran, wie ein Mädchen sein Kleid auszieht«[3]: War es dieser Satz ihres Vaters, des Schriftstellers Georges Bataille, der seine Tochter Laurence zu der Aussage bewog, man sollte beim Schreiben an seine Nachkommen denken?[4] In der Tat ist es nicht leicht, die Tochter eines berühmten Mannes zu sein. Im Laufe meiner beruflichen Tätigkeit habe ich den Eindruck gewonnen, dass die Beziehung einer Tochter zu einem prominenten, für seine sportlichen, künstlerischen, politischen oder intellektuellen Talente und Leistungen anerkannten Vater immer ausgesprochen leidenschaftlich ist. Denn was jedes kleine Mädchen an Liebe und Bewunderung für seinen Vater empfindet, wird durch dessen Berühmtheit noch verstärkt ... In der Pubertät ist es dann eindeutig so, dass Mädchen ihre Väter abgöttisch lieben oder aber hassen. Danach versuchen sie sich dem väterlichen Einfluss zu entziehen, und dieser legitime Wunsch nach Unabhängigkeit führt mitunter zu ernsthaften Problemen, was auch die Zeugnisse von Kindern berühmter Eltern belegen. Gérard Dépardieus Tochter Julie beispielsweise bekannte: »Ich komme aus einer Familie, in der immer nur Maßlosigkeit herrschte ... Als Kind habe ich mich nach Normalität gesehnt. Meine Angst ist, mit über 30 immer noch nichts geschaffen zu haben, keine Kinder und keine Familie zu haben.«[5] Elizabeth Jagger hört angeblich keine Musik ihres Vaters Mick Jagger: »Eines steht fest«, so soll sie gesagt haben, »später werde ich alles, bloß nicht Rockstar.« Als Mannequin, das besonders ausgefallene Kleidung vorführt, scheint bei »Lizzie« jedoch durchaus etwas von der väterlichen Exzentrik durch.[6]

Wie Töchter ihre Väter lieben

Mathildes Geschichte zeigt, wie belastend sich die Beziehung zwischen Vater und Tochter auf deren Schicksal als Frau und ihre Beziehung zu Männern auswirken kann. Dabei lieben die meisten Väter ihre Töchter oft über alles, manchmal sogar so sehr, dass sie Angst vor ihnen haben, so wie sie Angst vor den Frauen haben, in die sie verliebt sind. Unter Umständen entziehen sie sich ihnen dann aus Selbstschutz und ordnen sie gern dem »anderen Lager« zu. Damit machen sie die ewige Geschlechterrivalität oder eine unüberwindbare Andersartigkeit geltend, wie sie es auch tun, wenn sie Ablehnung spüren.

»Mein Vater ist mir wichtig!« – Mädchen, die sich wohl fühlen

Anders als gemeinhin angenommen prägt der Vater ein Mädchen genauso wie die Mutter, in manchen Fällen sogar mehr. Ein Mädchen, das sich wohl fühlt in seiner Haut und unabhängig ist, liebt und respektiert seinen Vater normalerweise – und wurde umgekehrt auch von ihm geliebt und respektiert. Was übertriebene Liebe und übermäßiger Respekt anrichten – die im einen Fall Selbstständigkeit untergraben und im anderen als Gleichgültigkeit aufgefasst werden können –, musste sie in der Regel nicht erfahren.

Stéphanie entdeckt, dass sie sich als Teenagerin bei ihren Entscheidungen unbewusst von dem Wunsch leiten ließ, ihr Vater möge stolz auf sie sein. In Fortführung der väterlichen Tradition – die Großmutter väterlicherseits war Literatur-professorin, der Vater Jurist – entschied sie sich in der Schule für den literarischen Zweig. Die erste Anstellung findet sie in einer großen Personalberatungsfirma, in der auch ihr Vater – seit eh und je und stets sehr zufrieden – tätig war. Im Jahr darauf heiratet sie einen höheren Angestellten aus dem Unternehmen. Es ist eine tiefe, dauerhafte Liebe; sie sind sich intellektuell nahe und haben viel Zärtlichkeit füreinander.

In Stéphanies Umfeld halten alle sie für eine Frau, die sich wohl fühlt, selbstbewusst ihren Weg geht und sowohl die eigenen Grenzen als auch die der anderen akzeptiert. Ihr Mann empfindet die intensive Beziehung zu ihrem Vater keineswegs als Bedrohung. In dem Dreiergespann hat jeder einzelne seinen Platz; sie führen ausführliche Gespräche über Gott und die Welt oder die Arbeit, und doch bleiben dem Paar genügend Momente zu zweit, auf die es um nichts in der Welt verzichten würde. Zwar hat Stéphanie über ihren Beruf nach wie vor eine starke Verbindung zu ihrem Vater, doch ist es ihr gelungen, selbstständig zu werden und ein unabhängiges Eheleben zu führen.

Nach ein paar Jahren beginnt Stéphanie sich in ihrem Beruf zu langweilen. Sie bekommt nicht so viel Anerkennung, wie sie es sich wünschen würde. Also denkt sie darüber nach, sich umzuorientieren. Mit ihrer besten Freundin entwickelt sie die Idee, über Internet Blumen zu verkaufen. Die zusätzliche Freiheit und mehr materieller Komfort spornen sie an. Ihr Mann bestärkt sie, am Ball zu bleiben: Er gibt ihr die nötige Kraft, um an das Projekt zu glauben und es weiterzuverfolgen. Auch ihr Vater hat ein offenes Ohr. Allerdings ist er vorsichtiger, lehnt das Vorhaben jedoch nicht ab und schlägt ihr vor, einen Finanzplan zu erstellen. Aus ihm geht hervor, dass Stéphanies Unternehmen auf wackligen Beinen steht.

Zwar ist sie enttäuscht, doch schämt sie sich auch vor ihrem Vater nicht dafür, dass sie mit ihren Annahmen falsch lag; sich aus reinem Stolz auf etwas zu versteifen liegt ihr fern. Im Nachhinein wird ihr klar, dass es die Liebe ihres Partners war, die ihr ermöglicht hat, das Projekt überhaupt in Angriff zu nehmen. Dass sie es auch mit ihrem Vater besprechen konnte, liegt an der sehr guten Beziehung der beiden zueinander und daran, dass sie ihm vertraut. Letztendlich fasst die knapp 30-jährige, unternehmungslustige Frau den Entschluss, nicht die Branche, sondern lediglich das Unternehmen zu wechseln und sich einen gehobenen Posten in der Personalberatung zu suchen. Ihren beiden Männern, wie sie sie nennt, ist sie zutiefst dankbar dafür, dass sie, jeder auf seine Art, für sie da waren, ihr ohne Vorbehalt zugehört und sie bei ihrem, wenn auch unrealistischen, Vorhaben unterstützt haben; und dass sie vor allem auch, wie sie es immer tun, ihre Unabhängigkeit respektiert und trotzdem darauf geachtet haben, sie zu schützen.

»Nicht ohne meinen Papa!« — unselbstständige Töchter

Einer Tochter, die zu sehr an ihrem Vater hängt, kann, gleich der kleinen Meerjungfrau auf dem Felsen vor Kopenhagen, ein einsames und trauriges Schicksal beschieden sein. Der Vergleich kommt nicht von ungefähr. Die kleine Meerjungfrau, Heldin aus Andersons gleichnamigem Märchen, entstammt der schillernden Meereswelt und verliebt sich in den Prinzen, den sie im Sturm gerettet hat. Mit Hilfe eines Zaubertranks möchte sie nun die Gestalt einer Frau annehmen. Der Trank beraubt sie jedoch ihrer zauberhaften Stimme, so dass der enttäuschte Prinz sich von der stummen Schönheit abwendet. Um sich in die Gestalt einer Meerjungfrau zurückverwandeln und zu den Ihren zurückkehren zu können, müsste sie den Prinzen erdolchen, wozu sie sich nicht überwinden kann. Daraufhin stürzt sie sich ins Meer und ist zu ewiger Einsamkeit verdammt. *Eine Tochter muss ihren Vater symbolisch »töten«, sich also von ihm lösen können, um sich selbst zu verwirklichen und den Mann ihres Lebens zu finden.*

Gewiss lässt sich nicht immer ohne Weiteres unterscheiden, ob eine Beziehung zwischen einer Frau und einem Mann – insbesondere zwischen einem Vater und seiner Tochter – von einer gewissen Abhängigkeit geprägt, aber insgesamt harmonisch ist, und beide sich entfalten können und die Autonomie des anderen respektieren, oder ob in der Beziehung eine hinderliche Abhängigkeit der Frau oder speziell der Tochter von ihrem Vater besteht. In manchen Fällen allerdings liegt es auf der Hand, dass die Töchter zu unselbstständig sind. Was sich nicht etwa darin zeigt, dass sie in Momenten der Angst oder des Müßiggangs ein infantiles Verhalten an den Tag legen; das könnte auf jeden zutreffen. Die Töchter, die ich meine, erwarten von ihren Eltern, ihrem Freund, ihrem Ehemann, kurz vom Anderen, dass er dauerhaft für ihre Bedürfnisse aufkommt, sich ihren Wünschen und Launen beugt und sich an ihrer Stelle mit der Wirklichkeit auseinander setzt.

Komplexer und weniger offenkundig ist der Fall von Töchtern mit einer tief sitzenden, irrationellen Angst vor permanenten Angriffen ihres Gegenübers. Es wäre einleuchtend, dass diese misstrauischen Mädchen distanziert bleiben. Paradoxerweise ist das Gegenteil der Fall: Sie sind abhängig von einer Beziehung, in der sie Vertrauen haben können, und ständig auf der Suche danach – was so weit geht, dass sie sich selbst und ihre eigenen Wünsche mitunter völlig vergessen. Daraus ergeben sich im Großen und Ganzen zwei Konstellationen: entweder oberflächliche Beziehungen, die nie von Dauer sind und zu tiefer Verbitterung führen, wodurch das Misstrauen stets wächst, oder scheinbar gelungene Beziehungen, in denen jedoch immer unterschwellig das Misstrauen bestehen bleibt und die Verbindung untergräbt.

Natürlich ist den Betroffenen diese Art von Abhängigkeit nicht immer bewusst. Ophélie, eine junge charmante Frau, arbeitet als Übersetzerin; eine Festanstellung in einem Betrieb kam für sie nie in Frage, auch wenn sie auf diese Weise viel besser verdienen würde und ein regelmäßiges Einkommen hätte. Der Hauptgrund ist, dass sie sich nicht imstande sieht, den damit verbundenen vertraglichen Verpflichtungen nachzukommen. Sogar bei ihrer selbstständigen Tätigkeit hat sie deshalb mehrere Kunden verloren, was sie bedauert und was ihr Schuldgefühle bereitet. Ohpélie fragt sich, warum das so ist. Sie hat zwei kleine Kinder, aber ihr Ehemann ist oft zu Hause und nimmt ihr vieles ab, und ihr Beruf als Übersetzerin macht ihr Freude. Warum also schafft sie es nicht, ihre Arbeit korrekt zu erledigen? Warum gefährdet sie sich manchmal selbst und tut nicht, was sie tun müsste? Woher kommt diese Lässigkeit, derer sie sich zeitweise nicht erwehren kann? Seit kurzem hat sie etwas gefunden, das ihr hilft: Sie arbeitet in einem Büro, das zum Unternehmen ihres Vaters gehört. Erstaunt und mehr oder weniger amüsiert hat er sie gefragt, ob sie nicht ein wenig zu abhängig von ihrem alten Vater sei …

Eine Tochter kann von ihrem Vater abhängig sein, ohne dass es ihr bewusst ist, auch wenn diese Abhängigkeit sie beeinträchtigt oder sich als Blockade erweist. Ophélie erinnert sich, dass der Vater ihr als Kind abends bei den Hausaufgaben half; sie ist überzeugt, es nur dank seiner Unterstützung bis zum Abitur geschafft zu haben. Mit Beginn des Studiums jedoch setzten die Schwierigkeiten ein; ihr erstes Jahr musste sie wiederholen. Zwar konnte sie sich wieder fangen, doch blieb das Studium eine mühsame Angelegenheit. Plötzlich stellt Ophélie einen Zusammenhang mit ihrem Vater her, der ihr nie zuvor in den Sinn gekommen ist:

Sobald sie ihr Abitur hatte, blieb die Unterstützung des Vaters aus; sie hatte sogar den Eindruck, ihr Studium interessiere ihn nicht mehr. Damals genoss sie die Freiheit, die er ihr ließ; sie ging aus und schwänzte Veranstaltungen, aber suchte sie nicht in Wirklichkeit, damals wie heute, die Unterstützung ihres Vaters? Ihre Schwierigkeiten, allein zu arbeiten, was sie doch eigentlich möchte, und ihr Eindruck, sie könne besser in einem Büro arbeiten, über das sie ihrem Vater nah ist, deuten darauf hin. Schlagartig wird sich Ophélie der Tatsache bewusst, dass sie noch viel abhängiger von ihrem Vater ist, als sie gedacht hätte …

Bekanntlich kann man nur die Liebe geben, die man selbst erhalten hat. Elternliebe prägt für das ganze Leben. Die Zärtlichkeit und Liebe zwischen Vater und Tochter können manchmal allerdings auch einen übermäßigen Einfluss haben. Ich erinnere mich an eine Freundin, die ein Angebot für eine sehr interessante Festanstellung ausschlug, weil sie ihr nicht sicher genug schien, was sie folgendermaßen begründete: »Du weißt ja, dass mein Vater immer im selben Unternehmen gearbeitet hat; er hat seinem Chef und später dessen Sohn immer die Treue gehalten … Ich habe lange geglaubt, ich sei mehr von meiner Mutter abhängig als von meinem Vater; aber wahrscheinlich stimmt das gar nicht …« Diese Freundin hatte soeben begriffen, dass sie seit jeher versucht hatte, ihrem Vater ähnlich zu sein, um ihm zu gefallen.

Die Prägung durch den Vater kann so stark sein, dass sie einer unbewussten Suche der Töchter nach einem geistigen und seelischen Idealzustand gleicht. Als junge Frauen suchen sie später bei den Männern, denen sie begegnen, nach Gefühlen, Eigenschaften und manchmal auch äußeren Merkmalen ihres Vaters. Um kein Missverständnis aufkommen zu lassen: Es ist nicht verboten, nach dem zu suchen, was man als angenehm empfunden hat, und seien es Eigenschaften des Vaters, doch ist ein solches Vorgehen keineswegs eine Glücksgarantie. Als Frau läuft die Tochter Gefahr, ihren Mann, wenn er ungeduldig oder wütend ist, ihr die Hausarbeit überlässt oder ihr Vorwürfe wegen ihrer Ausgaben macht, irgendwann mit den Worten: »Ganz mein Vater!« zu konfrontieren. Umgekehrt macht sich vielleicht auch der Mann eines Tages Luft und sagt: »Du hättest besser deinen Vater geheiratet!« In solchen Fällen bricht sich der kindliche Ödipus, der nur in der Vorstellung existiert und die Metapher für die Liebe eines Kindes zu einem Elternteil ist, in einer Weise Bahn, wie es nie beabsichtigt war …

Zutreffend ist, dass wir in zwischenmenschlichen Beziehungen zu Vereinfachungen neigen und vor allem die negativen Seiten im Blick haben. Wenn aber die Tochter sich selbst oder den Mann, in den sie sich verliebt hat, unbewusst mit dem Vater identifiziert, so sind dabei eher dessen positive Eigenschaften als dessen Schwächen im Spiel. Ein Abbild des Vaters zu sein ist nicht unbedingt gleichbedeutend mit einer negativen Identifizierung: Eine Tochter kann bei ihrem Vater durchaus die Eigenschaften finden, die es ihr ermöglichen, ihre eigene Persönlichkeit auszubilden und im Leben erfolgreich zu sein.

»Steh mir bei …« — ängstliche Töchter

Während Jungen, wie schon gesagt, von Natur aus eher zu Wutanfällen neigen, scheinen Mädchen eher ängstlich zu sein; jedenfalls gestehen sie sich und anderen ihre Ängste eher ein. Übermäßige Angst aber verursacht Leiden.

Béatrice kann ein Lied davon singen, denn seit ihrer Kindheit wird ihr nachgesagt, sie sei ängstlich. Mit ihren 30 Jahren spricht die junge Frau von sich wie von einem überempfindlichen Dummchen, das auf die geringste Kritik empfindlich reagiert und in ihrem Umfeld ständig Ablehnung vermutet. Sie führt ihre Ängstlichkeit auf einen bestimmten Umstand zurück, der ihrem Vater gar nicht recht bewusst ist: Sie hat eine Zwillingsschwester, die ihr sehr nahe ist und von der sie sich gleichzeitig seit jeher abzugrenzen versucht. Béatrice weiß noch, wie sehr es sie geärgert hat, wenn ihre Mitschüler ihr ohne böse Absicht sagten: »Komisch, bei euch weiß man nie, mit wem man es gerade zu tun hat.« Sie hatte den Eindruck, dieselben Vorlieben zu haben wie ihre Schwester, ertrug es gleichzeitig aber nicht gut, dass diese alles machte, was sie auch machte, dieselben Kleider haben wollte, dieselben Hobbys hatte. Sie spielte zum Beispiel leidenschaftlich gern Tennis, bis zu dem Tag, an dem ihre Schwester auch damit anfangen wollte … Béatrice sagt: »Es gibt nichts Schlimmeres als das Gefühl, in jemandes Schatten zu leben. Ich weiß, dass meine Schwester mir gegenüber genauso empfindet. Bei mir hat das dazu geführt, dass ich ganz besonders darauf achte, was andere von mir erwarten und wie sie über mich urteilen. Zum Beispiel mein Vater …« Der versteht nach Ansicht von Béatrice überhaupt nicht, was eigentlich ihr Problem ist: Während sie es gebraucht hätte, dass er sie ansieht, um überhaupt zu wissen, dass sie existiert, versuchte er meistens, die Unterschiede zwischen seinen beiden Töchtern zu verwischen. »Ich glaube sogar, dass meine Ängstlichkeit und Empfindlichkeit ihn geärgert haben. Vielleicht mochte er meine Schwester deshalb auch lieber als mich. Jedenfalls hat er falsch reagiert.« Sie wünschte sich von ihrem Vater, er möge diesen Charakterzug, unter dem sie selbst litt und der eine Folge ihrer Ängste als Zwillingsschwester war, verstehen, wohingegen er dieses Gefühl durch seine Sticheleien und seine Ironie nur noch verstärkte. Bis heute hofft Béatrice auf eine Äußerung ihres Vaters, die sie zur Ruhe kommen lässt.

Gabrielles Geschichte ist ganz ähnlich. Auch sie gibt ihrem Vater in gewisser Weise die Schuld für ihre übermäßige Angst. Sie glaubt, er sei zu streng mit ihr gewesen und habe nie verstanden, wie empfindlich sie war. Seine Strenge wurde ihr vor allem über den Tonfall vermittelt; denn im Grunde weiß Gabrielle, dass ihr Vater kein schlechter Mensch ist und sie sehr liebt. Kurz nach ihrer Sitzung bei mir hat die hübsche, 25-jährige Frau ein Bewerbungsgespräch mit einem Personalchef. Sie fürchtet das Gespräch, denn von anderen beurteilt zu werden ist etwas, womit sie große Schwierigkeiten hat. Ihr mangelndes Selbstbewusstsein, das ihr schon lange zu schaffen macht, ist auch der Grund, weswegen sie mich aufgesucht hat, denn privat wie beruflich betrachtet sie es inzwischen als Handicap. Sie leidet umso mehr darunter, als sie seit langem weiß, dass andere Menschen ihr vertrauen. Dieser Widerspruch bringt sie zur Verzweiflung.

Gabrielle hat immer ein offenes Ohr für andere und ist stets hilfsbereit. Das wissen die anderen auch und wenden sich prompt mit ihren Problemen an sie. Was ihren Vater vor mehreren Monaten zu der Bemerkung veranlasst hat, sie sei »zu nett« zu anderen; er gab ihr den Spitznamen »Mutter Teresa«. Ihr ist das schon von früher vertraut. Sie weiß noch, dass ihre ältere Schwester sie, wenn die Eltern Gäste hatten, immer zur Begrüßung vorschickte; sie tat ihrer Schwester den Gefallen gern, denn sie hatte das Gefühl, sich nützlich zu machen. Als sie etwa 10 Jahre alt war, verstarb ganz plötzlich ihr Großvater mütterlicherseits, an dem sie sehr hing. Seither wendet sich ihre Mutter immer an sie, wenn sie traurig ist. Gabrielle wundert sich, dass sie anderen gegenüber so ängstlich ist und ihnen immer helfen will, obwohl sie schon mehrfach enttäuscht wurde. Zuletzt gar von ihrer besten Freundin, die sie oft stundenlang am Telefon getröstet hatte. »Übrigens werde ich immer von allen angerufen«, fügt sie hinzu.

Gabrielle gehört zu den ängstlichen Aufopferungsvollen, die immer bang in die Zukunft blicken und diese Angst zu überwinden versuchen, indem sie anderen gegenüber ausgesprochen aufmerksam sind. Sie sagt, dass sie sich immer

Sorgen macht, vor allem dann, wenn sie keine Kontrolle darüber hat, was über sie gesagt wird oder rings um sie geschieht. Andererseits ist sie aber selbst erstaunt über manch eine Äußerung von sich, die sie später bereut. Sie sagt von sich, sie lasse keinen Fettnapf aus, was sie sich nicht erklären kann. Nach und nach wird ihr bewusst, dass sie vielleicht übertrieben unterwürfig ist und manchmal einfach herauslassen muss, was auch an negativen Gefühlen in ihr ist. Vor allem ihren Vater betreffend, der sie nicht versteht und ihrer Meinung nach keine Anstalten macht, ihr den Rücken zu stärken, obwohl er als Einziger wirklich dazu in der Lage wäre.

Der Fall zeigt, dass autoritäres Verhalten, wie man es Vätern zuschreibt und von dem nicht zuletzt sie selbst annehmen, es sei ihrer Rolle angemessen, das Zuhören behindert. Zudem ergreifen Väter in einer Art männlichem Reflex eher die Flucht, wenn sie bei anderen, und seien es ihre Töchter, Angst verspüren. Typisch männlich ist es auch, eine konkrete Lösung für die Probleme zu suchen oder andere gar besserwisserisch zu vergraulen, was keineswegs erfolgversprechend ist ...

»Und wenn ich es wagen würde ...« — schüchterne Töchter

Bei einem kleinen Kind ist eine situationsbedingte, vorübergehende Schüchternheit ganz normal: eine gewisse Zurückhaltung gegenüber Unbekanntem. Es ist also nicht verwunderlich, wenn ein Vater noch nach Jahren behauptet, seine Tochter sei ihm »schon als Baby« sehr scheu vorgekommen. Studien haben gezeigt, dass Schüchternheit das beständigste Verhalten während der Kindheit ist. Erziehung ist nicht alles, auch wenn sie dazu beitragen kann, dass dieser anfängliche Charakterzug sich in der Folge abschwächt oder aber verstärkt: 25 Prozent der im Babyalter als »schüchtern« eingestuften Kinder sind es auch mit sieben Jahren noch.

Mädchen, die im Kindesalter noch der Kategorie der auffällig schüchternen Kinder angehören, sind später häufig übermäßig gehemmt, was sich in der Regel während der Pubertät noch verstärkt. Eine solche Gehemmtheit wirkt sich bei einem jungen Mädchen unter Umständen nicht nur auf den Bereich der zwischenmenschlichen Beziehungen, sondern auch auf intellektueller Ebene aus. Fehlendes Selbstbewusstsein lässt sie an ihrem Wissen und ihren Fähigkeiten zweifeln, wenn sie sich schriftlich oder vor der Klasse äußert. Auch wenn eine solche Schüchternheit oder Gehemmtheit kein schulisches Handicap sein muss, können die Selbstzweifel dazu führen, dass ein Mädchen besonders bei der späteren beruflichen Orientierung unterhalb ihrer Fähigkeiten bleibt.

Wie die ängstlichen Töchter, führen auch die schüchternen oft das Verhalten des Vaters als Hauptgrund dafür an, dass dieses Gefühl überhaupt bei ihnen aufkam und sich vor allem auch verfestigt hat. Eine verständnisvolle Haltung bei einem Mann, der als Bezugspunkt dient und Vorbildfunktion hat, der gefürchtet und über alle Maßen geliebt wird, könnte dazu beitragen, Hemmungen abzubauen, aber meistens reagieren die Väter stumm oder genervt auf ihre schüchternen Töchter. Diese behalten das »Versagen« des Vaters als Erwachsene in schmerzlicher Erinnerung. Ein Freund erzählte mir die Geschichte seiner jüngsten Schwester, die mit einem harten Lernpensum ein hervorragendes Abitur gemacht hatte und ohne weiteres hätte studieren können. Sie dachte an Medizin, was zweifellos ihrer Neigung und ihren Fähigkeiten entsprochen hätte, doch sie fühlte sich den Anforderungen nicht gewachsen und war der Ansicht, Mädchen, die Medizin studierten, müssten noch viel besser sein als sie. Der Vater meines Freundes, selbst ein brillanter Absolvent der Pariser Ingenieurshochschule, hielt sich heraus, als er erfuhr, dass seine Tochter nun Kosmetikerin werden wollte. Vielleicht war er entsetzt und unglücklich über den fehlenden Ehrgeiz seiner Tochter, aber er fand nicht die passenden Worte, um mit ihr darüber zu sprechen, sondern begnügte sich mit der schlichten, trockenen Bemerkung: »Wenn du meinst …« Mein Freund sagte, er sei überzeugt, seine Schwester hätte damals alles darum gegeben, von ihrem Vater ein Wort der Ermutigung zu hören. Da von ihm nichts dergleichen kam, fühlte sie sich seiner Ansicht nach verlassen, ja fast verraten, ein Gefühl, das sie vermutlich auch nach dreißig Jahren nicht loswurde: Sicher nahm sie es ihrem Vater übel, dass er vor allem an jenem Tag nicht an sie glaubte, aber sie hatte nie ein Wort darüber verloren. Mit über fünfzig Jahren lebte sie weiter zurückgezogen ohne Freunde und Zukunftsperspektive.

Am frappierendsten für den äußeren Betrachter ist die Schüchternheit in den zwischenmenschlichen Beziehungen, die dazu führt, dass der Betroffene sich abkapselt, kaum redet und sich nicht traut, in einer Tischrunde oder einer Gruppe das Wort zu ergreifen oder sich, obwohl er es gern möchte, in seiner Freizeit zu einem Kurs anzumelden. Was Väter schüchterner Mädchen in der Regel nicht wissen, ist, dass ihre Töchter eine besonders ausgeprägte Fantasie besitzen und in seiner, aber auch in der Gegenwart anderer wenig reden, weil sie befürchten, ihre Fantasien oder Wunschvorstellungen – insbesondere bezüglich ihres Vaters – könnten entdeckt werden. Diese Schüchternheit geht häufig mit Schuldgefühlen wegen sexueller Wunschvorstellungen oder Aggressionen oder aber mit Schamgefühlen einher, der negativen Spiegelung dessen, was die Tochter in den Augen ihres Vaters gern wäre – eines Vaters, von dem sie sich in erster Linie wünscht, er möge stolz auf sie sein. Diese Schüchternheit lässt natürlich mit zunehmendem Alter nach; sie kann aber auch, wie im Fall der Schwester meines Freundes, über Jahre hinweg anhalten.

»Ich liebe dich – ich verlasse dich« – Töchter, die provozieren

Ein besorgter Vater ruft mich an. Seine Tochter ist nachts nicht nach Hause gekommen. »Dieses Mal geht sie zu weit!«, ruft er verärgert aus. »Alles wegen diesem Typen, der viel älter ist als sie und mit dem sie seit ein paar Monaten zusammen ist. So kann das nicht weitergehen, jetzt ist Schluss!« Zum Glück taucht Élodie wieder zu Hause auf. Ein paar Tage später empfange ich sie gemeinsam mit ihren Eltern.

Dass das Mädchen nicht freiwillig da ist, ist überdeutlich; äußern will sie sich nicht. Der Vater erläutert die Situation; die Mutter wirkt gleichermaßen besorgt wie verärgert über ihre Tochter. Ich erfahre, dass die beiden oft und immer heftiger miteinander streiten. Élodie hat kürzlich die Schule gewechselt, um nicht mehr dem Einfluss »zwielichtiger Elemente« in ihrer Klasse ausgesetzt zu sein. Die Mutter beschreibt ihre Tochter als charakterstarkes, hartnäckiges Kind, das den Aufstand probt und sehr sensibel ist. Der Vater meldet sich zu Wort: »Ja, das stimmt, sie ist sehr sensibel. Und sie hat immer schon provoziert ...« In der Schule haben die Lehrer stets auf diesen Zug der recht guten Schülerin hingewiesen. Der Vater erläutert, dass er sich irgendwann von den Albernheiten seiner Tochter distanziert habe und sich weigere, auf ihre Provokationen einzusteigen, was sie mitunter aggressiv mache. Zum ersten Mal ergreift Élodie mit Blick auf die Mutter das Wort: »Von irgendwem muss ich es ja haben!« Ich bitte sie, mir zu erklären, was sie damit meint. Daraufhin überhäuft sie ihre Mutter mit Vorwürfen und beklagt sich darüber, dass diese immer die Aufmerksamkeit auf sich ziehen wolle, indem sie sich beispielsweise so auffällig kleide ...

Élodies Vater macht auf mich den Eindruck eines Mannes, der seine väterliche Position nur mit Mühe behauptet.

Nach ihren verbalen Angriffen auf ihre Mutter wendet sich Élodie nun an ihn, um ihm in meiner Gegenwart mitzuteilen, er habe nicht das Recht, ihr zu verbieten, auszugehen, egal wohin und mit wem, und wenn er es ihr verbiete, tue sie es eben trotzdem! Der Vater fragt daraufhin mich, ob ich es normal finde, dass ein junger Mann von 25 Jahren mit einer kaum 15-Jährigen zusammen sei. Im Stillen sage ich mir, dass sich der Mann, ohne es zu wollen, zum Rivalen des Freundes seiner Tochter macht, statt seine väterliche Autorität auszuüben. Ich frage ihn, was denn er von der Beziehung seiner Tochter zu einem deutlich älteren Mann halte, der in dem Viertel, wie mir zuvor berichtet wurde, keinen guten Ruf genießt. Auf meine Frage reagiert er hilflos. Élodies Mutter mischt sich aggressiv ein: »Du warst sowieso nie da, wenn man dich gebraucht hat!« Anschließend spreche ich allein mit Élodie. Sichtlich entspannt berichtet sie mir vor allem von den Streitereien zwischen ihrem Vater und ihrer Mutter. In ihrer Erinnerung haben sich ihre Eltern immer schon gestritten, weswegen sie auch am liebsten gar nicht mehr zu Hause ist. Ich stelle ihr dieselbe Frage wie ihrem Vater. Sie sagt, dass dieser Mann natürlich nicht der Richtige sei und dass sie das vor allem – »na ja« – für ihre Eltern mache, die sie im Grunde liebe. Besonders ihren Vater, zu dem sie immer schon eine starke Bindung hatte, auch wenn es beiden schwer fällt, liebevolle Worte füreinander zu finden. Am Ende unseres Gesprächs erlebe ich Élodie als ein Mädchen, eine 15-Jährige, der es an Orientierung und Grenzen fehlt und die unbewusst nach ihrem Vater sucht. Mit ihrem Verhalten provoziert sie vor allem ihn, was bei ihm durchaus so ankommt, auch wenn er es sich nicht richtig eingestehen will.

Ein Mädchen, das provoziert, will vor allem ihren Vater provozieren. Warum? Damit er sich für sie interessiert, ihr gut zuredet, sie wieder ins rechte Gleis bringt. Für ein Mädchen ist Provokation eine Art der Suche nach ihrem Vater.

Naturgemäß verlangt jede Provokation nach einer Reaktion beim Gegenüber. Wie oft haben mich junge Frauen in meiner Praxis aufgesucht, die sich besonders auffällig verhielten, nur um die Aufmerksamkeit auf sich zu lenken! Wie viele Jugendliche habe ich erlebt, die Probleme in der Schule oder in Beziehungen hatten oder sonstwie auffällig waren, nur um zu erreichen, dass ihr Vater sich sorgt; allein durch dessen Anwesenheit bei den Gesprächen wurde das Problem oft schon entschärft ...

Eine Frau mit aufbäumendem Wesen ist nichts Ungewöhnliches, denn sich aufzulehnen ist weder ein Vorrecht der Männer noch der Jugendlichen. Eine solche Frau sagt eben systematisch Nein zu allem, was man ihr vorschlägt, ob es ihr entgegenkommt oder nicht, ob es als Anordnung, Befehl, Aufforderung oder im Sinne einer Versöhnung daherkommt. Dieser Widerspruchsgeist entspricht einem allgemeinen Wesenszug, der sich nicht systematisch gegen den Vater oder, später, den Mann richtet. In dieser Haltung drückt sich häufig etwas aus, das als familiäre Veranlagung betrachtet wird, die von einem Elternteil oder einem der Großeltern herrührt: »Ganz die Mutter!« oder »Ganz der Großvater!« oder aber »Ganz der Vater!« Völlig anders verhält es sich jedoch, wenn sich der Widerstand ausschließlich gegen den Vater richtet. Vor allem in der Pubertät ist die am Vater geäußerte Kritik nicht der Beweis für mangelnde Liebe, sondern für ein starkes Bedürfnis nach Abgrenzung von jemandem, den die Tochter über alles liebt, und für die Notwendigkeit, ihre Unabhängigkeit zu behaupten, um sich später einem anderen Mann zuwenden zu können.

Um seine eigene Identität zu finden, ist Auflehnung oft unvermeidbar. Bekanntlich fällt einem die Unabhängigkeit nicht in den Schoß; man muss sie sich erobern. Das trifft nicht nur für Völker und Nationen zu, sondern für jeden einzelnen Menschen. Widerstand und Kritik als Zeichen einer Distanzierung sind allein schon deshalb unverzichtbar, weil die tieferen Bindungen sehr stark sind. Das gilt für Mutter-Sohn-Beziehungen ebenso wie für Vater-Tochter-Beziehungen. Die wirkliche Schwierigkeit besteht für Töchter darin, diese Hürde zu nehmen und das Bedürfnis nach Unabhängigkeit zu verinnerlichen, was manchen sehr schnell, anderen hingegen nie oder aber erst sehr spät gelingt.

»Ich will nicht erwachsen werden« — die ewigen Kinder

Manche Frauen erwecken den Eindruck, wie Alice im Wunderland im kindlichen Stadium stecken geblieben zu sein. Zwar ist es angenehm, wie ein Püppchen behandelt zu werden, weil man so sanftmütig und anderen gegenüber so nett und scheinbar fürsorglich ist. Die Nachteile dieser Lebensweise aber verursachen Leid. Wer ewig Kind bleibt, verharrt weit über das erwünschte Maß hinaus in seiner Fantasiewelt oder schafft sich seine Identität auf der Grundlage dessen, was andere von ihm erwarten; die Frau fühlt sich verpflichtet, das gehorsame Mädchen zu sein, die hübsche Prinzessin, die tragische Heldin oder die charmante, folgsame Ehefrau ... Sich als passiv und unselbstständig wahrzunehmen, sein Potenzial nicht auszuschöpfen und die daraus resultierende Verantwortung nicht zu übernehmen macht unzufrieden, und diese Unzufriedenheit zeigt sich immer häufiger, bis sie einen schließlich gar nicht mehr loslässt.

Myriam sucht mich auf, weil ihr bewusst geworden ist, dass sie nicht erwachsen wird. Sie hat sich gerade von einem Mann getrennt, der ihr zwar gefiel, in den sie aber nicht wirklich verliebt war. Ihr wird klar, dass sie von ihm erwartete, er möge sich um sie kümmern, ihr seine Zuneigung zeigen und Sicherheit geben. Ähnliches hat sie schon mehrfach erlebt, was Myriam als Zeichen für ein schwer wiegendes Problem wertet. Es mangelt ihr an Selbstwertgefühl und Selbstvertrauen, sie lässt sich nicht wirklich auf jemanden ein und ist deshalb immer auf der Suche nach einem Mann,

auf den sie zählen kann und der sie beschützt. Die feinsin-
nige, intelligente junge Frau hat schon viel über sich nach-
gedacht und allein versucht herauszufinden, was sie dazu
bewegt, sich so verhalten. Sie sieht die Ursachen in ihrer
Kindheit: Ihr Vater hing sehr an ihr, und ihre Eltern trennten
sich, als sie vier war, was sie tief erschütterte. Sie erinnert
sich, dass sie damals viel geweint hat, woran sich ihre Eltern, wie sie sagt, überhaupt nicht erinnern können. Darüber
ist sie zunächst schockiert, doch dann überlegt sie, ob sie
ihre Trauer damals mit Gleichgültigkeit oder Fröhlichkeit
überspielt hat. Sie glaubt, dass sie nicht annähernd gezeigt
hat, wie verlassen sie sich fühlte, und dass sie bis heute den
Verlust ihrer Kindheit wettzumachen versucht. Allmählich
entsteht durch diese schmerzliche Erkenntnis die Vorstellung, dass sie über bislang ungenutzte Kräfte verfügt. Myriam setzt sich mit dem enttäuschenden Bild ihrer Eltern
und vor allem ihres Vaters auseinander und findet nach
mehreren Monaten aus eigener Kraft zu sich selbst, statt
weiterhin vom Vater zu erwarten, er möge ihr die Kraft dazu
schenken. Anders gesagt: Sie entwickelt sich weiter und ist
bereit, ihre Kindheit zu überwinden. Um nicht das ewige
Kind zu bleiben, muss ein Mädchen irgendwann die alten
Muster ablegen und bereit sein, sich ohne fremde Hilfe auf
das Leben einzulassen.

Herrschen anstelle des Vaters – die Amazonen

Im Gegensatz zu den Frauen, die ewig Kind bleiben, haben
sich die so genannten »Amazonen« männliche Eigenschaften angeeignet und identifizieren sich nicht mit weiblichen
Werten, sondern mit der Macht und Stärke der Männer. In
der Mythologie benutzten die Amazonen Männer zur Fort-
pflanzung und machten sie mitunter auch zu Sklaven; sie
vernichteten die Vaterfigur, indem sie sie anonymisierten.
Die Amazonen von heute sind nicht so extrem, aber sie iden-

tifizieren sich übermäßig mit dem Männlichen; oft hörten sie in ihrer Kindheit auch, an ihnen sei ein Junge verloren gegangen. Beschäftigt man sich näher mit ihren Vätern, so handelt es sich oft um verantwortungslose, abwesende, nachlässige oder zu schwache Männer. Das erklärt ohne Zweifel auch, warum die Amazonen gegenüber Männern so feindselig sind oder ihnen so wenig vertrauen und sie manchmal sogar verachten. Diese »Kriegerinnen« können gesellschaftlich und beruflich überaus erfolgreich sein und es bis zur »Superwoman« oder zum Superstar bringen; dadurch zeigen sie, wie viel ihnen am Erfolg liegt und wie sehr sie gegen einen verantwortungslosen Vater angehen müssen, denn letztlich liefern sie damit den Beweis, dass es nicht so schwierig ist, Verantwortung zu übernehmen und stark zu sein …

Es geht hier nicht darum, das Bild der starken, aktiven und selbstbestimmten Frau in Zweifel zu ziehen. Vielmehr soll verdeutlicht werden, dass ein Leben, das sich ganz am Bild des Vaters ausrichtet, die Entwicklung eines Mädchens dahingehend beeinträchtigen kann, dass sie entweder Ohnmachtsgefühle entwickelt oder im Gegenteil in dem Verlangen, immer Kontrolle auszuüben, eine zu dominante Haltung einnimmt.

Kapitel II
Eine Liebesgeschichte mit Fortsetzung

»Man sollte, was komplex ist, so einfach wie möglich wiedergeben, aber auch nicht einfacher.« Diesen Satz des Genies Einstein finde ich tagtäglich bei meiner Tätigkeit bestätigt: Die Beziehung zwischen einer Tochter und ihrem Vater ist zu komplex, als dass wir sie anhand von Beschreibungen wie »Mein Vater hat mir Angst gemacht« oder »Mein Vater ist nie erwachsen geworden« verstehen könnten.

Als Kind zeigen Mädchen ihrem Vater viel Liebe. Wenn sie älter werden, hindert eine gewisse Schamhaftigkeit sie daran, ihre Gefühle, Gedanken und Urteile klar zu äußern. Gefühle wie Liebe, Hass und Wut drücken sie dann nur noch in Ausnahmesituationen oder in einer Krise aus.

Ohne die Beziehung zwischen Mutter und Tochter in ihrer Bedeutung schmälern zu wollen, möchte ich nachstehend die verschiedenen Phasen im Verhältnis von Vater und Tochter näher untersuchen. Denn tatsächlich scheint sich deren Beziehung jeweils gemäß der Entwicklung der Tochter zu verändern, wenn diese vom Baby und kleinen Mädchen über die Teenagerin und junge Frau bis hin zu der Frau reift, die mit beiden Beinen im Leben steht. *Doch in jeder dieser Phasen und trotz aller Unterschiede, von denen später die Rede sein wird, steht bei der Tochter ein Bedürfnis im Vordergrund: Sie möchte spüren, wie stolz ihr Vater auf sie ist.*

Bei vielen Mädchen klingt in den frühen Erinnerungen an ihren Vater Zärtlichkeit, Freude und Sehnsucht an. Natürlich sind diese Erinnerungen zum Teil konstruiert; auch zeugen sie von den tiefen Gefühlen eines jeden Kindes für seine Eltern, von den Bindungen, die über die Zeit und durch vielerlei Ereignisse entstanden sind, kurzum: von dem, was das menschliche Dasein ausmacht. *Ein kleines Mädchen sieht seinen Vater mit den Augen der Liebe, und dieses Bild ist prägend und begleitet es ein Leben lang, welche Enttäuschungen oder Dramen dieser ersten Liebesgeschichte später auch immer ihren Stempel aufdrücken mögen.*

Wovon träumen kleine Mädchen?

Der Kinderarzt und Psychoanalytiker Winnicott hat Generationen von Ärzten und Psychologen mit dem Begriff der »hinreichend guten Mutter« vertraut gemacht, einer Mutter, bei der weder Allmacht noch das Verschmelzen mit dem Kind oder gar dessen Ablehnung im Vordergrund stehen. Diese Eignung zur hinreichend guten Mutter beruht natürlich auf den persönlichen Eigenschaften der Frau, zum Teil aber auch, wie man sich denken kann, auf der Rolle des Vaters. Was ist nun aber ein »hinreichend guter Vater«? Zunächst einmal einer, der sein Kind und hier seine Tochter in erster Linie spüren lässt, dass sie erwünscht ist und der durch seine Anwesenheit auch etwas anderes vermittelt als die Mutter. So durchlaufen die Töchter in ihrer Entwicklung verschiedene Phasen, aus denen sie sich den Vater als feste Größe gar nicht wegdenken können. Doch beginnen wir am Anfang: bei der Geburt des Mädchens.

Der erste Mann, für den man zählt

Wie könnte es anders sein, als dass das Identitätsgefühl eines Kindes davon beeinflusst wird, ob es mit seinem Geschlecht dem Wunsch der Eltern entspricht, und zwar dem Wunsch der Mutter ebenso wie des Vaters. Ohne daraus einen Absolutheitscharakter ableiten zu wollen, glaube ich, dass das Glück oder aber die Enttäuschung der Eltern über das Geschlecht des Neugeborenen eine große Rolle spielt. Der vorgeburtliche Wunsch der Mutter und des Vaters ist inzwischen sogar Gegenstand wissenschaftlicher Untersuchungen: »Die vorgeburtliche Identität bildet sich innerhalb des von den Eltern bedingten Rahmens der psychischen Schwangerschaft heraus, in dem es um die Unterscheidbarkeit und die psychische Identifizierung des neu gezeugten Wesens geht. Sie setzt sich mit der Persönlichkeitsentwicklung fort und prägt das Identitätsgefühl des Menschen mit.«[1] »Sie [die vorgeburtliche Identität] geht aus der Identität der Eltern hervor und zeigt, dass es zwischen dem neu entstehenden Wesen und seinen Erzeugern eine psychische Kontinuität gibt.«[2]

Wenn ein Mädchen vom Vater gewünscht war, wirkt sich das ein Leben lang positiv auf sie aus. Umgekehrt verursacht väterlicher Unmut über die Geburt eines Mädchens ein Unbehagen, das sich zum regelrechten Handikap entwickeln kann. Etwa, wenn das Mädchen von einem Familienmitglied oder durch Dritte erfährt, ihr Vater habe sich einen Jungen gewünscht, oder wenn er ihr gar selbst ohne Umschweife eröffnet, ein »richtiger Kerl« wäre ihm lieber gewesen. Oft habe ich aus dem Mund junger Frauen den schmerzlichen Satz gehört: »Mein Vater hat mich eigentlich gar nicht gewollt.«

Bezieht man den Begriff der Ungleichheit nicht auf Ansprüche, sondern faktisch vorhandene Unterschiede, wird man nicht leugnen können, dass die Annahme des Kindes durch Vater und Mutter von Geburt an durch das Geschlecht des Kindes mitbestimmt wird; das zeigt sich schon an der Farbe der Babywäsche und der Tapete im Kinderzimmer … Noch immer lassen sich Eltern von soziokulturellen Stereotypen der Vergangenheit leiten, auch wenn es ihnen heutzutage bewusster ist. Gleichzeitig reagieren sie auf eine objektive Wirklichkeit: Ein Mädchen ist kein Junge, und umgekehrt. Das wissen auch die Hersteller von Kinderkleidung und Kinderspielzeug, die ihre Marketingstrategien auf diese unbestrittene Tatsache abstellen. *Was allerdings nicht bedeutet, dass das »weibliche Universum«, in das die Töchter praktisch von Geburt an gesellschaftlich, kulturell und kommerziell gebettet sind, dem Vater egal sein sollte, ganz im Gegenteil: Väter sollten sich schon in den ersten Lebensjahren einschalten und auf die Entwicklung ihres Kindes Einfluss nehmen, denn sie vermitteln wesentliche Unterschiede: Eine Vater-Tochter-Beziehung wird durchaus durch die väterlichen Entscheidungen mitgeprägt, sofern der Vater sie ausdrücken kann.*

Im Gegensatz zu Mutter und Sohn, wo der Unterschied von Beginn an manifest ist, vermittelt sich Andersartigkeit dem Mädchen nur, wenn drei Personen beteiligt sind: Mutter, Kind und Vater. Mütter machen übrigens sehr schnell einen Unterschied zwischen Junge und Mädchen. Man weiß, dass sie abhängig vom Geschlecht des Kindes schon in dessen ersten Lebenstagen unterschiedliche Gesten entwickeln. So lassen sie sich tendenziell eher auf den Bewegungs-, Schlaf- und Essrhythmus ihrer Söhne und deren Wünsche ein, wofür es verschiedene Begründungen gibt. Manche Experten führen das darauf zurück, dass sie das männliche Neugeborene für anfälliger halten; andere glauben, die Mutter sei »wegen der sexualisierten Empfindungen, die ihre Weiblichkeit hervorruft, durch das männliche Kind erotisiert« ...[3] Ich möchte eine dritte Hypothese nicht unerwähnt lassen: dass nämlich die Mütter intuitiv wissen, dass den Mädchen mehr väterliche Liebe zuteil wird als den Jungen. Die Mädchen fühlen sich ihrerseits so stark zum Vater hingezogen wie anfänglich zur Mutter, doch zu dieser Liebe, die jedes Kind unabhängig von seinem Geschlecht für beide Elternteile empfindet, kommt in ihrem Fall noch der Reiz hinzu, den der Vater auf sie ausübt, und die Notwendigkeit, sich von der Mutter zu unterscheiden.

Vater eines Mädchens oder Vater eines Jungen sein

Viele Eltern glauben, ihre Kinder gleich zu erziehen, obwohl sie einräumen, dass jedes Kind anders ist, sein eigenes Temperament und seine eigenen Bedürfnisse hat – und dass Jungen und Mädchen vom Wesen her unterschiedlich sind und das, was sie wollen und nicht wollen, auf ganz verschiedene Weise äußern. Doch ziehen Eltern daraus keine Konsequenzen im Hinblick auf die Unterschiede, die sie selbst durch ihr Verhalten herbeiführen.

Eine junge Mutter sagte eines Tages zu mir: »Mein Mann wickelt Julia ganz anders als ich …« Ich hätte fortfahren können: »Er fasst sie anders an, er redet anders mit ihr, er hält sie anders.« Nach langen Beobachtungen sind Experten für die frühe Eltern-Kind-Bindung zu dem Schluss gekommen, dass Babys auch scheinbar noch so kleine Unterschiede genau wahrnehmen und gespannt verfolgen, um ihre eigene sexuelle Identität ausbilden zu können. Mütter wie Väter wirken gleichermaßen darauf ein. Anhand von Studien bei Kleinstkindern wurde ermittelt, dass Mädchen spontaner und früher auf ihre Umwelt und insbesondere ihren Vater zugehen als Jungen und dass die Väter den Mädchen auch mehr Gehör schenken. Und da die Mädchen, wenn es ums Sprechen geht, mitteilsamer sind und sich besser ausdrücken können, führen sie vergleichsweise intensivere Gespräche sowohl mit ihren Müttern als auch mit ihren Vätern.

Jungen lernen eher durch Betätigung, Mädchen eher durchs Sprechen. Zu dieser Einsicht, die durch sämtliche Untersuchungen untermauert wird, kommen Väter ganz spontan und agieren mit ihren Söhnen eher auf der körperlichen Ebene, um deren Kampfgeist und Mut zu fördern, während sie ihre Töchter eher zu Vorsicht und Behutsamkeit

anhalten. Auch ihre Zärtlichkeit zeigen Väter nicht auf dieselbe Weise. Mit Jungen gehen sie viel »männlicher« um –
sie packen sie, drücken sie an sich und stülpen ihnen ihren
Pullover über –, während sie Mädchen sanft in den Arm nehmen und sich anschmiegen lassen. Die Zuneigung ist nicht
ungleich verteilt, aber unterschiedlicher Art. Wenn man Jungen nach der Rolle des Vaters befragt, reden sie sehr oft von
einem bestimmten Rahmen, der gesteckt wird, oder einem
Verbot, während Mädchen viel häufiger das Beschützende
erwähnen, wobei sie sehr wohl auch die angenehme oder
verachtenswerte Autoritätsfunktion wahrnehmen. *Eine Tochter muss aus dem Blick des Vaters Stolz und Bewunderung
lesen, sie braucht von ihm die Bestätigung ihrer Weiblichkeit.*

Mutter einer Tochter und Mutter eines Sohnes sein

In den letzten zwanzig Jahren hat es eine Vielzahl genauester
Untersuchungen darüber gegeben, wie Babys mit ihrer
Umwelt umgehen. Die meisten dieser Studien handeln von
der Mutter-Kind-Interaktion, diejenigen jedoch, die auch
die Väter miteinbezogen haben, haben Wertvolles zutage
gefördert. Dass nämlich Vätern schon in frühester Zeit eine
so bedeutende Rolle und Funktion zukommt, hatte man bis
dahin nicht gedacht.

Immerhin ist die erste Zeit der Vaterschaft für einen Mann
keine Selbstverständlichkeit. In der Psyche der Frau fällt der
Beginn der Mutterschaft meistens mit der physischen Geburt des Kindes zusammen. Bei Vätern verhält es sich anders; mitunter dauert es nach der Geburt des Kindes noch
recht lange, bis der Vater seine Vaterschaft realisiert hat.
Viele Männer können nur wenig Interesse für einen weiblichen Säugling aufbringen, für den sie auch nicht so viel
spontane Zuneigung empfinden wie die Mutter. Sie brauchen etwas Zeit, »um sich emotional und nicht nur intellektuell als Vater dieses Kindes zu erleben, um zu spüren, dass
dieses Kind auch wirklich ihr Kind ist, und um bei sich die

Bereitschaft zu entdecken, ihm gegenüber den Platz, die Rolle und die Funktion des Vaters einzunehmen«.[4]

Umgekehrt erkennt die Tochter ihren Vater sehr viel schneller, als dieser glaubt.[5] Anhand eines Experiments, das ein Schweizer Team unter der Überschrift »triadisches Spiel« durchgeführt hat, konnte nachgewiesen werden, dass wenige Monate alte Säuglinge sich dem Gesicht der Mutter und des Vaters in unterschiedlicher Weise zuwenden, um interaktive Situationen zu zweit oder zu dritt herbeizuführen.[6] Und auch der renommierte Kinderpsychiater Daniel Stern, dessen Arbeiten über die kreative Anpassung und die Harmonisierung der Emotionen beim Säugling weit verbreitet sind, ist zu dem Schluss gekommen, dass Babys sehr schnell die Unterschiede in der Interaktion beider Elternteile wahrnehmen.[7]

Wissenschaftler, die sich mit der Entwicklung von Babys und Kleinstkindern beschäftigt haben, konnten nachweisen, dass es bereits sehr früh zu Momenten »geteilter Aufmerksamkeit« *(joint attention)* kommt, die als die Fähigkeit definiert wird, den Blick von einem Elternteil – sagen wir dem Vater – auf den anderen – also die Mutter – zu richten, mit dem das Kind dann interagiert.[8] Diese gemeinsam geteilte Aufmerksamkeit soll sich im Alter von zwei bis vier Monaten entwickeln und bereits mit dem vollendeten ersten Lebensjahr voll wirksam sein. In seinem bindungstheoretischen Ansatz vertritt der Engländer John Bowlby die These, dass schon im zweiten Lebenshalbjahr zwischen einer primären Bezugsperson – in der Regel die Mutter – und einer sekundären Bezugsperson – in der Regel der Vater – unterschieden wird. Mehr noch: In einer verhältnismäßig großen Gruppe kleiner Kinder aus der Normalbevölkerung kann man beobachten, dass der Anteil von Kindern mit einer sicheren Vaterbindung konstant bei etwa zwei Dritteln liegt.[9] Im Einzelfall gibt es dabei interessanterweise durchaus Unterschiede zwischen der Bindung des kleinen Kindes an seinen Vater und an seine Mutter, denn es kann sehr wohl Geborgenheit beim Vater und Angst bei der Mutter empfinden, und umgekehrt. Demgegenüber sind Kinder, die sich in der Beziehung zu beiden Elternteilen geborgen fühlen, in ihrer Entwicklung im Vorteil gegenüber Kindern, die Geborgenheit nur in der Beziehung zu einem Elternteil oder aber gar nicht empfinden.[10] Durch die direkte Beobachtung von Babys hat die französische Psychoanalytikerin Geneviève Haag gezeigt, wie wichtig es schon für ganz kleine Kinder ist, zwischen verschiedenen Objekten zu unterscheiden, die sie metaphorisch als »Mama-Objekte« und »Papa-Objekte« bezeichnet und die das Kind schon in diesem Alter mit Gegensatzpaaren wie heiß und kalt, glatt und rau, hart und weich in Zusammenhang bringt.

Männlich, weiblich, und was davon schon das ganz kleine Mädchen wahrnimmt

Im Mutter-Tochter-Verhältnis ist die Mutter der Tochter um die eigene Geschichte voraus. Das führt bei Töchtern in der Pubertät dazu, dass sie Rivalitätsgefühle gegenüber der Mutter bewusst wahrnehmen und deutlich zum Ausdruck bringen. Mütter dagegen versuchen, ihre Erfahrungen an die Töchter weiterzugeben, und streben vor dem Hintergrund der gemeinsamen Weiblichkeit eine innige Beziehung zu ihnen an, sind aber selbst nicht ganz frei von mehr oder weniger bewusst wahrgenommener Eifersucht, wenn sie mit den Verführungskräften und der zunehmenden Unabhängigkeit der heranwachsenden Töchter konfrontiert sind. Allerdings scheint diese Ambivalenz – und darauf kommt es hier an – zumindest auf Seiten der Töchter bereits sehr viel früher einzusetzen, als man einst dachte, nämlich lange vor der ödipalen Phase, beziehungsweise, wie manche behaupten, gleich nach der Geburt: Demnach geht das Bedürfnis nach der Präsenz der Mutter schon sehr früh mit dem Wunsch einher, sich von ihr abzugrenzen.

Manifest wird diese Entwicklung nach übereinstimmender Ansicht jedenfalls im Alter von 18 bis 24 Monaten, wenn mit dem Laufen und Sprechen zwei für die Selbstständigkeit bedeutende Fähigkeiten erworben wurden. Dann zeigt die Tochter, was allen Müttern der Welt vertraut sein dürfte, nämlich eine ausgeprägte Neigung, alle Vorschläge und Bitten mit »Nein« zu beantworten. Dieser Wille zur Selbstbehauptung und Unabhängigkeit ist für jeden kleinen Menschen vollkommen natürlich, aber schon bei noch ganz kleinen Mädchen wird deutlich spürbar, dass er mit der vielschichtigen Suche nach Unterstützung durch den anderen Elternteil, also den Vater verbunden ist.

In Studien über die Rolle des Vaters ist in der Regel von der Funktion des trennenden Dritten in der Beziehung zwischen Mutter und Kind die Rede, die, wie bereits erwähnt, anscheinend sehr viel früher wirksam wird, als man lange angenommen hat. Heute sind viele Fachleute der Ansicht, dass der Vater eine andere, entscheidende Funktion erfüllt. Der Kinderpsychiater Bernard Golse schreibt, dass »unabhängig davon, welche Fantasien der Vater und die Mutter selbst diesbezüglich haben mögen, alles darauf hindeutet, dass dem Vater eher die Funktion zukommt, verbindend auf die Mutter-Kind-Dyade zu wirken«[11] und dass er in der Interaktion mit ihnen dem Kind einen Gesamtzusammenhang erschließbar macht. Danach tritt der Vater als »gemeinsamer Horizont« von Mutter und Baby in Erscheinung, der »beide deutlich mehr zusammen als auseinander bringt«: Er belebt das Mutter-Kind-Paar. Diese Änderung in der Auffassung ist entscheidend, denn sie führt zu der Betrachtung, dass die Vaterrolle nicht nur eine mütterliche Konstruktion ist, die dem Baby angeboten oder aufgezwungen wird, sondern das Ergebnis einer Mitgestaltung der Mutter-Kind-Dyade seitens des Vaters.

Das heißt natürlich nicht, dass die trennende Funktion damit hinfällig wäre. Sie soll dem Baby sogar helfen, einen

Teil der mütterlichen Botschaften zu entschlüsseln, weil der Vater in manchen Fällen als »Übersetzer der mütterlichen Sprache« dient.[12] Sie soll das Baby ferner vor einer dauerhaften oder zu starken Konfrontation mit der Mutter schützen und macht aus dem Vater gewissermaßen einen »Kriegsgefährten« oder, um es friedlicher zu formulieren, einen weiteren Betreuer des kleinen Kindes.

Jedenfalls hat es den Anschein, dass das sinnbildliche Dreieck Vater-Mutter-Kind sehr viel früher in Erscheinung tritt, als es die klassische ödipale Dreieckskonstruktion nahe legt. Entscheidend ist, dass der Vater nicht mehr ausschließlich als trennend oder »kastrierend« betrachtet wird, sondern dass seine Haltung und verbindende Funktion anerkannt wird.

Der erste Mann, der zählt

Das sprachbegabte Mädchen merkt schnell, dass es verschiedene Stimmlagen und unterschiedliche Ausdrucksweisen gibt, und dass sich die Mutter teils an sie, teils woandershin wendet. Ihr wird bewusst, dass diese Worte, die sie nicht versteht, an einen Dritten gerichtet sind, unter anderem natürlich an ihren Vater. Das bringt sie zu der Frage, wer dieser Jemand ist, der weder sie noch die Mutter ist. Und sie wird es sehr bald heraus finden: Es ist der erste Mann in ihrem Leben.

Zwischen einer Tochter und ihrem Vater gibt es von Anfang an eine fruchtbare Asymmetrie. Nicht etwa diejenige, dass sie ein Baby ist und er ein Erwachsener, was auch auf die Mutter zutrifft und lediglich Ausdruck einer »grundlegenden anthropologischen Situation« ist[13], der Ursprung der »primären Verführung« des Neugeborenen durch einen Erwachsenen, die Mutter oder den Vater. Gemeint ist die Ungleichheit, dass der Vater zwar der erste Mann im Leben seiner Tochter, sie jedoch nicht die erste Frau in seinem Leben ist. Für diese deutliche Asymmetrie in der Vater-Tochter-Beziehung, die dem Neugeborenen natürlich nicht bewusst ist, hat Jean Laplanche den Begriff »imaginärer Signifikant« geprägt.[14]

Eine Freundin erzählte mir, wie sehr sie es als Kind mochte, wenn sie ihren Vater in Gegenwart seiner eigenen Mutter – ihrer Großmutter väterlicherseits – beim gemeinsamen Mittagessen erlebte. Sie hatte beobachtet, dass sich ihr Vater bei der Gelegenheit anders verhielt; er war weitaus weniger beeindruckend als bei den Essen im Familienkreis mit ihrer Mutter und deren Geschwistern. Für einen Mann ist und bleibt die erste Frau in seinem Leben seine Mutter, und die Geburt eines Mädchens schreibt diese persönliche Geschichte des Vaters natürlich fort. Jeder Mann ist, bevor er Vater wird, schon Sohn oder Bruder gewesen und kann das bisherige Erleben der weiblichen Welt unbewusst auf seine Tochter übertragen. Ein Mann erzählte mir einmal: »Ich weiß nicht, warum, aber als ich meine Tochter auf der Entbindungsstation auf dem Arm meiner Frau gesehen habe, dachte ich an die Beziehung zwischen meiner Schwester und unserer Mutter; der Gedanke, meine Frau dürfe mit unserer Tochter nicht wiederholen, was sich zwischen meiner Mutter und meiner Schwester abgespielt hatte, war mir unangenehm.«

Weil sie sein Kind ist, wird ein Vater seiner Tochter jedoch einen anderen Platz einräumen als den anderen Frauen in seinem Leben und insbesondere seiner eigenen Mutter und der Mutter seiner Tochter. Für ein kleines Mädchen aber ist der Vater der erste Mann in ihrem Leben. Und sie will ihm gefallen, was normal ist, so wie es auch normal ist, dass ein Vater seine Tochter liebt und von ihr geliebt werden will. Je mehr sich die beiden ihrer Gefühle jedoch bewusst werden, desto mehr fürchten sie diese paradoxerweise auch und desto mehr laufen sie Gefahr, sich gegenseitig miteinander unwohl zu fühlen. Wie kann man diese starke Verbindung lebendig erhalten, ohne sie zu idealisieren oder pauschal abzulehnen? Vielleicht, indem man sich bewusst macht, dass die Vater-Tochter-Beziehung sich weiterentwickelt und keinem der beiden Beteiligten nur eine Rolle – der Tochter stets den weiblichen und dem Vater stets den männlichen Part – zuweist.

Die Entdeckung der Welt

Sämtliche psychologische Studien über die Interaktion eines Babys mit seinem Vater und mit seiner Mutter haben sowohl Gemeinsamkeiten als auch Unterschiede zutage gefördert. Bezüglich der Unterschiede stellte sich heraus, dass die wichtigste Rolle des Vaters darin besteht, das Kind, gleich ob Junge oder Mädchen, dazu zu animieren, seine Außenwelt kennen zu lernen. Ist also der Vater fürs Spielen und die Mutter fürs Kümmern zuständig? Natürlich nicht, schon gar nicht heutzutage[15], aber auch beim Spielen verläuft der Austausch mit dem Kind bei beiden Elternteilen anders. Während die Mutter versucht, vor allem mit Hilfe von Spielzeug die Aufmerksamkeit des Kindes zu gewinnen, und dabei ein didaktisches Ziel verfolgt, zeigt sich der Vater aktiver und körperbetont und weckt das Interesse für die Außenwelt. Das könnte auch die Erklärung dafür sein, dass man bei fünf Monate alten Kindern einen Zusammenhang zwischen dem Sozialverhalten und dem väterlichem Einfluss festgestellt hat.[16]

In seinem Buch *Contes cruels pour Anaëlle*[17] erzählt Michel Field seiner Tochter in Form von 15 Geschichten, was sich auf fünf Kontinenten an jenem gewöhnlichen Tag ereignet hat, der zugleich der ganz besondere Tag ihrer Geburt ist, und stellt sich dabei die entscheidende Frage des Vaters: »Wie soll man einem neugeborenen Kind die Welt erklären?« Eine Mutter hat eine unglaubliche Intuition für die Empfindungen ihres Kindes, kann sie kommentieren und sich in einen Dialog hineindenken, der stimmig ist. Ein

Vater geht anders vor; er bringt sein Kind mit dem in Verbindung, was um es herum existiert und sagt: »Sieh mal, die schönen Bäume ...«, oder: »Das ist ein Freund von Papa ...«, oder: »Wenn du groß bist, hast du bestimmt auch ein schönes Auto ...« Genauso kann man auch beobachten, dass er immer dann Sicherheit vermittelt, wenn es um Initiative, Risiko und die Erforschung der Welt geht: Bei schwimmenden Babys etwa hat man beobachtet, dass diese eher auf Ermunterungen der Väter als der Mütter reagieren.[18]

Die Begegnung mit der Andersartigkeit

Die Aufgeschlossenheit für die Andersartigkeit wird also unleugbar sowohl durch die Mutter als auch den Vater gefördert, doch jeweils unterschiedlich, zumal es in der Vater-Tochter-Beziehung immer auch um die Aufgeschlossenheit für die andere grundlegende Andersartigkeit geht: die Geschlechtsdifferenz. Der Begriff »Differenz« stammt vom griechischen *phorein* und vom lateinischen *ferre*, das dieselben Wurzeln hat wie »fertil«: Der Unterschied, zumal der geschlechtliche, ist im wahrsten Sinne des Wortes fruchtbar. Er kann Ursache für Unterdrückung, Beherrschung und Ablehnung sein, ist aber auch Struktur gebend. Wie Jean Cournut treffend schreibt: »... der Unterschied stört, weil er trennt. Er strukturiert, er bringt etwas hervor, er bringt etwas voran, er öffnet den nötigen gedanklichen Raum; er ermöglicht Bewegung, er ist die Bewegung, die die tödliche Monotonie des immer Gleichen, des Klons, des Schon-immer-für-alle-Zeiten-unverändert-Dagewesenen durchbricht. Dieser konstruktive Unterschied durchbricht die Wiederholung.«[19]

Für ein kleines Kind, und insbesondere für ein Mädchen, kann auch ein anderer den Unterschied zur Hauptbezugsperson, also der Mutter, verkörpern: die Tagesmutter, die große Schwester, die Großmutter. Zumindest in unserer heutigen Gesellschaft wird jedoch der grundlegende Unterschied zwischen Männlich und Weiblich vor allem durch den Vater vermittelt. Die Art und Weise, wie ein Vater seine Tochter auf den Arm nimmt und mit ihr spricht, wie er sie ansieht, sein Geruch und vor allem die Empfindungen, die dieser »Fremde« in ihr auslöst, sind ganz anders als das, was die Mutter in ihr auslöst. Wird sie dadurch nachhaltig geprägt? Das kann niemand mit Gewissheit sagen, aber fest steht, dass die erste Orientierung nach außen sicher nicht ausschließlich über die Mutter erfolgt.

Ödipale Liebe und ihre Folgen

Kürzlich sagte eine Journalistin lachend zu mir: »Sie schreiben ein Buch über die Vater-Tochter-Beziehung? Das ist ja interessant! Angeblich habe ich nämlich einen ausgeprägten Ödipus-Komplex ...« Beim Ödipus-Komplex handelt es sich zweifellos um den wichtigsten und am weitesten verbreiteten Begriff der Psychoanalyse. Beim kleinen Mädchen ist es, wie bereits erwähnt, eine Metapher für die normale Entwicklungskrise im Alter von drei bis sechs Jahren, in der sie in ihrer Vorstellung vom Vater so geliebt werden möchte, wie dieser ihre Mutter liebt. Dieser Wunsch ist die Grundlage dafür, dass sie ihre sexuelle Identität entwickelt und herausfinden will, wie ihr Gegenüber über ihre Fähigkeit denkt, andere zu verführen und mit Rivalität umzugehen, wie sie in jeder zwischenmenschlichen Beziehung vorkommt. Damit das Mädchen allerdings überhaupt einen Ödipuskomplex entwickelt, muss sie das Gefühl haben, dass sie für ihren Vater zählt ...

Die über alles geliebte Tochter

Schon bevor eine kleine Tochter drei Jahre alt wird, weiß sie, wie es um die Liebe ihres Vaters zu ihr bestellt ist. Die Welt hat es ihr bestätigt: Die Geschichten, die sie abends gehört hat, haben ihr das Bild eines Mädchens vermittelt, das von ihrem Vater geliebt wird, ob es sich um einen königlichen Vater handelt wie den von Pocahontas, der Prinzessin der zwei Welten, oder um einen beschützenden Vater wie den von Aschenputtel. Mit Beginn der berühmten ödipalen Phase kommt es im Grunde zur ersten richtigen Beziehungskrise in der Geschichte dieses Kindes, die sich in späteren Beziehungskrisen immer auf die eine oder andere Weise wiederholt. Zum ersten Mal in ihrem Leben ist das Mädchen nämlich mit folgendem Dilemma konfrontiert: »Ich liebe ihn und möchte, dass er mich liebt, aber ich kann ihn nicht so sehr lieben, wie ich es gern zeigen würde, und diese Liebe wird niemals so lange andauern, wie ich es mir heute wünsche.«

Wenn das Kind in diese berühmte Phase eintritt, was, wie man heute annimmt, früher der Fall ist, als klassischerweise beschrieben wurde, treten die Unterschiede zwischen Mädchen und Jungen sehr viel deutlicher zutage. Freud, der als Erster eine Theorie zur Allgemeingültigkeit des Ödipuskomplexes entwickelt hat, wofür er sich übrigens bei alten Menschheitsmythen bediente, berichtete, er habe bei sich wie auch sonst überall Gefühle der Liebe gegenüber seiner Mutter und der Eifersucht gegenüber seinem Vater entdeckt, was bei allen kleinen Kindern verbreitet sei …« Es geht um die Anerkennung des Vaters als Dritten, die dem Mädchen die Ich-Wahrnehmung ermöglicht. Natürlich stellt sich die Situation für das Mädchen genau andersherum dar, als es der Vater der Psychoanalyse beschreibt: Sie empfindet Liebe gegenüber dem Vater und Eifersucht gegenüber der Mutter. Das erklärt auch, warum Freud selbst die »Frauwerdung« als die schwierigste psychische Aufgabe überhaupt erachtete, weil das kleine Mädchen auf das mütterliche »Objekt« verzichten muss, um sich dem Vater zuzuwenden. Im Gegensatz zum Jungen muss sie diesen Schritt aktiv vollziehen. Es ist der Moment, da sie sagt: »Papa gibt mir zu essen … Papa zieht mich an …« Papa macht dies, Papa macht das … Diese Phasen sind völlig normal, denn wenn ein Vater sich nicht wirklich in der Psyche des Kindes verankert, was der Psychoanalytiker Jacques Lacan als »Verwerfung des Name-des-Vaters« bezeichnet, sind schwer wiegende Folgen zu befürchten.

Nach Freudscher Auslegung ruft das Mädchen bekanntlich deshalb nach seinem Vater, weil es entdeckt, dass die Mutter »kastriert« ist: Der Penisneid bewirkt, dass die Tochter sich dem Vater zuwendet. Diese sehr bildliche Ansicht geht vor allem auf die Entdeckungen während der analytischen Sitzungen zurück, aber natürlich kann eine Mutter nie sämtlichen Erwartungen ihres Kindes und schon gar nicht ihrer Tochter gerecht werden. Ein Mädchen nämlich will etwas anderes: »Man kann durchaus behaupten, dass die Intervention des Vaters insofern durch die Tochter herbeigeführt wird, als er ihr einen Ödipus-Komplex verschaffen soll.«[20]

Eine Vater-Tochter-Beziehung hat leidenschaftlichen Charakter, denn sie entspricht zum einen der ursprünglichen mütterlichen Leidenschaft, und zum andern kann sich ihre Liebe in imaginären Szenarien entwickeln, die nicht umgesetzt werden. Deshalb kann man auch nur Hinweise darauf beobachten, wie Worte, Spiele, Zeichnungen, Verhaltensweisen, und es erklärt auch, warum es später keine Erinnerung mehr an diese Szenarien gibt. Auf einer anderen Ebene könnte man sagen, dass sie vom älteren Kind verdrängt werden, weil es beim Heranwachsen begreift, worum es wirklich geht, und sich die bewusste Ausmalung nicht länger gestattet.

Der Blick des Vaters prägt das Selbstbild der Tochter

»Wenn eine Tochter sich nicht für ihren Vater interessiert«, so die Psychoanalytikerin Catherine Mathelin, »wird es für sie auch nie einen Märchenprinzen geben.«[21] Das ist durchaus richtig, wobei einem Vater auch nicht der Platz eines Verehrers zukommt, denn das würde ja bedeuten, dass es zwischen einem Kind und einem Erwachsenen keinen Unterschied gibt. Ödipale Liebe hat mehr mit Zärtlichkeit als mit Sexualität zu tun: »Ödipus ist Ödipus, und kein Inzest.« In jener Phase des Lebens seiner Tochter spielt der Vater seine Rolle innerhalb der familiären Dreieckskonstellation: ein Vater ist der Vater seiner Tochter und der Mann von deren Mutter.

In der Mutter-Tochter-Beziehung ist der Dritte – der Ehemann und Vater – der Andere, der Zeuge und die Grenze zugleich. Ihm gilt ihre Liebe, und mehr oder weniger bewusst will er durchaus auch von beiden Seiten geliebt werden. Dadurch haben manche Väter das Gefühl, für das Funktionieren des Trios, das sie mit ihrer Frau und Tochter bilden, unverzichtbar zu sein und auch aktiv dazu beizutragen – ein Gefühl, das sie während der gesamten Entwicklung ihrer Tochter und sogar darüber hinaus nicht mehr verlässt. Anderen Vätern dagegen verursacht die Situation Unbehagen. Sie ergreifen gewissermaßen die Flucht und sind möglichst selten anwesend, schalten sich nie ein und reagieren oft unangemessen aufbrausend. Bei ihren Ehefrauen provozieren sie damit Reaktionen wie: »Nie bist du da, wenn man dich braucht!«, oder: »Du hast keine Ahnung, was hier überhaupt los ist ...«, oder: »Du tust immer das Falsche!«, woraufhin sie tief in ihrem Innern besten Gewissens erwidern können: »Wenn das so ist, dann seht doch zu, wie ihr allein zurecht kommt, und lasst mich mit euren Problemen in Ruhe.« Die Tochter aber will in dieser Situation lediglich, dass ihr Vater ihre Existenz anerkennt, sie gewissermaßen ansieht.[22] Manche reden sogar von einem »Ödipuskomplex auf der Ebene des Sehens und Gesehen-werdens«[23] um hervorzuheben, wie wichtig dieser väterliche Blick ist, wenn sich das kleine Mädchen dem Vater zuwendet, um sich von der Mutter abzulösen. »Richtig« angesehen zu werden ist zu jenem Zeitpunkt sogar lebensnotwendig für ein Mädchen, weil sie ohne den unterstützenden Blick ihres Vaters unter Umständen einen schlechteren Zugang zu ihrer Weiblichkeit bekommt. Tatsächlich braucht eine Tochter nicht nur in der Vorstellung einen Vater, der sie liebt. Auch braucht sie keinen symbolischen Vater, der im Verhältnis zur Mutter die Funktion des Dritten einnimmt. Was sie braucht, ist ein realer Vater, der präsent und zärtlich ist und wirklich Interesse an ihr bekundet, ein Vater, der sie ansieht. Ohne diesen Blick kann aus ihr das »unsichtbare Mädchen« werden, was mit sehr schmerzlichen Gefühlen verbunden ist und bei jungen Frauen Folgen wie Depressionen oder Essstörungen haben kann.

Die grundsätzliche Asymmetrie zwischen Vater und Tochter, die kurz gefasst lautet: »Ich bin, was dir fehlt«, löst ein Verliebtheitsgefühl aus: Das Spiel mit der Liebe erscheint wie ein Kreislauf des Mangels. Dieses Verliebtheitsgefühl ist jedoch untrennbar damit verbunden, dass das Kind etwas in Erfahrung bringen will.[24] So gesehen repräsentiert der Vater eine andere, nicht zu unterschätzende potenzielle Funktion: die des Wissensdrangs, der auf dem Gefühl des Kindes beruht, etwas in Erfahrung bringen zu wollen, das es nicht besitzt. In ihrem Buch *Das weibliche Genie* unterstreicht Julia Kristeva diese Unterscheidung zwischen der Affinität für das Archaische, die bei der Mutter angesiedelt ist, und dem Wissensdrang, der beim Vater angesiedelt ist.

Die unterstützende oder hemmende Rolle der Mutter

Allem Anschein nach ist also der Vater derjenige, durch den ein Mädchen die prähistorische, mütterliche Phase hinter sich lässt und Zugang zur eigenen Geschichte gewinnt. Muss sich diese Loslösung von der Mutter jedoch zwangsläufig in Zwietracht vollziehen und Hassgefühle hervorrufen, die unter Umständen ein Leben lang anhalten?[25] Überlassen wir diese Sichtweise Freud und seinen direkten Nachfolgern. Was uns dagegen interessiert, ist die Haltung der Mutter. Was geschieht, wenn diese ihrer Tochter den Zugang zum Vater verwehrt und sich verhält wie im Märchen die Stiefmutter bei Schneewittchen oder Dornröschen? Tobt deshalb gleich der fantasmatische Kampf zwischen Tochter und Mutter, wie zum Teil behauptet wird?[26]

Es scheint zweifellos etwas daran zu sein, wenn man die Haltung mancher Mütter und die von ihren Töchtern gemalten Bilder betrachtet und hört, wie sich manche von ihnen noch als Erwachsene dazu äußern. Auf den Bildern erkennt man oft auf Anhieb eine väterliche Symbolik in Gestalt eines großen Baumes oder einer männlichen Gestalt, die einen Großteil der Seite einnimmt oder besonders grell ausgemalt ist, während ein eindeutig Furcht erregendes Bild der Mutter in den Hintergrund verbannt ist oder in irgendeiner Ecke auftaucht. Längst erwachsene Frauen rufen zum Teil noch nach Jahren erbittert: »Meine Mutter hat mir keine Luft zum Atmen gelassen! Zum Glück war mein Vater auch noch da …« Oder sie berichten klagend oder bedauernd: »Mein Vater ist immer schwach gewesen, er hat meiner Mutter immer Recht gegeben!« Manche Frauen leiden ihr Leben lang unter ihrer Mutter; die Beziehung zum Vater ist für sie von grundlegender Bedeutung.

Das gesunde Einvernehmen zwischen Mutter und Tochter soll damit keineswegs in Frage gestellt werden. Es gibt dem Kind das Gefühl, von seiner Mutter anerkannt zu werden, so dass es sich mit ihr identifizieren und als Werk und Abbild dieser Mutter begreifen kann, was ihm dabei hilft, eine Vorstellung von sich zu entwickeln und seine weibliche Identität auszubilden. Die französische Schriftstellerin Colette schrieb über ihre Mutter: »Meine Mutter nannte mich ›Schöne, goldenes Juwel‹ und ließ mich ziehen; sie sah ihr Werk, ihr ›Meisterwerk‹, wie sie sagte, den Hang hinunterlaufen und immer kleiner werden.« Die Liebe einer Mutter zu ihrer kleinen Tochter kann grundsätzlich nicht in Zweifel gezogen werden; daran erinnert uns Leonardos »Heilige Anna«, die mit wunderbarem Lächeln auf ihr Kind auf ihrem Schoß blickt. Aber in dieser Phase der Entwicklung ist es entscheidend, dass das kleine Mädchen weiter wachsen und sich zu diesem Zweck von seiner Mutter lösen darf. Das muss die Mutter begreifen und akzeptieren, auch wenn es schwer fällt; und der Vater muss die ungeheuer wichtige Rolle spielen, die ihm in dieser Geschichte zukommt.

Wege aus der Krise

Wir haben von der ödipalen Phase als einer Krise gesprochen. Wie bei jeder Krise gibt es auch hier ein Vorher und Nachher. Die Zeit davor haben wir behandelt. Wie sieht es nun in der Zeit nach dieser »Beziehungskrise«[27] aus? Grundsätzlich sind vier Möglichkeiten denkbar:

● *Schifffahrt »auf hoher See«:* Die ödipale Liebe bleibt präsent, aber es ist soviel Abstand da, dass das kleine Mädchen ein Bewusstsein entwickeln und sich ein eigenes Urteil bilden kann. Seine persönliche Entwicklung setzt sich also fort, zum Teil auch unabhängig vom Vater. Nach und nach spürt der Vater, dass seine Tochter zu viel Nähe als störend empfindet; er wird mit offenen Liebesbekundungen zurückhaltender sein. Dazu gehört konkret wie symbolisch die Berührung, die Grundlage für das Gefühlsleben zweier Menschen, die jedoch immer nur einen kurzen Moment ausmacht. Was ich über die Mutter-Sohn-Beziehung geschrieben habe, gilt in noch größerem Maße für die Vater-Tochter-Beziehung: »Das Verbot des Berührens, das sich in erster Linie ganz banal auf die Gefahr von Verletzungen, Verbrennungen oder Schnittwunden bezieht, verweist darüber hinaus symbolisch auf zwei grundlegende Verbote: Mord und Inzest ... Wenn die Berührung symbolische Grenzen und deren Sublimierung verwirft, konkretisiert sich durch diese Überschreitung etwas, aus dem jene Zärtlichkeit weicht, die sich aus Sicht der Psychoanalytiker glücklicherweise wie ein Schleier über unbewusste Inzestwünsche breitet.«

● *Die Chronifizierung:* Die Glut, die die ödipale Flamme jederzeit wieder auflodern lassen kann, ist nicht verloschen. Das sieben- bis achtjährige Mädchen hat noch immer sehr viel Nähe zum Vater, was letzterer in der Regel auch begünstigt. Dadurch verhindert er, dass die Tochter ganz losgelöst von ihren vormaligen kindlichen Bindungen ein Bild von sich entwickelt.

● *Der Bruch:* Er kann durch einen plötzlichen Gefühlsumschwung verursacht werden, eine unvermittelte Distanzierung, die die frühere Nähe aufhebt. Auslöser ist meistens ein innerer Zwang zur Flucht vor überbordenden, leidenschaftlichen Gefühlen, die noch immer vorhanden sind, und ein damit einhergehendes Verbot, das im Über-Ich verankert ist.

● *Die Verkehrung der Gefühle in ihr Gegenteil,* wie man es häufig bei Beziehungskrisen unter Erwachsenen beobachtet. In der Beziehung zum Vater herrschen von diesem Zeitpunkt an Abneigung und sogar Ablehnung vor.

Natürlich bedingt die Haltung der beiden, wenn nicht der drei an der ödipalen Begegnung Beteiligten die weitere Entwicklung: Die Beziehung der Tochter zur Mutter und umgekehrt der Mutter zur Tochter spielt unleugbar auch eine Rolle. So wie ein Mädchen sich für seine Entwicklung zunächst von seiner Mutter lösen muss und sich dem Vater zuwendet, muss sie aus demselben Grund im Alter von sieben oder acht Jahren auch genügend Distanz zum Vater gewinnen. Hängt die Tochter zu sehr an ihm, wird sie unter Umständen unglücklich oder nimmt gar ihren psychischen Tod in Kauf. Jeder erinnert sich an Antigone, die während ihres kurzen Lebens ganz vom Gedanken an den Vater beherrscht war, von dem sie nicht loskam.

Die Tochter beschützen, ohne sie zu sehr einzuengen

Wenn alles gut geht, wünscht sich die Tochter im Anschluss an die ödipale Phase also, der Vater möge sie beschützen, ohne sie zu sehr einzuengen. Das Gefühl für sich und die eigene Identität, vor allem die eigene geschlechtliche Identität, entsteht noch vor der Pubertät. Dazu ist es notwendig, dass die schützende Macht des Vaters keiner Allmacht gleichkommt und dass er die Ablösung als Ausgangspunkt für die Bewusstwerdung ihrer Andersartigkeit zulässt. Die Autonomie, die der Vater – dem hier eine hohe Verantwortung zukommt – damit gewährt, erscheint beinahe lebenswichtig. Das belegen die Zeugnisse der Frauen, die mit Beklemmung an diese Kindheitsjahre zurückdenken und berichten, dass sie in dieser Phase, in der sich die Urteilskraft bildet, ganz von den Wünschen, Gefühlen oder Verhaltensweisen ihres Vaters abhängig gewesen seien. Dadurch mussten sie, was paradox anmutet, lernen, sich so zu schützen und Widerstand zu leisten, dass sie letztlich unabhängiger geworden sind, als es der Fall gewesen wäre, wenn sie kein so dringendes Bedürfnis nach einer eigenen Identität verspürt hätten. In manchen Fällen führt die einengende Liebe eines Vaters dazu, dass seine Tochter sich gefühlsmäßig von ihm löst. Für den Vater ein Paradox, denn dass seine Tochter eine Distanz herstellt, wo sie doch in seinen Augen noch so klein ist, kann er nicht verstehen.

»Du bist jetzt groß genug ...«

Wenn die berühmte ödipale Phase vorüber ist, beginnt für das Kind, gleich ob Mädchen oder Junge, das so genannte Alter der Vernunft: Es ist nun in der Lage, abzuwägen und sich ganz bewusst ein Bild zu machen. An die Stelle kindlicher Spontaneität treten nun immer häufiger Überlegungen zu Ereignissen in seinem Umfeld; es bildet sich Urteile über Menschen, die ihm nahe stehen, auch über die Mutter und den Vater.

In dieser neuen Phase im Alter zwischen sieben und zehn Jahren möchte eine Tochter sagen dürfen: »Papa, dafür bin ich jetzt groß genug ...« Sie erwartet jetzt nicht mehr nur, dass er sie in den Arm nimmt, wenn er abends nach Hause kommt, dass er liebevoll mit ihr spricht oder mit ihr schimpft, wenn sie Grenzen überschreitet; sie erwartet jetzt noch etwas anderes, Subtileres: Er soll ihr Selbstvertrauen geben. Was will sie, wenn sie sich mit einem Buch neben ihren Vater setzt, während dieser selbst liest? Was tut sie, wenn sie einen Kommentar zu einem Dokumentarfilm abgibt, den sie sich gemeinsam im Fernsehen ansehen? Sie möchte ihn auf sich aufmerksam machen, ihm zu verstehen geben, dass sie größer geworden ist, seine Kulturtechniken erworben und mitunter dieselben Interessen hat. Wenn ein Vater seine Tochter in dieser Phase ignoriert und sie wie Luft behandelt, wenn er keinerlei Interesse an dem bekundet, was sie ihm mitzuteilen versucht, oder er im Gegenteil zu anspruchsvoll und autoritär ist und ihr den Eindruck vermittelt, dass das, was sie tut und ist, immer hinter seinen Erwartungen zurückbleibt, ist die Gefahr groß, dass sie kein Selbstvertrauen und stattdessen Selbstzweifel entwickelt. Daraus können zwei Verhaltensweisen entstehen: Entweder zieht sie sich zurück, oder sie versteift sich darauf, dass sie den Ansprüchen anderer nicht gerecht wird. Manchmal sind Schulschwierigkeiten die Folge. Aggressives oder provozierendes Verhalten in diesem Alter kann der Hinweis auf eine schwierige Pubertät sein.

»Ja, ich weiß, dass du das verstehst ...«

In diesem Alter erwartet eine Tochter von ihrem Vater, dass er sie nicht mehr als kleines Mädchen betrachtet, sondern anerkennt, dass sie reifer geworden ist; er soll sie zum Lachen bringen, aber auch ernstere Angelegenheiten mit ihr besprechen, für die sie sich von nun an auch interessiert. In dem von Nadine Vasseur herausgegebenen Buch *Je ne lui ai pas dit que j'écrivais ce livre*[28], das dreizehn Erzählungen von Kindern Deportierter enthält, beschreibt Chantal Avram bewegend und voller Dankbarkeit, wie der Vater ihr, als sie erst sieben Jahre alt war, regelmäßig über das Leben im Lager berichtete. Sie sagt, dieses Ritual habe ihr vermutlich geholfen, dass die schmerzliche Vergangenheit der Familie nicht so belastend für sie war, wie dies bei anderen Kindern von Deportierten der Fall war, die das unausgesprochene Leid und Entsetzen ihrer Eltern ertragen mussten.

Dieses ganz besondere Zeugnis zeigt, dass ein Vater seiner Tochter längst nicht alles erzählen sollte und nicht alle Wünsche, Sorgen und Geheimnisse, die er als Erwachsener hat, mit ihr teilen sollte, aber dass er viele Möglichkeiten hat, um mit ihr zu reden, sobald sie in dem Alter ist, da sie die großen Fragen des Lebens versteht. Indem er seine Erfahrungen und sein Wissen an sie weitergibt, zeigt er ihr sein Vertrauen und schenkt ihr dadurch gleichzeitig Selbstvertrauen. Natürlich soll aus einem Kind keine Erwachsene gemacht werden. Vielmehr geht es darum anzuerkennen, dass es nun intellektuelle Fähigkeiten besitzt, die es vorher nicht besaß, und dass diese jetzt abrufbar sind.

Streng oder langweilig muss es dabei keineswegs zugehen; mit einem Kind in diesem Alter ist durchaus eine

Balance aus Lachen, Leichtigkeit und Ernst des Lebens herzustellen. Die Periode von sieben bis zehn Jahren entspricht nämlich der so genannten Latenzphase, wie es Entwicklungspsychologen nennen, die zwischen den beiden »heißen« Phasen von Ödipuskomplex und Pubertät liegt. In ihr öffnen sich die Kinder aufgrund ihrer kognitiven und geistigen Fähigkeiten für die Außenwelt. Es ist die Phase, in der sie allmählich länger nachdenken, Texte auswendig lernen und deren tieferen Sinn ergründen, ihre Fähigkeiten zum Kopfrechnen entwickeln, sich für Geschichte und Geografie begeistern etc.

Diese Neugierde und dieser Wissensdurst zeichnet Mädchen natürlich genauso aus wie Jungen. Das erwähne ich deshalb, weil man Mädchen zwar eine schnellere Entwicklung nachsagt, ihnen von den Vätern aber immer noch genauso oft unterstellt wird, sie hätten eine geringere Auffassungsgabe. Eine Mutter berichtete mir eines Tages, ihr Mann bringe sie zur Verzweiflung, weil er ihre Kinder so unterschiedlich behandle: Während er seinem zehnjährigen Sohn, der ihm kaum zuhöre, ausführlich die Geschichte der Vereinigten Staaten erklärt habe, sei er dazu bei seiner achtjährigen Tochter nicht in der Lage gewesen, obwohl die ihm förmlich an den Lippen hänge. Stereotype halten sich in der Tat sehr lange! In der Regel lieben Väter ihre kleinen Töchter über alles. Sie vergöttern, idealisieren und bewundern sie manchmal sogar zu sehr und akzeptieren, was sie bei keiner anderen Frau, nicht einmal der eigenen, gelten lassen würden. Aber sie müssen wissen, was ihre Töchter von ihnen auch über die frühe Kindheit hinaus erwarten. Bevor die Pubertätskrise einsetzt, träumen Mädchen jedenfalls von einem Vater, der ihnen beim Größerwerden zusieht.

Was eine Teenagerin von ihrem Vater erwartet

Es gibt keine Pubertät ohne Kindheit. Die Beziehung, die ein heranwachsendes Mädchen zu seinem Vater entwickelt, ist zwar zwangsläufig ganz anderer Natur, aber dennoch von einer besonderen Zuneigung geprägt. Eine Jugendliche hat, bewusst oder unbewusst, vielschichtigere Erwartungen. Natürlich sucht sie immer noch nach einer spiegelbildlichen Bestätigung ihrer Existenz[29], doch geschieht dies jetzt vor dem Hintergrund eines entscheidenden neuen Lebensabschnitts, in dem sie endgültig Frau wird.

Es kommt also der Zeitpunkt, da ein Vater akzeptieren muss, dass seine Tochter ihm als Kind entgleitet. Eine Jugendliche will sich beweisen, das entspricht ihrem Alter, und sei es auf dem Weg der Provokation. Und sie muss wissen, dass man ihr Bedürfnis nach Abstand, das sich in mehr oder weniger rätselhaften Schweigephasen und Kritik äußert, respektiert. Das muss der Vater begreifen und die Momente nutzen, in denen seine Tochter gesprächsbereit ist, oder der jungen Frau, zu der sein geliebtes Töchterchen gerade heranwächst, vielleicht mit Humor begegnen, ohne dabei verletzend zu sein.

»Aus mir wird eine Frau ...«

Die Pubertät ist die Phase der Identitätssuche, deren sichtbarster Ausdruck bei einem Mädchen die unzählbaren vor dem Spiegel verbrachten Minuten oder gar Stunden sind. Die heikle Frage, um die es einer Jugendlichen geht, ist die nach dem Bild, das sie von ihrem Körper hat, den sie, ohne auch nur ansatzweise objektiv zu sein, verabscheuen kann, weil sie sich für zu dick oder zu dünn, zu groß oder zu klein hält. Vor diesem Hintergrund können selbst humorvoll gemeinte Bemerkungen des Vaters über ihr Äußeres so unpassend sein, dass sie sie unter Umständen ein Leben lang verfolgen.

Eine Jugendliche, aus der gerade eine Frau wird, sucht immer nach Bestätigung der eigenen Identität und ihrer Zugehörigkeit zur weiblichen Welt. Bei dieser Suche verlässt sich das Mädchen natürlich auf die Mutter, mit der sie seit ihrer Geburt eine von weiblicher Identität geprägte Beziehung hat. Sie verlässt sich auch auf ihre Freundinnen und hat sehr oft auch das Bedürfnis nach einer besten Freundin, die sich dieselben Fragen stellt wie sie. Diese Identitätssuche und die daraus hervorgehende Lust, sich zu beweisen, geht auch mit dem Wunsch einher, nicht mehr als Kind, sondern als Mädchen angesehen zu werden, dem die Jungen Beachtung schenken. Die männliche Welt, mit der sie seit ihrer Kindheit konfrontiert ist, ist nun auf andere Weise verlockend: Es gibt die Verführung und die damit verbundene Bedrohung, und die sexuelle Anziehung.

Eines Tages sagte mir ein Mädchen, das hin- und hergerissen war zwischen dem Wunsch, am Wochenende ihren Vater zu besuchen, und dem Drang, bei ihrem Freund in Paris zu bleiben: »Ich glaube, ich liebe beide gleich stark, aber auf unterschiedliche Art …« Was für mich auf der Hand lag, schien für sie eine wirkliche Entdeckung zu sein! Liebe wird gelebt und auf die Probe gestellt, es ist ein Gefühl, das Körper und Seele erfasst. Bei einem Kind spielt der Körper dabei noch eine untergeordnete Rolle oder ist eher über die »weiche« Seite der Zärtlichkeit beteiligt. In der Pubertät dagegen wird er zugleich begehrlich und begehrt und beansprucht Vorrang. Eine Jugendliche erkennt, was leidenschaftliche Liebe ist, sie entdeckt den Unterschied zwischen Zärtlichkeit und starker sinnlicher Anziehung. Sie entdeckt, dass diese Liebe einem anderen gilt und unbedingt auf Gegenseitigkeit beruht. Sie begreift, dass die eigene Liebe nachlassen kann, man selbst aber immer geliebt werden will. Dass man, um sich selbst zu lieben, auch den anderen braucht und erst erkennen muss, dass man zur Liebe fähig und auch liebenswert ist. Und schließlich wird ihr klar, dass sich das Gefühl auch in die Tat umsetzen lässt, diese umgekehrt aber nicht unbedingt immer entsprechende Gefühle voraussetzt. Es stellen sich die entscheidenden Fragen: Gibt es verschiedene Arten von Liebe? Wem gelten sie? Wie liebt man, und warum?

Wenn die Pubertät einsetzt, will eine Tochter ihren Vater auch weiterhin lieben, aber diese Liebe muss für sie ganz anders erlebt und erdacht werden können, ohne Vorhaltungen wegen möglicher Empfindungen für andere Vertreter des männlichen Geschlechts, die sie nun hat. *Überzeugungen, Verhaltensweisen und Bemerkungen des Vaters dürfen jetzt erst recht nicht verwirrend sein. Sie braucht eine Liebe voller Respekt – Respekt für ihre Person und das, was aus ihr geworden ist, Respekt für die Gefühle, die sie gegenüber anderen hegt.* Eine uneindeutige Haltung des Vaters kann sie also abstoßen, aggressiv machen oder traumatisieren. Nicht umsonst heißt es bei Lacan, der Vater sei dazu da, »einen Wunsch mit dem Gesetz in Einklang zu bringen«.[30]

Das Bedürfnis nach Respekt

Ein kleines Mädchen weiß, wie es sich gegenüber seinem Vater zärtlich und fraulich verhalten kann, aber eben als Kind, das einen Elternteil umgarnt. Eine Jugendliche gibt sich längst nicht so ostentativ verführerisch: Sie zeigt ein starkes Bedürfnis nach Abstand, auch wenn sie ihren Vater weiterhin bewundert und seine Zuneigung braucht. Mit dieser neuen Situation zurecht zu kommen, ist sehr viel komplexer, als es scheinen mag. Die spontane, offenkundige Verführung der Kindheitszeit tritt in den Hintergrund; es wird ambivalenter, denn das Mädchen entwickelt die Sexualität einer Erwachsenen, was sich durch körperliche Veränderungen, nie da gewesene innere Unruhezustände und neue Vorlieben äußert. Für Väter ergibt sich daraus die doppelte Gefahr, »zu nah dran« oder »zu weit weg« zu sein.

Die Angst vor mehr oder weniger expliziten Wünschen und Fantasien, die ihre heranwachsende Tochter in ihnen wachruft, zumal in heutiger Zeit, kann in der Tat ein Unbehagen verursachen, und dieses kann zu scheinbarem Desinteresse oder unangemessener Kritik führen. Oder aber es kommt zu einer beinahe pervertierten Haltung, von sexuellen Anspielungen – »Meine Tochter hat doch einen hübschen Hintern, oder?« – bis hin zu zärtlich gemeinten Gesten, die nun deplatziert sind. Konkret heißt das etwa, dass ein Vater das Zimmer seiner pubertierenden Tochter oder das Bad, in dem sie sich gerade aufhält, nicht betreten darf, wenn er nicht weiß, ob sie angezogen ist oder was sie gerade tut.

Keine Schamlosigkeit

Schon im Alter von sechs oder sieben Jahren, also lange vor der Pubertät, spürt ein Mädchen, dass sein Vater ein Mann und sie eine »kleine Frau« ist. In diesem Alter wird die Tochter von selbst schamhafter; er soll sie nicht mehr nackt sehen, sie schließt die Badezimmertür, wenn er vorbeigeht, und zeigt sich angewidert, wenn er durch Worte oder Taten, und sei es auch nur scherzeshalber, den Umgang mit ihr »sexualisiert«. Wenn dann die Pubertät mit den damit verbundenen körperlichen Veränderungen einsetzt und entsprechende Wunschvorstellungen aufkommen, wird dieses Bedürfnis nach Einhaltung der Schamgrenzen überdimensional groß. Das Mädchen schämt sich ohnehin wegen der Veränderungen, die es an sich erlebt, und verträgt nichts, was dieses Gefühl noch verstärken könnte, erst recht nicht, wenn es vom Vater ausgeht.

Zum Teil dauerhafte Kommunikationsschwierigkeiten zwischen Töchtern und Vätern sind nicht zuletzt auf diese Situation zurückzuführen. Notwendige Schamgrenzen äußern sich nicht nur auf der Ebene des Körpers, sondern auch der Sprache. Da, wie Psychologen wissen, im Zustand sexueller Erregung die Sprache versagt, misstrauen Töchter und Väter – ohne sich darüber bewusst zu sein – einander nun auch in Bezug auf das, was sie sich mitzuteilen haben.

Eine unsichtbare Grenze, die nicht überschritten werden darf

Flore ist ein hübsches, 17-jähriges Mädchen, das ihre Eltern für zu schüchtern halten. Sie hat wenige Freundinnen und fühlt sich mit Jungen unwohl. Sie war schon immer eher vernünftig und ihrem Vater sehr nahe, wie die Mutter sagt. Als ich Flore allein sehe, redet sie wenig und wirkt in der Tat sehr scheu. Mit der Zeit aber beginnt sie sich zu öffnen, vermutlich, weil sie mich nun besser kennt. Sie bestätigt, dass sie sich ihrem Vater sehr nahe fühlt, aber praktisch nie mit ihm redet; sie könne aber, wie sie selbst sagt, an seinem Blick ablesen, wie sehr er sie liebe, was sie glücklich mache. Sie erinnert sich gern daran, dass er, als sie noch klein war, einmal pro Woche mit ihr allein zu Mittag aß. Sie sagt auch, dass es ihr manchmal gar nicht recht war, dass er sich so ausgiebig um sie gekümmert hat, und sie immer Angst hatte, er würde zuviel Geld für sie und ihre Ausbildung und ihre Kleidung ausgeben. In einer besonders mitteilsamen Stunde vertraut sie mir sogar an, dass sie die weibliche Seite, die sie bei ihrem Vater spürt, sehr mag; er arbeitet in der Modebranche, wo sie später auch gern arbeiten würde.

Mehrere Wochen sind vergangen, als aus Flore, die inzwischen ganz entspannt war und fast ohne Vorbehalte mit mir redete, wieder das schüchterne, fast verschämte Mädchen wird, das sie am Anfang war, und mir zur Begrüßung kaum die Hand gibt oder mich ansieht. Ich verhalte mich noch abwartend, bevor ich sie darauf aufmerksam mache, ahne aber, dass sie mir etwas zu sagen hat, was ihr peinlich ist. Ich weise sie darauf hin, dass sie alles ansprechen könne, worauf sie Lust habe, und dass auch das der Sinn einer Psychotherapie sei. Kurz darauf beschließt Flore, über etwas zu reden, was sie bislang noch niemandem erzählt hat. Als sie etwa zwölf war, ertappte sie ihren Vater, wie er sie ansah, als sie sich abends vor dem Schlafengehen auszog. Dieser Blick hat sie zutiefst erschüttert und macht ihr noch immer Angst, wenn sie daran denkt. Seit diesem Vorfall hat sie all die Jahre praktisch nicht mehr mit ihm geredet. Nicht, weil sie es ihm besonders übel genommen hätte; sie denkt mittlerweile, dass in dem Blick keine böse Absicht lag und ihr Vater lediglich so aussah, als sei ihm an dem Abend bewusst geworden, dass ihr Körper sich verändert hatte und seine kleine Tochter groß geworden war. Aber reden konnte sie dennoch nicht mit ihm, ohne zu verstehen, warum genau. Flores Geschichte zeigt, wie heftig bei einem Mädchen das Bedürfnis nach einem Vater sein kann, der die Grenzen wahrt.

Die Angst vor Ablehnung

Je stärker bei einer Heranwachsenden das Bedürfnis nach Wahrung der Schamgrenzen wird, desto größer wird paradoxerweise auch ihre Furcht, vom Vater abgelehnt zu werden. Nach dem Verhalten einer 14- oder 15-Jährigen zu urteilen, könnte man meinen, sie wolle sich komplett vom Vater frei machen. Dem ist nicht so: Die Angst, abgelehnt zu werden, ist da – nach wie vor da, würde ich sogar sagen, denn es handelt sich fast um eine Urangst. Aus der anthropologischen Forschung wissen wir, dass die in früheren Stammesgesellschaften verbreitete Exogamie über den »Transfer« der Mädchen vonstatten ging, worüber die Männer je nach Bündnislage zwischen Dörfern und Stämmen befanden. Dies mussten die Mädchen in den von männlichen Machtverhältnissen geprägten Gesellschaften hinnehmen; ihr Schicksal als Frau und Mutter hing davon ab. Das ist heute natürlich anders. Heranwachsende Mädchen beanspruchen das Recht auszugehen und holen sich dafür bestenfalls die Zustimmung der Eltern, wenn sie nicht gar gegen das elterliche Verbot verstoßen. Allerdings fällt auf, dass sie sich in dieser Situation lieber an die Mütter wenden, als hätten sie noch immer Angst, ihr Vater könne ein unwiderrufliches Urteil fällen oder sie aus dem Elternhaus jagen. Dabei möchte ich auch an dieser Stelle darauf hinweisen, dass Töchter das Verbot des Vaters nicht ablehnen. Sie wissen, dass es Teil der väterlichen Funktion ist: Ein Vater steht stellvertretend für das Gesetz und muss Verbote aussprechen, wenn er der Ansicht ist, seine Tochter sei in Gefahr. Eine der Grundlagen dafür, dass Mädchen sich an dieses Gesetz halten – eines wohlgemerkt, das weder ungerecht noch übertrieben oder Furcht erregend ist –, ist sicherlich die bei ihnen seit Jahrtausenden tief sitzende Angst, ihr Vater könne sie ablehnen, wenn sie sich dem widersetzen, was sie selbst für gerecht erachten.

Wie so oft, hat auch hier die griechische Mythologie die invariablen Archetypen für uns parat, die die meisten zwischenmenschlichen Beziehungen strukturieren. Wir kennen die Geschichte von Persephone, der Tochter des Zeus und der Demeter, die, als sie eine Narzisse pflückt, von Hades, dem Gott der Unterwelt, entführt wird. Verzweifelt sucht Demeter, die Göttin der Fruchtbarkeit, überall nach ihr und verzichtet sogar auf ihren Götterstatus. Zeus schaltet sich ein und befiehlt Hades, die Tochter an ihre Mutter zurückzugeben. Dazu schlägt er ihm folgenden Kompromiss vor: Persephone wird als Hades' Frau Göttin der Unterwelt, doch wird sie die Hälfte des Jahres bei ihrer Mutter verbringen, und die andere Hälfte bei ihm. Daraus lässt sich folgende symbolische Botschaft ableiten: Ein Vater muss seiner Tochter die freie Wahl lassen, wenn sie im entsprechenden Alter ist; er muss ihr gestatten, den Mann ihres Lebens zu suchen, zu finden und mit ihm zusammenzuleben, muss aber auch die Kontinuität der Ursprungsfamilie gewährleisten, deren Garant und Vertreter er ist. Wenn nun ein Vater, was ihm selbst Unbehagen bereiten mag, erlaubt, dass der Freund der Tochter über Nacht bleibt oder die Ferien mit ihnen verbringt, während seine Frau dem Besuch des Jungen, den sie nicht kennt und dessen womöglich schädlichen Einfluss auf ihre Tochter sie fürchtet, eher mit Skepsis gegenübersteht, ist er dann nicht in derselben Situation wie Zeus?

Damit sich diese symbolische Funktion auf ihn übertragen lässt, darf ein Vater sich allerdings nicht selbst disqualifizieren. Bei einem Telefonat ihres Vaters erfährt die 16-jährige Melissa zufällig, dass es eine andere Frau in seinem Leben gibt. Sie ist schockiert und behält die Entdeckung einen Monat lang für sich. Als es zwischen ihren Eltern zu einem Streit kommt, brüllt sie ihren Vater wutentbrannt an: »Hör auf, du lügst! Sogar Mama belügst du! Du lügst die ganze Zeit! Seit Wochen betrügst du sie schon und kümmerst dich einen Dreck um uns!« An der Reaktion ihrer Mutter erkennt sie, dass diese bereits Bescheid wusste, was Melissa zusätzlich erzürnt; sie empfindet das Schweigen der Mutter als feige. Sie verlangt von ihrem Vater, mit der Wahrheit herauszurücken. Nach einigem Zögern erklärt dieser, er habe eine 24-Jährige kennen gelernt und sich in sie verliebt.

Ein paar Wochen später kommt Melissa auf Veranlassung ihrer Eltern, die sich inzwischen getrennt haben, zu mir. Beide fürchten, dass ihre Eheprobleme sich auf ihre Tochter auswirken. Tatsächlich weigert sich Melissa kategorisch, ihren Vater zu sehen, auch ohne Begleitung von dessen neuer Freundin. Sie sagt mir, er habe nicht das Recht, ihre Familie zu zerstören, und sie werde bei ihrer Entscheidung bleiben, ihn nicht zu sehen. Sie macht auf mich den Eindruck großer Entschlossenheit und wirkt gleichzeitig extrem verletzt. Angesichts der Situation stelle ich ihre Entscheidung nicht direkt in Frage und versuche, das sehr literaturinteressierte Mädchen durch Themen wie Leidenschaft und Verliebtheit, wie sie in Romanen und Filmen behandelt werden, dazu zu bringen, über das Leben nachzudenken. Sie antwortet mir ohne jede Aggressivität, aber mit derselben Entschlossenheit, dass sie genau verstehe, was ich meine, und auch genau wisse, dass ihr Vater nicht der erste Mann sei, der seine Frau betrügt, aber dass sie sich persönlich so verraten, zurückgewiesen und verlassen gefühlt habe, dass sie ihm nicht verzeihen könne.

Eine Tochter muss erfahren, dass der Vater die Mutter respektiert

Die Frage, welchen Platz der Vater der Mutter einräumt, ist für ein Kind schon in den ersten Lebensstunden von Bedeutung. Wie weit reichend sie ist, zeigt sich jedoch konkret erst in der Pubertät. Wenn eine Jugendliche erlebt, dass ihre Eltern eine gute Beziehung führen, fühlt sie sich nicht verpflichtet, einen emotionalen Mangel auszugleichen. Ihre Weiblichkeit kann sich entfalten, frei von Angst und Schuldgefühlen, wenn der Mann des Hauses, also der Vater, sich über die Frau, die er sich ausgesucht hat, und darüber hinaus über die Frauen und das Weibliche ganz allgemein, nicht abschätzig und negativ äußert.

Diesbezüglich hat eine Tochter in der Regel dreierlei Erwartungen an ihren Vater. Sie wünscht sich:

● dass er ihre Beziehung zu ihrer Mutter respektiert;
● dass er die Beziehung zu ihr nicht dazu missbraucht, mögliche Enttäuschungen in der Beziehung zur Mutter zu kompensieren;
● dass er ihr mit seiner Beziehung zu ihrer Mutter ein Beispiel für die Beziehung zwischen Mann und Frau gibt.

Wie man sieht, kann es in der Beziehung zwischen Vater, Mutter und Tochter bei achtlosem Umgang schnell zu Verwicklungen kommen. Besonders wichtig ist in dem Zusammenhang, dass jeder der drei bei seiner Rolle als Elternteil oder Kind, Mann oder Frau bleibt und den beiden anderen die Freiheit lässt, ihre eigene Geschichte zu leben.

Ein Vater, der seine Frau achtet, ihre Leistungen und Fähigkeiten anerkennt und ihr nicht übertrieben autoritär oder unterwürfig begegnet, gibt seiner Tochter Orientierung: Er zeigt ihr, wie man sich als Mann und Frau respektiert, woran sie sich in ihrem Erwachsenenleben stets erinnern wird. Für mich war immer spürbar, wie glücklich es ein Mädchen macht, wenn die Eltern sich gut verstehen. Von einem Satz wie: »Du bist genauso wie deine Mutter!«, etwa als Reaktion auf eine Provokation durch die Tochter, würde ich daher abraten ... Eine Feststellung wie: »Aha, wir haben wohl dasselbe Blut in den Adern«, zumal mit einem Lächeln auf den Lippen, klingt dagegen ganz anders ...

Der Vater ist auch Vermittler

Was auch immer eine Teenagerin explizit oder stillschweigend äußert: Sie liebt und achtet ihre Mutter, sie braucht sie, findet Rückhalt bei ihr und hat in ihr eine Vertraute, manchmal auch eine Komplizin. Ein Vater mag sie bei einem Streit, wie er in der Pubertät häufig vorkommt, wettern hören, ihre Mutter mache alles falsch, kapiere rein gar nichts und sei sowieso zu nichts zu gebrauchen. Dann ist es seine Aufgabe, diese Bemerkungen als Provokation oder Hilferuf zu deuten und zwischen Tochter und Mutter zu vermitteln, ohne sich dabei in eine Beziehung einzumischen, die sich ihm ohnehin nie ganz erschließen wird. Das gilt natürlich auch umgekehrt. Auf die Frage: »Wozu sind Mütter gut?« folgt nämlich am häufigsten die Antwort: »Dazu, Konflikte mit dem Vater zu entschärfen!« Wie viele Mütter haben nicht irgendwann schon gesagt: »Sei nett zu deinem Vater!«, oder gar befohlen: »Du sollst deinen Vater gefälligst gern haben!« Wenn die Kommunikation mit einem Elternteil schwierig geworden ist oder abgebrochen wurde, sollte sich der andere Elternteil als Vermittler einschalten und dabei möglichst pragmatisch vorgehen und für niemanden Partei ergreifen: Es ist sinnlos, die Tochter oder die Ehefrau gegen sich aufzubringen, indem man sich gerade nicht auf ihre Seite schlägt. Wichtiger als alles andere ist, dass man den Gesprächsfaden nicht abreißen lässt.

Geteilte Erziehungsarbeit

Wie viele Mütter haben sich schon mit der Bitte um Hilfe für ihre Töchter an mich gewandt, weil sie ihren Mann nicht dazu bewegen konnten, seinen Part der Erziehungsarbeit zu übernehmen! In solchen Situationen versuche ich immer, etwas zwischen Vater und Tochter in Gang zu setzen und zugleich der Bitte der Mutter zu entsprechen. Ich bin zutiefst überzeugt, dass die Erziehung eines Mädchens vom Vater und der Mutter gemeinsam geleistet werden sollte – und zwar nicht nur in Krisenzeiten, sondern kontinuierlich. Gewiss gibt es Zeiten, in denen es schwierig ist, sich diese Arbeit zu teilen, etwa im Fall einer äußerst konfliktgeladenen Scheidung. Doch leben wir weder in einer matrilinearen noch in einer matriarchalen Gesellschaft, in der Mütter eine Vorrangstellung einnehmen, weil die Väter ausgeschlossen werden oder abwesend sind.

Allerdings – und das wissen die Väter, oder sie spüren es – haben die Mütter von Geburt der Tochter an die Funktion gehabt, sich um sie zu kümmern, auf sie aufzupassen, ihr Sicherheit zu geben und insgesamt die Voraussetzungen dafür zu schaffen, dass sie wachsen und gedeihen konnte. Das ist auch im emotionalen Gedächtnis des Kindes gespeichert und kann nicht gelöscht werden. Zudem verschafft das Gefühl, unverzichtbar zu sein, der Mutter auch Befriedigung; sie nimmt bei der Tochter wahr, was ein Mann nicht immer wahrnehmen kann. Weibliche Identität und Intuition kommen ihr dabei entgegen. Zweifellos versteht und akzeptiert eine Mutter das Verhalten ihrer heranwachsenden

Tochter häufig besser, weil sie eine besondere Sensibilität für die Signale hat, die diese aussendet.

Der Wunsch nach Anerkennung

Eine pubertierende Tochter hat zweierlei Erwartungen an ihren Vater, die mitunter kollidieren: Einerseits erwartet sie, dass er sie weiterhin so liebt wie als Kind, und andererseits, dass er sie fortan *auch* als Jugendliche betrachtet, sie entsprechend behandelt und ihr innerhalb der Familie den ihr gebührenden Platz einräumt. Damit befinden sich alle Beteiligten an einem heiklen Wendepunkt.

»Wo stehe ich?«

Die 15-jährige Selma erzählt mir, was sie in der Woche zuvor geträumt hat. Ihr Geschichtslehrer, den sie sehr schätzt, soll mit der ganzen Klasse nach Barcelona fahren. Er hatte ihr gesagt, er werde sein Flugticket für sie reservieren, und sie komme als Einzige in den Genuss dieses Privilegs. Der große Tag ist da, sie begibt sich zum Flughafen und muss dort feststellen, dass ihr Lehrer nichts veranlasst hat: Sie kann das Flugzeug nicht nehmen, denn es ist kein Flugticket für sie da … Ich hake nach, und Selma erinnert sich, dass sie diesen Traum an einem Abend hatte, an dem ihre Eltern Gäste hatten, die sie gern mag. Sie hatte sich vorgestellt, sie würde mit ihnen zu Abend essen, und ihr Vater, der immer an alles denkt, hätte ihr einen Platz in der Runde reserviert, was nicht der Fall war: »Im Grunde meint mein Vater, dass ich bei Erwachsenen nicht mitreden kann …« Zwar stellt Selma die Liebe ihres Vaters nicht in Frage, aber sie ist traurig und wütend auf ihn, hat sich allerdings nicht getraut, ihm ihre Enttäuschung mitzuteilen.

Mit am schwierigsten ist für Väter in dieser Phase, dass sie den Wunsch der Tochter, nicht mehr wie ein Kind behandelt zu werden, mit deren tatsächlicher Stellung als Kind innerhalb der Familie und insbesondere im Verhältnis zum Elternpaar in Einklang bringen sollen: Dem Vater kommt die Aufgabe zu, diese beiden weiblichen Räume abzustecken, indem er sowohl seiner Frau als auch seiner Tochter das Gefühl gibt, sie in dem anzuerkennen, was sie sind.

»Ich bin auch wer!«

Es ist Ende Juni; Julias Eltern rufen mich an, um einen gemeinsamen Termin mit ihrer Tochter zu vereinbaren. Sie machen sich Sorgen um sie, vor allem die Mutter. Julia, die in der zehnten Klasse ist und bislang eine eher gute Schülerin war, hat mit katastrophalen Noten abgeschlossen. Die Eltern führen das schulische Desaster auf den Einfluss eines Jungen zurück, in den Julia sich im September des Vorjahres verliebt hat. Dem Jungen, der allein bei seiner Mutter lebt, scheint die Familie den Rahmen und die Wärme zu geben, die ihm fehlen, denn es ist seither praktisch kein Tag vergangen, an dem er nicht bei ihnen war. Außerdem, so hat zumindest Julias älterer Bruder behauptet, rauche diese jetzt Haschisch. Die Eltern fangen an, sich vor mir zu streiten und gegenseitig die Schuld an den Problemen ihrer Tochter zuzuweisen, die verzweifelt die Augen an die Decke heftet.

Jeder beharrt auf seinem Standpunkt. Julia streitet ab, dass die Beziehung zu dem Jungen problematisch ist. Die Mutter wirft ihrem Mann vor, er greife zu wenig ein und habe keine Autorität. Der Vater, den die ständigen Streitereien zwischen seiner Tochter und seiner Frau überfordern, spricht von »weiblicher Hysterie«. Irgendwann aber zeigt dieser Mann, wie sehr ihn das Verhalten seiner Tochter mitnimmt. Mit Tränen in den Augen sagt er zu ihr, er habe wegen ihrer Beziehung zu ihrem Freund Angst um sie. Julia scheint nicht zu reagieren. Da die Sommerferien bevorstehen, einigen sich alle darauf, erst einmal etwas Ruhe einkehren zu lassen. Julia soll zu ihrem Onkel väterlicherseits in die Bretagne fahren. Ich schlage vor, dass sie nach ihrer

Rückkehr allein zu mir kommt, womit sie sich widerstrebend einverstanden erklärt.

Im September bei Schulbeginn treffe ich auf ein lächelndes, deutlich entspanntes junges Mädchen. Sie sagt, die Ferien seien schön gewesen, vor allem auch wegen ihres Vaters, der sie zehn Tage in der Bretagne besucht habe. Sie hätten viel miteinander geredet; die Initiative habe zwar sie ergriffen, aber er habe ihr zugehört und sich für ihr Leben, ihre Freunde und die Schule interessiert. Julia glaubt, dass ihr Vater froh ist, dass sie das Schuljahr freiwillig wiederholt, um im kommenden Jahr auf den naturwissenschaftlichen Zweig hinzusteuern. Besonnen sagt sie, sie habe das Gefühl, in diesem Sommer reifer geworden zu sein. Was ihren Freund angeht, gibt sie ihren Eltern Recht; sie habe sich zu sehr von ihm abhängig gemacht. Sie habe ihn nach ihrer Rückkehr aus den Ferien getroffen und ihm gesagt, dass sie mehr Freiraum brauche. Auch das Verhältnis zur Mutter hat sich gebessert, und Julia hat nicht mehr das Gefühl, dass der Vater nur auf die Mutter hört. Da die Entwicklung so positiv zu verlaufen scheint, schlage ich Julia vor, nach zwei Monaten noch einmal mit ihren Eltern zu kommen, sofern keine neuen Schwierigkeiten auftauchen. Sie ist einverstanden.

Zum vereinbarten Zeitpunkt sehe ich die drei wieder. Alle sind sich einig, dass die Krise »überwunden« ist. Julia hat wieder gute Noten in der Schule und geht viel seltener weg, vor allem auch nicht mit dem besagten Jungen, der, obwohl sie sich dazu nicht eindeutig äußert, nicht mehr so präsent zu sein scheint. »Wir sind sowieso nicht mehr in derselben Klasse«, sagt sie. »Das ist auch besser so.«

Die Geschichte zeigt, von welch großer Hilfe ein Vater für eine heranwachsende Tochter sein kann, die auf der Suche nach sich selbst ist. In diesem Alter sind oft Kleinigkeiten ausschlaggebend dafür, dass sich die Dinge in die eine oder andere Richtung entwickeln. Dass ein Vater sich in dieser Phase Zeit für sie nimmt, ist für ein Mädchen von entscheidender Bedeutung. Was sie im Grunde braucht, ist ein gewisses Feingefühl, denn dass sie erwachsen wird, weiß eine Jugendliche selbst. Eher geht es darum, dass sie die angebotene Unterstützung nicht als übertrieben oder einengend empfindet. Die Pubertät bietet allen Vätern Gelegenheit, ihren Töchtern zu zeigen, dass sie bestimmte Wünsche bei ihr respektieren, sofern sie ihrerseits die Wünsche anderer und insbesondere die der Mutter respektiert.

»Ich bin kein kleines Kind mehr!«

Mädchen im Teenageralter zeigen ihr Bedürfnis nach Anerkennung oft nicht direkt. Manche Mädchen behaupten sogar, ihnen sei es völlig egal, was ihr Vater von ihnen hält. Ihre tatsächliche Not äußert sich dann darin, dass sie schlechte Noten in der Schule haben, Essstörungen entwickeln, von zu Hause weglaufen oder unerträglich aggressiv sind. Einen Zusammenhang zwischen ihrem Verhalten und dem unbefriedigenden Verhältnis zu ihrem Vater stellen sie oftmals nicht her …

Louise ist in einer Phase der totalen Auflehnung gegen ihre Eltern. Nach mehrmonatiger Psychotherapie klagt sie über ihren Vater, er sei altmodisch und habe keine Ahnung von ihrer Generation; er erziehe sie praktisch so, wie seine eigenen Schwestern vor fünfzig Jahre erzogen worden seien, denn er wolle ihr tatsächlich verbieten, abends wegzugehen, solange sie nicht achtzehn sei! »Manchmal hasse ich ihn und wünschte mir, es gäbe ihn nicht! Er weiß nicht einmal, wie alt ich bin. Neulich hat er zu mir gesagt: ›Mit vierzehn benimmt man sich nicht wie eine 20-Jährige!‹ Dabei bin ich gerade erst fünfzehn geworden! Ich weiß nicht einmal, ob ihm klar ist, dass er eine Tochter hat … Wenn er keine Kinder wollte, hätte er ja keine zu kriegen brauchen. Meinen Vornamen hat auch er ausgesucht – es war der von seiner Großmutter, muss man wissen … Und er heißt Louis!« Louise seufzt und macht eine lange Pause, bevor sie tiefer in den Sessel sackt. »Eigentlich«, fährt sie ruhiger fort, »sind wir wie Bonnie und Clyde, bloß schlimmer ...« Auf meine Frage, wie sie gerade auf das amerikanische Gangsterpaar komme, erwidert sie: »Sie haben sich sehr gut verstanden, sogar, wenn es um Gewalt ging, und waren ineinander verliebt ...« Erneut Schweigen, dann führt Louise weiter aus: »Ich weiß, dass ich übertreibe, aber ich würde mir so sehr wünschen, dass er mich so sieht, wie ich bin, und nicht mehr als das kleine Kind ... Er hat mich über alles geliebt, als ich klein war. Meine Mutter hat mir erzählt, er hätte Dutzende Fotos von mir gemacht, als ich auf die Welt kam, und eigens eine Kamera dafür gekauft. Er hat sogar gesagt, es sei der schönste Tag seines Lebens gewesen ... Ich weiß, dass er mich im Grunde liebt, ich glaube sogar, dass ich ihm ähnlich bin ... Als ich klein war, war ich wie ein Junge. Wenn ich in den Ferien mit ihm bei seinen Eltern war, bin ich mit ihm angeln gegangen, wie meine Cousins mit meinem Onkel ...«

Vielen Pubertätskrisen bei Mädchen liegt in irgendeiner Form der – mehr oder weniger bewusste – Wunsch zugrunde, ihr Vater möge sie als die Frau anerkennen, zu der sie gerade heranwächst. Dabei geht es ihnen vor allem darum, nicht länger das kindliche Objekt der väterlichen Liebe und Zuneigung zu sein. Sie erwarten auch nicht, dass ihr Vater ihnen alles durchgehen lässt und ihrer unbändigen Lebenslust und dem Verlangen, auszugehen und sämtliche Möglichkeiten auszuschöpfen, nichts entgegensetzt – im Gegenteil: Töchter wünschen sich einen Vater, der ihnen Sicherheit gibt und sie beschützt. Heranwachsende Mädchen wollen, ohne sich das immer einzugestehen, im Großen und Ganzen die Tatsache anerkannt wissen, dass sie die Kindheit hinter sich gelassen haben und dass es das kleine Mädchen, das sie waren, nicht mehr gibt.

Eine Identifikationsfigur

Festzuhalten bleibt, dass die Vater-Tochter-Beziehung anders verläuft als die Vater-Sohn-Beziehung. Das liegt vermutlich daran, dass sie nicht auf Rivalität, sondern auf der Anerkennung der anderen Identität beruht, was durch den Körper, die Empfindsamkeit oder die Art und Weise, Wünsche und Meinungen zu äußern, objektiviert wird. In gewisser Weise erinnert das Band zwischen Vater und Tochter an das zwischen Mutter und Sohn; es ist komplexer, aber gewiss genauso stark. Und beide müssen irgendwann gekappt werden, damit die Persönlichkeitsbildung des Kindes erfolgreich verläuft, was in der Pubertät geschieht: Denn das ist die Voraussetzung dafür, dass ein heranwachsendes Mädchen das Gefühl bekommt, so auftreten zu dürfen, wie es ihrem künftigen Status als Frau entspricht, sei es mit einem Freund oder durch die Entdeckung der Geheimnisse weiblicher Vertrautheit. Dabei kann sich ein Mädchen in der Pubertät trotz dieser Neupositionierung, was Weiblichkeit und Männlichkeit angeht, durchaus weiterhin mit ihrem Vater und den Werten identifizieren, die er vertritt, und damit auch mit einem Teil seiner Geschichte.

Wird in der normalen Sprache der Psychologie präzise unterschieden zwischen Imitation (»sie imitiert ihren Vater«) und Identifikation (»sie identifiziert sich mit ihrem Vater«)? Identifikation ist keine reine Imitation; sie bezieht sich auf gemeinsame Merkmale, die immer beim Individuum bleiben. Identifikation ist die Aneignung und Verinnerlichung von etwas, das außerhalb der eigenen Person liegt: Ein Teil von einem wird wie der Andere. Identifikation ist ein Schlüsselbegriff in der von Freud entwickelten psychoanalytischen Theorie. In seinem Briefwechsel mit Fließ führt er aus, dass es Ausdruck einer Fantasie sei, wenn es heiße, junge Mädchen aus dem Bürgertum würden sich oft mit den von ihrem Vater umworbenen Dienstmädchen identifizieren. Die Fantasie beinhalte den unbewussten Wunsch des Mädchens, vom Vater bewundert und geliebt zu werden, und zugleich den ebenso unbewussten Wunsch, Dienstmagd des Vaters zu sein.[31] Beides zusammen ergibt die Fantasie als Ergebnis der Identifikation. Dieses Identifikationsmuster in Bezug auf den Vater entwickelt die Tochter von frühester Kindheit an; in der Pubertät wird es, neben der Identifikation mit der Mutter, zum Dreh- und Angelpunkt ihres Identitätsgefühls.

Die zwei Ebenen der Identifikation

Klassischerweise unterscheidet man zwischen den beiden Ebenen der primären und der sekundären Identifikation. Bei der sekundären Identifikation besteht der Wunsch danach, so zu sein *wie* der andere. Ein Mädchen kann sich etwa über künstlerische, sportliche oder berufliche Aktivitäten mit ihrem Vater identifizieren: Sie will Gitarre oder Geige spielen wie er, als er jung war; sie will, wie er, Tennis oder sogar Fußball spielen, will Moderatorin, Journalistin, Ärztin oder Lehrerin werden. Die primäre Identifikation dagegen steht für den Wunsch, *der andere* sein zu wollen. Diese direkte, unmittelbare Identifikation liegt in der zeitlichen Entwicklung vor der sekundären Identifikation. Das beliebte Vater-Mutter-Kind-Spiel funktioniert auf beiden Ebenen: Das Mädchen spielt Papa und fühlt sich zeitweise tatsächlich als Papa. Auch im Alltag zeigt das Mädchen durch sein Verhalten, dass es den Platz der Mama, aber ebenso des Papas einnehmen kann. Sie kann beispielsweise mit ihrem kleinen Bruder schimpfen, der immer Nein sagt oder weint, weil er seinen Brei nicht essen will, genauso wie der Vater es in der Situation tun würde. Aber sie imitiert ihren Vater nicht nur, sie fühlt sich mitunter auch tatsächlich als Vater des kleinen Jungen. Durch solche Verhaltensweisen zeigt sie unbewusst, dass sie ihr Vater ist.

Bei der primären Identifikation stößt man wieder auf die

spiegelbildliche Beziehung: Das Kind entdeckt sein Spiegelbild, indem es entweder das Bild dem anpasst, was es tut, oder es nachzuahmen versucht. Den Vater mit dem eigenen Lächeln zum lächeln bringen, oder durch sein Lächeln oder das, was er sagt, zum Lächeln gebracht werden, in einer Interaktion, bei der die Position beider symmetrisch ist: Das ist das Muster, nach dem Rollenbilder für eine Identifikation entwickelt werden können. In seiner Interaktion mit anderen übt das Kind, der andere zu sein, und bekommt ein Gefühl für die eigene Macht, indem es den anderen zwingt, das eigene Tun auszuführen.

»Wie Papa«

Die Identifikation mit den Eltern, das heißt die unbewusste Aneignung von Verhaltensweisen oder Charaktereigenschaften, vollzieht sich bereits in der Kindheit, aber erst mit der Pubertät bildet sich die endgültige Persönlichkeit heraus. In dieser Phase macht sich das Mädchen auf die Suche nach seinen Identität stiftenden Vorbildern, von denen manche über die Kindheit hinaus Bestand haben – so im Fall der Eltern –, und andere natürlich aus dem außerfamiliären Umfeld hinzukommen.

Die 17-jährige Noémie erzählt mir von ihrer Familie väterlicherseits. Ihren Vater, der von Beruf Historiker ist, betrachtet sie mit gemischten Gefühlen. Sie beschreibt ihn als feinfühligen, gebildeten Mann, mit dem sie viele Gemeinsamkeiten habe, der sich jedoch nur für sich selbst interessiere: »Ich existiere für ihn nur dann, wenn ich über Dinge rede, die ihn begeistern. Ansonsten nimmt er mich überhaupt nicht wahr.« Trotzdem will sie selber später auch Historikerin werden: »Das liegt in der Familie«, sagt sie umstandslos. »Da kann man nichts machen, ich komme eben viel mehr nach meinem Vater als nach meiner Mutter.« In diesem Zusammenhang vertraut sie mir an, dass ein entfernter Vorfahr in die russische Zarenfamilie eingeheiratet habe. Sie ist offensichtlich stolz darauf und führt ihr Interesse vor allem an der französischen Kultur auf diesen Zweig der Familie zurück. Dass Noémie stark dazu neigt, sich Merkmale des väterlichen Teils der Familie anzueignen, liegt auf der Hand.

Bei Iris ist es genau andersherum. Sie hat große Ähnlichkeit mit ihrer Mutter, was auch ihr Vater nicht bestreitet, der oft scherzhaft zu ihr sagt: »Du bist wie deine Mutter, nur schlimmer ...« Iris fühlt sich ihrer Mutter sehr nahe und tauscht sich oft mit ihr aus. Sie haben in vielem den gleichen Geschmack, sind beide sehr spontan und gesellig. Obwohl sie ihren Vater sehr mag und ihn auch amüsant findet, gesteht Iris, dass sie sich manchmal für ihn schämt, wenn er beispielsweise beim Essen aufsteht und dann Zeitung liest oder fernsieht und damit überdeutlich macht, dass ihn die Diskussion der anderen überhaupt nicht interessiert. Allerdings weiß Iris auch, dass sie Ähnlichkeiten mit ihm hat, auf die sie sehr stolz ist. So kann sie sich, wie er, gedanklich komplett in eine Sache vertiefen, liebt die Natur und Tiere so leidenschaftlich wie er und hat auch eine Abneigung gegen alles Mondäne: Eigenschaften, die er ihr vermutlich vermacht habe. Ein Mädchen kann sich, wie Iris, seiner Mutter nahe fühlen und sich Eigenschaften von ihr aneignen, ohne sich deshalb gegen jede Ähnlichkeit mit dem Vater zu sträuben. In der Regel ist man allerdings erst gegen Ende der Pubertät und eher noch im Erwachsenenalter bereit, Ähnlichkeiten mit einem oder beiden Elternteilen zu erkennen und sich damit abzufinden oder gar stolz darauf zu sein.

Der richtige Abstand

Wenn es gelingt, insbesondere während der Pubertät den richtigen Abstand zu seiner Tochter zu finden, ist für beide Elternteile ein entscheidendes Problem gelöst, denn die

Frage der Selbstständigkeit ist längst nicht nur eine Sache der Mutter. Vielleicht muss der Vater sogar in besonderer Weise darauf achten, dass er die beiden gefährlichsten Klippen umschifft: eine »übermäßige Präsenz«, die zwangsläufig als übergriffig empfunden wird, und »übergroße Zurückhaltung«, die Verlassenheitsgefühle auslösen kann.

Die 14-jährige Sophie verbringt die Ferien mit ihrer Mutter bei Freunden; ihr Vater hat erst später Urlaub und wird nachkommen. Sophie ist alles in allem eine ausgeglichene Teenagerin. Sie kümmert sich sehr aufmerksam um die kleinen Kinder des Paares, bei dem sie wohnen. Manchmal spielt sie mit ihnen, als wäre sie selbst noch ein Kind. Dann wieder zeigt sie Interessen und Verhaltensweisen, wie sie für ihr Alter typisch sind; morgens beispielsweise verbringt sie geraume Zeit im Badezimmer, bevor sie sich an den Strand oder ins Café begibt, wo sie auf gleichaltrige Jungen trifft, sie trägt enge T-Shirts und Miniröcke und macht sich hübsch, ohne aufreizend zu wirken. Eines Abends, als alle entspannt dasitzen und es in der Runde mit den Freunden der Mutter und insbesondere dem Vater der kleinen Kinder, den sie seit ein paar Jahren kennt, sehr vertraulich zugeht, nimmt sie ihren Mut zusammen und fragt: »Sag’ mal, Francis, mögen Männer eigentlich lieber einen großen oder einen kleinen Busen?« Francis, dem die Frage peinlich ist, lässt sich mit der Antwort Zeit und entgegnet dann: »Ich glaube, Männer mögen vor allem einen hübschen Busen …« Francis, der mir diese Anekdote erzählt, kommentiert sie gleich im Anschluss folgendermaßen: »Als ich Sophie bei uns erlebte, vor allem an dem Abend, habe ich begriffen, was eine ›echte‹ Teenagerin ist: Manchmal ein Kind, und manchmal eine richtige kleine Frau … Ich glaube, sie hätte es niemals gewagt, ihrem Vater die Frage zu stellen, und trotzdem musste sie sie stellen: Ich habe in dem Moment seinen Part übernommen.«

Die Geschichte zeigt, in welchem Dilemma eine Jugendliche ist: Sie bräuchte den Rat des Vaters und kann sich mit intimen Fragen doch nicht an ihn wenden. In dieser Phase muss der Vater unbedingt Distanz wahren und jede sexuelle Anspielung vermeiden, wenn er seine Liebe, Unterstützung, Dankbarkeit oder Bewunderung zum Ausdruck bringt. Man würde diese Dimension der Vater-Tochter-Beziehung am liebsten unter den Teppich kehren; aber es gibt sie. Alle zwischenmenschlichen Beziehungen haben eine normale und banale sexuelle Komponente, auch die zwischen Vater und Tochter. Weil aber das Mädchen in der Pubertät zur Frau wird, müssen sexuell geprägte Gedanken und Gefühle, die es in der Beziehung zum Vater auch gibt, von diesem möglichst gut kanalisiert und unter Kontrolle gebracht werden.

Um den richtigen Abstand zwischen Vater und Tochter geht es im Übrigen nicht nur hinsichtlich der Ebene der sichtbaren Verhaltensweisen und der Gespräche, die zwischen ihnen stattfinden. Es gibt Situationen, in denen der Vater aus beruflichen Gründen oder weil das Elternpaar sich getrennt hat, von seiner Tochter entfernt lebt und gefühlsmäßig dennoch eine große Nähe zu ihr hat. Ebenso kann die Distanz zwischen einem Vater und einer Tochter, die unter einem Dach leben, umgekehrt proportional zur räumlichen Nähe sein, in der sie leben. Dieses Paradox ist auf die Tatsache zurückzuführen, dass sich in der Beziehung zwischen Vater und Tochter zwar nur zwei Personen real begegnen, diese Begegnung aber auf drei Ebenen stattfindet: einer symbolischen, geprägt durch den Generationen- und Geschlechtsunterschied, einer gesellschaftlichen, auf der jeder einer bestimmten Kultur zugeordnet ist, und einer dem Wunschdenken entsprechenden imaginären, die weit über die beiden zuvor genannten hinausgeht – ob zum Guten oder Schlechten, sei dahingestellt. In dieser komplexen Spanne zwischen symbolischen und gesellschaftlichen Orientierungspunkten einerseits und frei schwebenden Fantasien andererseits positionieren sich beide Beteiligte, und mit der richtigen Distanz kann es ihnen gelingen, ihre Beziehung bestmöglich zu gestalten. *Am Ende der Pubertät sollte ein Vater seine Tochter jedenfalls insoweit unterstützt haben, dass sie allein zurecht kommt und in ihrer Weiblichkeit bestätigt ist, was so wichtig für sie ist, um Frau zu werden und ihren Weg zu gehen.*

Frauen und ihre Väter

Wenn die Beziehung zwischen Vater und Tochter befriedigend ist, bricht sie auch in der Pubertät nicht einfach ab. War die Verbindung in der Kindheit von Liebe und Respekt geprägt, wird die spätere Frau einen Mann finden, der sie versteht, unterstützt und wenn nötig beschützt, der sie respektiert und um ihrer selbst willen liebt. Denn indem ihr eigener Vater ihr so begegnet ist, hat er ihr bewiesen, dass sie sich diese Haltung von einem Mann nicht nur erhoffen darf, sondern darauf sogar einen Anspruch hat. Unter diesen Voraussetzungen erweist sich meistens, dass die Tochter ihrem Vater auch mit einem Mann an ihrer Seite weiterhin nahe ist.

Gegenseitiger Stolz

Jane Fonda, von der bereits die Rede war, hatte ein ambivalentes Verhältnis zu ihrem Vater. In ihrem Buch schreibt sie, dass sie ungeachtet ihrer heftigen Kritik immer auch stolz auf ihn war; er war pflichtbewusst, sehr gut aussehend und auf hinreißende Weise schüchtern, und er hatte eine starke Persönlichkeit: »Mein Vater war Pfadfinder gewesen, und das Pflichtbewusstsein war praktisch Bestandteil seiner DNS ... Das hat er uns leider auch immer spüren lassen. Als Jahrgangsbester wurde Papa zunächst Offizier beim Luftwaffengeheimdienst ... Aus dem Krieg kam er, wie viele andere auch, verändert zurück. Ich glaube, mein Vater lebte in diesem ausschließlich männlichen Milieu mit einer wirklichen Mission, die er erfüllen wollte, und die aus ihm etwas anderes machte als nur einen Leinwandhelden.«

Stolz ist ein schier unerschöpfliches Stimulans. Eine Frau, die weiß, dass ihr Vater stolz auf sie ist, findet die Kraft, ihre Ängste und Befürchtungen und all die Hindernisse, die ihr im Leben begegnen, zu überwinden – was ihren Stolz wiederum nährt. Das spornt sie an, beruflich wie privat erfolgreich zu sein. Die junge Schriftstellerin Faiza Guène sagte nach dem großen Erfolg ihres Buches *Paradiesische Aussichten* in einem Interview: »Ich bin lieber bescheiden … Natürlich verdiene ich gerne Geld. Und sei es nur, damit ich mir ein Auto kaufen und meine Eltern spazieren fahren kann. Mein Vater ist 75 Jahre alt. Er ist aus Oran nach Frankreich gekommen und konnte nie einen Führerschein machen. Wenn ich ihm das also schenken könnte, würde mir das gefallen … Aber ich weiß auch, dass ich längst nicht nur deshalb gut bin, nur weil sich meine Bücher gut verkaufen. Und wenn ich eines im Leben will, dann das: Gut sein.«[32]

Man könnte erwidern, dass eine solche Haltung nur Ausdruck eines an sich verwerflichen Narzissmus ist. Das hieße jedoch ignorieren, dass die Selbstliebe, sofern sie nicht übertrieben ist, zum Leben dazugehört und jeder sie braucht, weil sie die Grundlage für Selbstachtung und Selbstvertrauen ist. Dieser »Lebensnarzissmus« ist, wenn er auf einen anderen übertragen wird, auch eine vitale Kraft. Der beste Beweis dafür ist der Umkehrschluss: Wenn in der Vater-Tochter-Beziehung der Stolz fehlt, sind Kummer und Traurigkeit die Folge.

Schon kleine Mädchen freuen sich, wenn sie auf ihren Vater stolz sein können. Sie sind glücklich, wenn sie einer Freundin oder einem Freund ein Foto von ihm zeigen und sie bewundernd sagen hören: »Der sieht ja gut aus! Das ist dein Vater?« Sie sind glücklich, wenn sie feststellen, dass ihr Vater intelligent, gebildet, geschickt oder gewitzt ist. Sie sind glücklich, wenn etwas über ihn in der Betriebszeitung steht oder im Newsletter der Organisation, für die er sich stark macht. Sie sind glücklich, wenn sie ihn mutig, aufrichtig oder großzügig erleben. Dieser Stolz bleibt tief in ihnen verankert, auch wenn sie es später nicht mehr so zeigen und eher auf Abstand gehen oder ständig mit ihm im Clinch zu liegen scheinen. Deshalb kann ein Mädchen einem Vater auch nur schwer verzeihen, wenn er ihren Erwartungen nicht gerecht wird und sie enttäuscht.

Der Stolz eines Mädchens auf ihren Vater ist sicher eine der auffälligsten Eigenschaften, die ich im Laufe meiner Tätigkeit beobachtet habe. Meistens beruht dieses Gefühl auf Gegenseitigkeit: Auch Väter sind immens stolz auf ihre Töchter. Zwar zeigen sie es nicht immer, aber sie sind ganz hingerissen, wenn man ihre Tochter für ihre Intelligenz oder Schönheit lobt. Man muss nur das Gesicht eines Vaters sehen, der seine Tochter zur Hochzeitszeremonie geleitet – auch wenn dies natürlich ein ganz besonderer Tag und ein besonders schönes Ereignis ist. Die Geburt eines Kindes ist ein weiterer Moment gemeinsamen Stolzes, natürlich in erster Linie für das Elternpaar, aber auch für die Tochter, die jetzt Mutter ist, und ihren Vater, den sie zum Großvater macht.

Eine Tochter möchte beim Gedanken an ihren Vater stolz sein und wünscht sich umgekehrt, dass er auch auf sie stolz ist. Dieser Wunsch begleitet sie von Kindesbeinen an. Wenn sie erwachsen ist, beansprucht allerdings noch ein Mann seinen Platz: der Ehegatte, Lebensgefährte oder Freund. Eine erwachsene Frau und ihr Vater sollten darauf achten, dass die innige Verbindung zueinander beim Mann der Tochter nicht Verdruss oder Eifersucht hervorruft, denn der gegenseitige Stolz von Vater und Tochter kann ihn in seinem Narzissmus kränken. Bekanntlich ist das Konkurrenzdenken unter Männern weit verbreitet ...

Beistand, der ein Leben lang währt

Ein weiteres konstantes Merkmal ist die lebenslang anhaltende Erwartung der Frauen, auf ihren Vater möge Verlass sein, er solle in schwierigen Momenten für sie da sein und ihnen ruhig zur Seite stehen. Dazu die Geschichte von Camille.

Camille und ihr Mann sind in der berühmten Midlife-Krise. Das Paar hat drei durchaus »wohlgeratene« Kinder, zwei Mädchen und einen Jungen; Sorgen bereitet ihnen gelegentlich nur das älteste Mädchen, seit es in der Pubertät ist. Camille, eine Frau in den Vierzigern, hat seit einiger Zeit den Glauben an ihre Beziehung verloren: Spannungen, Konflikte und Unstimmigkeiten seien der Liebe schwer zu Leibe gerückt, wie sie sagt. Bevor sie allerdings irgendetwas entscheide, wolle sie darüber mit der einzigen Person reden, zu der sie wirklich Vertrauen habe: ihrem Vater. Sie weiß, dass er sie gut beraten wird; zwar schätze er ihren Mann, doch habe er seinen gesunden Menschenverstand und stehe ihr zur Seite. Geraume Zeit später sehe ich sie wieder, und ihre Vorhersagen haben sich bestätigt. Ihr Vater hat nicht versucht, Partei zu ergreifen. Er hat sich nicht negativ über ihren Mann geäußert und ihr nicht vorgeworfen, manchmal zu anspruchsvoll zu sein und zu glauben, es müsse immer alles funktionieren. Er hat ihr lediglich gesagt: »Wenn du deinen Mann liebst, bleibe bei ihm; ansonsten geh'. Ich weiß, dass du die richtige Entscheidung triffst und sie auch mit dem übereinstimmen wird, was du tief im Innern empfindest.« Camille hat daraufhin, wie sie mir sagt, gedacht, das Leben sei eben kein langer, ruhiger Fluss, und es sei am wichtigsten, diejenigen zu lieben, mit denen man zusammenlebt, ungeachtet aller Probleme und Konflikte, und sich gegenseitig zu unterstützen, wenn Schwierigkeiten auftauchen: »Diese Unterstützung hat meine Mutter bei meinem Vater gefunden, so wie ich auch; und es gibt keinen

Grund, dass es bei meinem Mann und mir nicht genauso ist.« Die Beziehung ihrer Eltern und die Unerschütterlichkeit ihres Vaters haben Camille geholfen, ihre eigene Ehekrise zu überwinden: Sie hat von ihrem Vater die Unterstützung bekommen, die sie sich erhofft hatte.

Einen anderen Mann lieben können

»Nur ein Mann, der ihr an Intelligenz, Erfolg und Erfahrung überlegen war, konnte etwas in ihr auslösen ...« So wird Charlotte Brontë von ihrer Biografin Margot Peters beschrieben. War es ihre Überheblichkeit, wie der Satz nahe legt, oder war die hochkarätige englische Schriftstellerin von diesen Eigenschaften, die sie sich selbst zuschrieb, insgeheim doch nicht überzeugt? Waren es vielmehr Eigenschaften ihres Vaters, den kein Mann ihrer Wahl je hätte übertrumpfen dürfen? Und liegt es an dieser Verbindung zum Vater, dass Frauen, wie eine wissenschaftliche Studie aus Amerika belegt[33], auf Anhieb erkennen, welche Männer auch gute Väter sind? In diesem Zusammenhang erinnere ich mich an die Bemerkung eines Kollegen, der einmal öffentlich bekundete, die Scheidung erscheine ihm als die beste Lösung für eine erste Ehe, weil man als Mann immer das Abbild der Mutter und als Frau das des Vaters suche: Erst im Anschluss an diese erste Erfahrung besitze man, so der Kollege, die Freiheit, sich den Partner oder die Partnerin wirklich auszusuchen.

Verschiedentlich wurde erklärt, warum die Wahl mancher Frauen auf Männer fällt, die ihren Vätern sehr ähnlich sind. Die einen sind der Ansicht, dies sei die Folge eines nicht bewältigten Ödipus-Konflikts, die anderen halten es für eine unbewusste inzestuöse Fantasie, wieder andere sprechen von einer »natürlichen genetischen Anziehung«.[34] Meiner Ansicht nach erklärt sich das Phänomen zumindest zum Teil auch noch durch etwas anderes.

Wir leben nicht mehr im Viktorianischen Zeitalter. Frauen heiraten keine Männer mehr, die sie nicht lieben, und sie müssen auch nicht um jeden Preis heiraten. Diese Willensfreiheit und die freie Wahl sind sicher ein Zeichen von Fortschritt. Dennoch gibt es eine immer noch steigende Zahl unzufriedener Frauen und eine entsprechend hohe Scheidungsrate. Und es gibt die Sehnsucht nach Liebe und Zärtlichkeit, ein Gefühl, das Frauen während einer Therapie oft mit dem mythischen Vater, dem idealisierten Vater ihrer Kindheit in Zusammenhang bringen. Mir scheint, dass diese Bilanz den Schluss rechtfertigt, dass die Liebe des Vaters allein nicht reicht, damit ein Mädchen oder eine Frau sich entfalten kann. Der Vater hat durchaus noch eine andere Pflicht, die er keineswegs vernachlässigen darf: Er muss seiner Tochter nämlich gestatten, zu gehen und ihn zu verlassen.

Sich vom Bild des Vaters befreien

Anna ist dreißig und in einer schwierigen Phase. Seit zwei Jahren lebt sie mit dem etwa gleichaltrigen Adrien zusammen. Es ist das erste Mal, dass sie in einen solchen Mann verliebt ist. Früher zog es sie immer zu unkonventionellen jungen Leuten, die nicht zu Ende studierten und auch sonst ihr Leben nicht meisterten, obwohl sie dazu durchaus in der Lage gewesen wären. Adrien ist ein junger Absolvent der Eliteschule ENA, er ist seriös, gesetzt, intelligent und gibt ihr Halt. Trotzdem machen sich Annas alte Dämonen wieder bemerkbar. Eines Abends trifft sie Vincent wieder, einen »Ex«, in den sie sehr verliebt war und den sie damals verließ, weil er ständig nur Joints rauchte und seinen Eltern auf der Tasche lag. Sie hat das unwiderstehliche Verlangen, ihn wieder zu sehen, was sie am darauf folgenden Wochenende auch tut, als Adrien beruflich unterwegs ist. Sie lassen ihre Liebesbeziehung wieder aufleben. Anna hat Schuldgefühle und fühlt sich auch mit Adrien immer unwohler, obwohl sie ihm keinen Vorwurf machen kann. Eines Tages erfährt ihr Vater zufällig, dass sie Vincent heimlich wieder trifft und sagt: »Mach' jetzt nicht wieder deine alten Fehler, und auch nicht die, die ich in deinem Alter gemacht habe.«

Nachdem sie mir das erzählt hat, fährt Anna fort und zitiert einen weiteren Satz ihres Vaters, der sich ihr eingeprägt hat. Im Zusammenhang mit ihrer Abschlussprüfung einige Jahre zuvor hatte er ihr gesagt: »Wenn du die Prüfung schaffst, kannst du mir im Büro helfen …« Ein scheinbar harmloser Satz … Anna weiß, dass ihr Vater sie über alles liebt. Sie selbst hat sich ihm immer sehr nahe, manchmal auch zu nahe gefühlt. Heute begreift sie, dass sie diesen Satz als Ausdruck seines Wunsches verstanden hat, sie möge ihn nie verlassen und ihr ganzes Leben bei ihm bleiben. Ihr wird klar, dass sie sich ihre Freunde, mit denen es keine Zukunft gab, nicht von ungefähr ausgesucht hatte. Umgekehrt war Adrien in der Konstellation der erste Mann, mit dem sie sich vorstellen konnte, ihr eigenes Leben zu leben. Er war ganz anders als ihr Vater, er war auch der erste Mann, durch den ein endgültiger Bruch mit dem Vater im Raum stand. Wie aber sollte sie einen anderen Mann lieben als ihren Vater, wenn sie immer nur mit unreifen Jungen zusammen war oder aber mit einem Mann, der sie dazu zwang, sich real und symbolisch von ihrem »Vater« zu trennen?

Annas Geschichte zeigt, dass die Beziehung zwischen Tochter und Vater mit Kindheit und Pubertät längst noch keinen Endpunkt erreicht hat und im Laufe des Lebens immer komplexer wird: Die tiefe Liebe der frühen Kindheit bleibt und entwickelt sich weiter, wenn in der Pubertät das Verlangen nach Einhaltung von Schamgrenzen, nach Anerkennung und Unabhängigkeit in den Vordergrund tritt; später ist die Beziehung durch das Bedürfnis der Tochter nach weiblicher Identität und einem erfüllten Dasein als Frau in einer Atmosphäre der Freiheit geprägt, was die Begegnung mit einem anderen Mann oder anderen Männern überhaupt erst ermöglicht. Nachdem mir so viele Mädchen und Frauen über ihre Beziehung zu ihrem Vater berichtet haben, komme ich zu dem Schluss, dass ich vielleicht nicht ganz falsch liege, wenn ich behaupte, sie müssen, um glücklich zu sein, ihrem Vater folgenden Satz sagen können: »Ich liebe dich, aber lass mich allein zurecht kommen und gib mir gemeinsam mit Mama das Gefühl, dass ich als weibliches Wesen, so wie ich bin, meinen Weg gehen werde.«

Kapitel III
Von schmerzlichen Worten zur schmerzenden Seele

Viele Mädchen und junge Frauen in meiner Praxis haben mir von einer guten Beziehung zu ihrem Vater berichtet, aber mindestens genauso viele waren beim Gedanken an ihn verbittert, wütend oder traurig. Zweifellos kann ein Vater seine Tochter unglücklich machen, und die unmittelbare Folge davon ist in vielen, wenn auch nicht allen Fällen, dass diese Mädchen sich später schwer tun, eine tragfähige Liebesbeziehung zu einem Mann aufzubauen.

Dass es in einer »normalen« Vater-Tochter-Beziehung durchaus Probleme und vorübergehende Schwierigkeiten gibt, ist unbestreitbar. Im Folgenden geht es mir aber um die Fälle, bei denen die Verbindung zum Vater die Ursache für tiefes Leid ist. Manche davon mögen paradox anmuten, beispielsweise wenn ein Vater seine Tochter zu sehr liebt; andere sind auf Anhieb nachvollziehbar, weil der Vater abwesend oder frühzeitig verstorben ist oder sich in einem anhaltenden oder intensiven Konflikt einer Aussöhnung verweigert. Und nicht zuletzt gibt es die Fälle, in denen das Verhalten des Vaters unerträglich ist und es zu Extremsituationen physischer und sexueller Gewaltanwendung kommt.

Leiden unter einem Paradox:
Wenn der Vater zu sehr liebt

Ein Vater liebt seine Tochter zu sehr, wenn er ihr offenkundig einen wichtigeren Platz einräumt als allen anderen Frauen in seinem Leben. Kann ein Vater seine Tochter aber auch unglücklich machen, indem er sie zu sehr liebt? Ich glaube, ja.

Eine Liebe, die erdrückend ist

Das schillernde und zugleich tragische Schicksal von Camille Claudel ist bekannt. Hatte ihr Vater Louis-Prosper Claudel, der ihr, wie sie es beschrieb, immer »Du bist meine kleine Hexe« zuraunte, vielleicht eine zu große Nähe zu ihr?[1] Hat der allzu gutmütige und großzügige Vater Goriot, Balzacs Romanfigur, vielleicht zu sehr geliebt? Ein Vater kann seine Tochter, ohne es zu wollen, daran hindern, selbstständig zu werden und sich von den Schuldgefühlen zu befreien, die sie wegen seiner Liebe zu ihr immer hat, und er kann sie manchmal auch daran hindern, ihren Standpunkt zu vertreten oder sich aufzulehnen. Unbeabsichtigt setzt sich ein solcher Vater über den notwendigen Generationenunterschied hinweg und belastet seine Tochter dadurch. Wiederholt habe ich von Frauen den Satz gehört: »Mein Vater hatte eine Riesenangst, dass ich ihn womöglich nicht liebte.« In der Tat haben manche Väter die übermäßige Befürchtung, ihnen könnte etwas von der Zärtlichkeit ihrer Tochter abhanden kommen. Sie tun dann alles, um sie zufrieden zu stellen, was vollkommen unangemessen ist.

Ein Vater kann seine Tochter durch seine übergroße Liebe unglücklich machen und ihr Schuldgefühle vermitteln und dadurch riskieren, dass sie sich schneller von ihm distanziert – was die Erwartungshaltung bei den Vätern unter Umständen noch verstärkt und sie noch häufiger über ihre zurückhaltende oder undankbare Tochter klagen lässt. Eine Tochter, die sich einem übermäßig liebenden Vater entziehen will, zeigt ihre Angst, indem sie gereizt ist und ihn manchmal regelrecht anfeindet, um Distanz herzustellen. Ein Teufelskreis, der beiden zu schaffen macht.

Allmachtsgefühle

Ein Vater, der seine Tochter abgöttisch liebt, kann, was paradox scheinen mag, Allmachtsgefühle in ihr wecken, die zu einer unangenehmen Anspruchshaltung führen. Die 15-jährige Aurélia kommt in Begleitung ihrer Mutter zu mir. Tiefe Unstimmigkeiten und permanente Streitereien sind der offenkundige Grund. Aurélia wirft ihrer Mutter vor, ständig auf ihr herumzuhacken, sich ausschließlich für ihre Schulnoten zu interessieren, sich in ihren Umgang mit Freunden einzumischen und ihr vor allem den Freund madig zu machen, mit dem sie seit kurzem zusammen ist.

Aurélias Mutter setzt sich gegen die Vorwürfe zur Wehr. Sie findet, Aurélia tue, als sei sie viel älter, als sie in Wirklichkeit ist; zu Hause aber übernehme sie keinerlei Verantwortung und benehme sich wie »eine Prinzessin«, helfe nie mit und sei alles in allem eine »Nervensäge«.

Es wird lauter. Ich kann mich nur mit größter Mühe einschalten und habe jedes Mal den Eindruck, das Gegenteil von dem zu bewirken, was ich beabsichtige: Ihre Auseinandersetzung, ja ihr Streit wird immer heftiger. Irgendwann frage ich, was denn der Vater beziehungsweise Ehemann dazu sage. Aurélias Mutter antwortet, dass ihre Tochter sich für die kleine Prinzessin ihres Vaters halte, sei allein seine Schuld. Dann ergeht sie sich in langen Tiraden gegen ihren Mann. Die massive Kritik scheint Mutter und Tochter wieder auf eine Wellenlänge zu bringen. Aurélia wirft ein: »O ja! Er liebt mich viel zu sehr, aber er ist nie da!« Ich schlage Aurélia und ihrer Mutter vor, ein zweites Mal zu kommen, dann in Begleitung des Vaters. Wieder scheinen sie sich dahingehend einig zu sein, dass er schwer dazu zu bewegen sein dürfte. Nachdem es zweimal tatsächlich nicht funktioniert hat, kommen Aurélia, ihre Mutter und ihr Vater endlich zu dritt zu mir. Er wirkt zurückgenommen; seine Haltung und seine Äußerungen lassen zum Teil auf eine große Nähe zu seiner Tochter schließen. So sagt er beispielsweise, sie werde manchmal ziemlich wütend auf ihre Mutter und sei dann sogar brutal: »Sie meint es bestimmt nicht so«, sagt er und fügt mehrmals entschuldigend hinzu: »Das ist die Pubertät!« Aurélia grinst spöttisch, und man weiß nicht, ob sie sich an ihrer Mutter rächt und darüber freut, dass sie aus der Konfrontation mit ihr siegreich hervorgeht, oder ob sie ihrem Vater auf diese Weise ihre Überlegenheit demonstriert.

Bei meiner ersten Begegnung mit Aurélia und ihrer Mutter war mir aufgefallen, dass das junge Mädchen eine elegante Schirmmütze aus schwarzem Samt trug, die etwas jungenhaft wirkte, ihr aber zugleich viel weiblichen Charme verlieh. Bei dieser zweiten Begegnung trägt sie sie erneut. Irgendwann frage ich den Vater – wie ich es für gewöhnlich tue –, was er beruflich mache, und höre überrascht, dass er einen Beruf hat, in dem er regelmäßig eine solche Mütze trägt. Ich sehe beide nacheinander an und sage dann lächelnd mit Blick auf Aurélias Mütze: »Die beiden scheinen ja viele Gemeinsamkeiten zu haben.« Aurélia lacht jetzt ganz ungezwungen. Ihr Vater scheint die Anspielung nicht verstanden zu haben, wohingegen die Mutter sagt: »Sehen Sie, ich hatte es Ihnen ja gesagt, wie König und Prinzessin ...« Ein König ohne Kleider, denke ich im Stillen ... Die Tochter scheint die Beziehung zu dominieren. Dieser Vater ist also nicht in der Lage, ausgleichend auf Frau und Tochter zu wirken; ihre Streitigkeiten sind ihm, ohne dass er sich dessen bewusst wäre, sogar nützlich, weil ihm dadurch die direkte Auseinandersetzung mit seiner Frau erspart bleibt. Die drei sind ein eingespieltes Team, und nur wenn sie das

112

System durchschauen, das sie alle drei beherrscht, kann jeder von ihnen seinen Platz einnehmen und seine Wut demjenigen mitteilen, dem sie tatsächlich gilt; nur dadurch können sie etwas bewegen.

Eine Tochter versucht ganz automatisch, die Liebe ihres Vaters zu gewinnen; meistens gelingt ihr das auch, und dabei benimmt sie sich wie ein Kind, spontan und ohne Berechnung. Der Vater dagegen ist ein Erwachsener, der sich jedoch allzu sehr »um den Finger wickeln« lassen kann, weil er entweder selbst ein großes Bedürfnis nach Zuneigung hat oder in einer perversen Verkehrung den Unterschied zwischen Erwachsenem und Kind leugnet. Wenn die Sprache der Zärtlichkeit in die der Leidenschaft übergeht, kommt es zu gefährlichen Zweideutigkeiten. Ein Vater kann seine Tochter aber auch ohne jede sexuelle Doppeldeutigkeit zu sehr lieben, weil er niemand anderen hat als sie und sie das einzige Wesen auf der Welt ist, das ihm die Liebe gibt, die er so dringend braucht.

Ein schmerzliches Verhältnis, für das niemand etwas kann

Manche Vater-Tochter-Beziehungen sind das Ergebnis einer objektiv schmerzlichen Situation.

Wenn der Vater abwesend ist

In ihrem Roman *Gamines*[2] erzählt Sylvie Testud, wir ihr Vater sich aus dem Staub machte und ihre Mutter allein ließ. Sie hat nur eine winzige Erinnerung an ihn: »Ich hatte sein Foto in meiner Hosentasche und habe mich dreißig Jahre lang draufgesetzt ... Ich habe keinen Vater, und es ist mir völlig egal. So ist das eben.« Soviel Stärke zeigen längst nicht alle; in der Regel nimmt es eine Tochter ihrem Vater sehr übel, wenn er nicht da war, weil er entweder früh verstorben ist oder, wie im Fall von Hortense, in ihrer Kindheit kaum präsent war. Oft packt sie urplötzlich die Wut, und sie erkennt sich selbst nicht wieder.

Hortense berichtet mir von einem Ereignis, das sie stark geprägt hat. Als sie klein war, war ihr Vater aus beruflichen Gründen drei Jahre im Ausland und kam nur sporadisch nach Frankreich. Als er zurückkehrte, war sie zehn Jahre alt. Sie weiß noch genau, dass der Tag seiner Rückkehr nicht glücklich verlief. Sicherlich war sie sehr aufgeregt gewesen. Jedenfalls hatte sie sich unmöglich benommen und es eigentlich, wie sie sagt, auf eine Ohrfeige angelegt. Obwohl sie sich eigentlich über die Rückkehr ihres Vaters hätte freuen müssen, ist sie ihr in sehr schlechter Erinnerung, und ihrem Vater, dem sie in ihrer ganzen Teenagerzeit nicht verziehen hat, trägt sie bis heute etwas nach.

Der »ewige« Vater[3]

Heute sind Kinder meistens längst erwachsen, wenn der Vater stirbt. Und die Väter werden immer älter, was die Trauer über den Verlust lindern kann, auch wenn er immer verarbeitet werden muss. Meine Erfahrung sagt mir allerdings, dass, bei allen Besonderheiten im Einzelfall, unter den möglichen Konstellationen – der Verlust des Vaters oder der Mutter für einen Sohn beziehungsweise eine Tochter – der Verlust des Vaters für die Tochter am schmerzlichsten ist.

Die tiefe Trauer über den Tod des Vaters muss nicht unbedingt bedeuten, dass das Verhältnis von Vater und Tochter ungetrübt war und die Tochter ihren Vater von jedem Vorwurf freihält. Der Tod des Vaters scheint für die Tochter der Moment zu sein, in dem sie ihre ganze Zuneigung zu ihm spürt, und zwar unabhängig von dem Verhältnis, das sie zueinander hatten. Der Verlust des Vaters kann bewirken, dass eine Frau in der Ehe oder Familie weniger präsent und beruflich nicht so disponibel und belastbar ist. Manchen geht es über Monate hinweg nicht gut; in selteneren Fällen kann es auch zu einer »kleinen« Depression kommen. Außer im Fall eines frühzeitigen Todes kann man sich jedoch zum Glück schrittweise verabschieden.

Der frühe Tod des Vaters

Ein besonderer Fall ist der frühzeitige Tod des Vaters. Von Diane Middlebrook stammt ein sehr schönes Buch über das berühmte amerikanische Literatenpaar Sylvia Plath und Ted Hughes.[4] 1963 verließ Hughes die damals 31-jährige Sylvia Plath, woraufhin sie den Gashahn aufdrehte. In ihrem Buch gibt Diane Middlebrook zu verstehen, Sylvia habe schon viel früher aufgehört zu leben. Ihr Vater Otto Plath, der aus Danzig in die Vereinigten Staaten emigriert war, starb, als sie acht Jahre alt war, an den Folgen einer schweren Zuckerkrankheit. Daraufhin rief sie ihren geliebten Daddy ein Leben lang um Hilfe. »Vater, Vater, tröste mich!«, so schrie sie bei den Psychiatern, die sie in der Pubertät wegen Depressionen und Selbstmordversuchen aufsuchte. Die schöne, rebellische Frau wollte sie selbst sein und schien dafür die ständige Gratwanderung zwischen dem Schreiben und dem Tod vollziehen zu müssen.

Als Hughes 1984 zum »Poet laureate« berufen wurde (ein von der Königin von England auf Lebenszeit zuerkannter Titel zu einer Art Nationaldichter), bekannte er: »Plaths nicht nachlassende Energie war von großem Einfluss auf mein Leben.«[5] Woher aber rührte diese Energie, wenn nicht von der Verzweiflung über den frühen Verlust des Vaters?

Die Schriftstellerin und Journalistin Sybille Bedford (die Berichterstatterin bei vielen großen Prozessen war, darunter auch dem von Jack Ruby, dem Mörder des Mannes, der mutmaßlich die tödlichen Schüsse auf John F. Kennedy abgegeben hat), verlor ihren Vater, als sie sieben war. Abgesehen von der Lust am Schreiben, wirkte sich dieser Verlust auf sie anders aus als auf Sylvia Plath. Über ihre Autobiografie *Treibsand* schrieb die Journalistin Josyane Savigneau: »Sie war prunkvolle Nomadin und bedingungslos europäisch, eine polyglotte, reiselustige Kosmopolitin mit einem Hang zu Menschen, die älter waren als sie: ›In meinen Freundschaften und Liebesbeziehungen war ich immer auf der Suche nach Älteren.‹ Das Dumme ist nur, dass irgendwann niemand mehr übrig ist, der diese Neigung befriedigen könnte.«[6] Fast zwangsläufig stellt man einen Zusammenhang her zwischen dieser Vorliebe für Menschen, die älter waren als sie, und dem Verlust des geliebten Vaters, eines deutschen Aristokraten, den der britische Stiefvater, den ihre italienische Mutter der Form halber später heiratete, nie ersetzen konnte.

Resilienz und Resonanz

Die Verbindung zum Vater ist so wichtig, dass sich sein Tod auf ein kleines Mädchen traumatisierend auswirkt. Dank Boris Cyrulnik wissen wir allerdings, dass es Momente von Resilienz und Resonanz gibt. Resilienz, die seelische Widerstandskraft also, ermöglicht es dem Menschen, sich von frühen Traumata zu befreien, während Resonanz auf noch vorhandene Narben hinweist.[7]

Pauline, eine sehr sympathische junge Frau, hat mich zu Beginn ihrer beruflichen Laufbahn aufgesucht, weil sie sich den Anforderungen des Lebens nicht gewachsen fühlte: regelmäßig arbeiten gehen, den Beruf mit Freude ausüben, mit einem Mann eine dauerhafte Beziehung eingehen. Als ich sie zum ersten Mal sah, hielt ich sie für jünger, als sie war. Allerdings trug sie auch die Frisur und Kleidung einer Jugendlichen. Ich äußerte mich nicht dazu, war aber nicht verwundert, als sie mir im Laufe dieses ersten Gesprächs spontan ihre Geschichte erzählte, was ihr, wie es schien, Erleichterung verschaffte. Ihr Vater war an Krebs gestorben, als sie acht Jahre alt war, was sie noch immer stark beschäftigte. Sie kultivierte die Gedanken daran regelrecht, um die Erinnerung an ihren Vater wach zu halten: »Für mich ist das etwas Intimes.« Ihre Mutter sollte nicht erfahren, dass sie zu einem Psychologen ging. »Ich habe Angst, dass sie dann denkt, sie habe nach dem Tod meines Vaters nicht alles für mich getan. Was ich Ihnen sagen will, ist sehr persönlich. Ich liebe meine Mutter, aber ich will nicht, dass sie über alles, was ich denke, Bescheid weiß. Es wäre, als würde sie ins Bad kommen, ohne anzuklopfen, und mich nackt sehen.«

Pauline war also bei ihrer Mutter groß geworden, zusammen mit ihrem jüngeren Bruder, der, wie sie sagte, viel tapferer gewesen sei als sie. Ihr Studium hatte sie trotzdem abgeschlossen, was ihr mal schwerer, mal leichter gefallen war. In der Pubertät sei sie ihrer Mutter zwar sehr nahe gewesen, doch habe sie ihre Mutter, wie sie gestand, schwer provoziert und oft gegen sie rebelliert, wahrscheinlich, wie sie heute sagt, weil sie deren Tapferkeit bewunderte und sich schuldig fühlte, nicht genauso stark zu sein. Sie war gesellig im Umgang mit Gleichaltrigen, litt aber darunter, dass sie keine engeren Freundschaften hatte. Woher kam diese Angst vor näherem Kontakt zu anderen? Fürchtete sie, er würde wieder vorzeitig abbrechen?

Sie hatte Jura studiert und wollte, wie ihr Vater, Rechtsanwältin werden. Sie hatte zwei Studienjahre wiederholt, aber irgendwann doch den Abschluss geschafft. Das war der Zeitpunkt, an dem sie sich Hilfe holte. Sie hatte sich rasch mit der Vorstellung angefreundet, erfolgreich zu sein und sich wohl zu fühlen, so wie ihre Mutter sich das wünschte, aber auch so zu sein, wie ihr Vater es gern gehabt hätte. Sie wünschte sich oft, dass andere ihr sagten, was sie zu tun habe, wie ein kleines Mädchen. In solchen Momenten merkte sie mehr denn je, wie sehr ihr Vater ihr fehlte. Der frühe Tod des Vaters kann, wie im Fall von Pauline, bei einem Mädchen dazu führen, dass es ihr, ohne dass es ihr bewusst wäre, schwer fällt, erwachsen und selbstständig zu werden.

Wenn er sich nicht mit ihr aussöhnen will

Niemand wird leugnen, dass es im Verhältnis zwischen Tochter und Vater zu Streit, Konflikten und manchmal auch zu einem richtigen Bruch kommt. Mitunter ist sogar viel Gewalt im Spiel. In den allermeisten Fällen aber wünscht sich die Tochter, gleich welche Probleme es gegeben haben mag, dass eine Versöhnung stattfindet. Leider sind manche Väter dazu nicht willens, weil sie zu verletzt, zu enttäuscht, zu stolz oder zu trotzig sind.

»Ich habe nicht gemacht, was mein Vater wollte«

Maries Vater ist Florist und hat im Laufe der Jahre mehrere Blumenläden eröffnet. Als seine Kinder älter wurden, sollten sie in sein Geschäft einsteigen, weil er es ausbauen wollte. Marie hat zwei Brüder, die ihre Ausbildung deswegen abgebrochen haben. Marie hat sich geweigert. Das schon damals literaturbegeisterte Mädchen wollte Lehrerin werden. Mit viel Durchhaltewillen und Charakterstärke hat sie sich ihrem Vater widersetzt und sich sogar mit ihm überworfen. Sie hat ihre Vorstellungen durchgesetzt und ist in ihrem Beruf glücklich. Allerdings hat sie immer noch das Gefühl, dass ihr Vater es ihr übel nimmt, dass sie seinen Erwartungen nicht entsprochen hat. Mehrmals hat sie versucht, auf ihn zuzugehen, aber er ist immer distanziert geblieben. Sie glaubt, dass er seine Haltung nicht mehr ändern wird. Maries Vater geht nicht direkt auf Konfrontation, verhält sich aber so, dass sie fürchten muss, er wird ihr den durchaus verständlichen Wunsch nach Unabhängigkeit niemals verzeihen.

»Obwohl ich alles getan habe ...«

Sarahs Geschichte ist anders und ungleich heftiger. Der Streit mit ihrem Vater geht auf ihre Heirat mit einem jungen Mann zurück, den er rundweg ablehnt. Sie räumt ein, dass ihre Entscheidung sicherlich provozierend für ihn war, versteht aber nicht, dass ihr Vater auch nach mehreren Jahren den Streit mit ihr immer noch nicht beilegen kann, wie sie es sich wünschen würde. Sie hatte ihren Mann sogar dazu gebracht, beruflich eine Richtung einzuschlagen, die dem Vater hätte genehm sein müssen, doch es half nichts. Sie leidet unter der Situation und fühlt sich zwischen widersprüchlichen Gefühlen hin- und hergerissen: Soll sie ihren Mann verlassen, den sie liebt, um den Zorn eines Vaters zu besänftigen, der sich nie ändern wird, oder aber jeden Kontakt zum Vater abbrechen?

Bei allen Unterschieden in der Geschichte von Marie und Sarah – die Folgen sind dieselben: Ihre Väter scheinen sich nicht mit ihnen aussöhnen zu wollen, obwohl beide Töchter nichts unversucht gelassen haben. Was tun, wenn ein Vater keinen Frieden schließen will? Soll eine Tochter, die darunter leidet, ihren Wunsch nach Aussöhnung endgültig abschreiben und sich vom Vater lösen, oder soll sie darauf vertrauen, dass die Zeit für sie arbeitet, und hartnäckig an ihrem Wunsch nach Liebe und Zuneigung festhalten? Darauf gibt es sicherlich keine allgemeingültige Antwort, weil die einzelnen Schicksale und Umstände zu unterschiedlich sind. Eines aber steht fest: Eine Tochter wird es nie bereuen, wenn sie als Erste auf ihren Vater zugeht, wie groß dessen Widerstände auch sein mögen. Dann nämlich muss er die Verantwortung für sein Tun übernehmen und sich öffnen oder aber in seinem selbst gewählten Gefängnis verharren.

Verbindungen, die zu Neurosen führen

Vater-Tochter-Beziehungen, die Neurosen begünstigen, sind unter Umständen ungleich schwerer zu erkennen als die zuvor beschriebenen. Ihnen liegt ein Leid zugrunde, dessen Ursachen sich dem Betroffenen nicht auf Anhieb erschließen. Ich unterscheide hier zwischen zwei zum Teil unbewussten Konfliktsituationen: der einen, in der es unmittelbar um die Vater-Tochter-Beziehung geht, und der anderen, die in der Dreieckskonstellation zwischen Vater, Mutter und Tochter begründet ist.

Das psychische Übergewicht des Vaters

Ich habe bei meiner therapeutischen Arbeit die Erfahrung gemacht, dass es für Beziehungen mit schmerzlichen Folgen drei verschiedene Grundmuster gibt, zu denen Väter neigen: das streng Über-ich-orientierte, das der Übertragung und das regressive. Bei manchen Vätern steht auch ein »erotisches« Muster im Vordergrund, unter dem ihre Töchter unmittelbar zwar nicht so sehr leiden, das sie aber psychisch zerstört. Darauf komme ich später noch zu sprechen.

- *Das streng Über-ich-orientierte Muster* ist das von Vätern, die im Umgang mit ihren Töchtern, häufig auch mit Hilfe von Fachbegriffen, in erster Linie erklären, was sie lernen, lesen, sagen, tun und nicht tun sollen, zu wem sie Kontakt haben dürfen und zu wem nicht, usw. Man spricht von einem streng Über-ich-orientierten Muster, weil es keinen Raum für einen intuitiveren, gefühlsbetonteren Austausch lässt. Diese Neigung zu einem strikt erzieherischen Gestus ist oft mit der Vermittlung eines Idealbilds verbunden: »Mach es so wie ich …« oder »Als ich so alt war wie du …« oder »Meine Eltern haben mir immer beigebracht, dass ...« oder »Wenn du Erfolg haben willst ...« Ein sensibles Kind, das weiterhin geliebt werden will, fasst Bemerkungen wie diese als eine Anordnung auf, der es sich nicht entziehen darf. Es gerät in einen inneren Konflikt, der sein Leben stark bestimmt: »Ich will frei sein, aber wenn ich meinem Vater keine Freude bereite, liebt er mich nicht mehr.«

- *Das Muster der Übertragung* unterscheidet sich von dem zuvor beschriebenen, hat aber unter Umständen ähnliche Folgen. Der Vater will, dass seine Tochter ist oder erreicht, was er selbst nicht sein oder erreichen konnte. In dem Fall lautet die Botschaft nicht: »Mach es so wie ich«, sondern »Sei so, wie ich nicht sein konnte.« Die Übertragung eines Ideals auf die Tochter ist der konstante Motor dieser Vater-Tochter-Beziehung. Die Folgen dieses Übertragungsmusters sind in der Tat mit denen des streng Über-ich-orientierten vergleichbar, weil sie dem Kind wenig Raum für seine Selbstfindung und für die Möglichkeit lassen, sich durch andere Vorbilder oder Begegnungen anregen zu lassen.

- *Das regressive Muster* findet sich bei Vätern, die so sehr von ihren erotischen oder aggressiven Impulsen beherrscht werden, dass sie jeden Kontakt zur Tochter meiden, der ihre Anfälligkeit deutlich machen könnte. Sie verdrängen das unter Umständen, indem sie sich sehr distanziert geben und so tun, als gehe ihre väterliche Funktion sie nichts an.

Diesen drei Mustern auf Seiten des Vaters entsprechen dreierlei Gefühlslagen bei der Tochter: das Gefühl, nicht genug wertgeschätzt zu sein, nicht perfekt genug zu sein und für den Vater nicht wirklich zu zählen.

»Wertschätzung ... verzweifelt gesucht«

Eine Tochter ist immer enttäuscht, wenn sie den Erwartungen des Vaters nicht entspricht. Übermäßige Erwartungen sind problematisch. Eine Kollegin erzählte einmal die Geschichte einer Patientin, die als Kind regelmäßig mit ihrem Vater Hausaufgaben machte.[8] Er fuhr sofort aus der Haut, und oft endete es für die Tochter mit einer Tracht Prügel. Weil sie natürlich trotzig auf seine Erklärungen reagierte und vermutlich auch Angst hatte, brachte sie oft schlechte Noten nach Hause. Es ist nachvollziehbar, dass sie ihren Vater im Nachhinein als autoritär bezeichnet hat. Als Erwachsene hatte sie eine Sprachstörung, die ihr sehr peinlich war: Sie vertauschte häufig Begriffe, und es fiel ihr schwer, sich verständlich zu machen. Ein Vater darf nie vergessen, dass ein Mädchen, anders, als es scheinen mag, seinen Wünschen immer gerecht zu werden versucht. Wenn sich bei ihr der Eindruck verfestigt, ihr gelinge das nicht, wird der Gedanke »Ich werde es nie schaffen!« irgendwann zum Schlüsselsatz, der ihr in sämtlichen Lebensbereichen zu schaffen macht.

Das permanente Gefühl, dem Vater nicht gerecht zu werden, kann jedoch auch in Hass münden. Das streng Über-ich-orientierte Muster kann bei einem Mädchen das schmerzliche Gefühl erwecken, ihr Vater respektiere sie nicht. Ich habe an anderer Stelle schon hervorgehoben, wie sehr ein Mädchen den Respekt des Vaters braucht. Väter machen sich das leider nicht immer klar. Ein unbewusster oder, schlimmer noch, manchmal auch bewusster Blick oder Kommentar, der in seinen Augen eher unbedeutend ist, kann sich dem Kind, der Jugendlichen oder der jungen Frau förmlich ins Gedächtnis brennen. Dieser mangelnde Respekt kann sich auf sämtliche Lebensbereiche beziehen, zielt aber immer mehr oder weniger auf das Weibliche. Ab einem bestimmten Alter empfindet ein Mädchen chauvinistisches Verhalten oder entsprechende Bemerkungen seitens des

Vaters als persönlichen Angriff – was natürlich erst recht gilt, wenn er sich damit tatsächlich direkt auf sie bezieht. Am meisten leidet ein Mädchen darunter, wenn dieses Verhalten oder diese Äußerungen mit sexuellen Anspielungen verbunden sind. Sie sieht darin, wie jede Frau, zumal wegen ihrer größeren Unerfahrenheit und im Kontext der familiären Bindung, eine Neigung des Vaters, sie als Objekt zu sehen.

Um jeden Preis sein, was er nicht sein konnte

Ein Mädchen, dessen Vater das Muster der Übertragung verinnerlicht hat, kann unter dem Gefühl leiden, nie perfekt genug zu sein. Ein Vater kann, wie eine Mutter auch, von der Tochter erwarten, sie solle all das realisieren, was ihm nicht gelungen ist, was er gern gehabt hätte, und tun, was er gern getan hätte. Es ist ganz normal, dass ein Elternteil seine Ideale auf seine Kinder projiziert. Damit vermittelt er die Vorstellung, dass das Leben auf Wünschen und Erwartungen beruht, es also einen Lebensinhalt gibt und Ziele der Selbstverwirklichung. In der Psychologie bezeichnet man dies als »Ich-Ideal«, das es dem Kind ermöglicht, seine Identität zu entwickeln. Und wie immer im Bereich der menschlichen Psyche, hängt auch hier alles vom jeweiligen Maß ab. Man muss also dieses »Ich-Ideal«, das aus der Projektion der Elternideale hervorgeht, vom »Ideal-Ich« oder »Ideal-Selbst« unterscheiden. Letzteres bewirkt, dass man kein Ziel mehr anstrebt, von dem man weiß, dass man es nur teilweise erreichen und dennoch glücklich sein kann; es geht nicht mehr um einen Wunsch oder eine Fantasie, sondern um eine absolute, streng vorgegebene Realität, die ein Gefühl von Allmacht oder Größenwahn hervorruft.

Dieses Ideal-Ich kann auf den mehr oder weniger bewusst ausgeübten, tyrannischen Druck der Eltern zurückgehen, eines Vaters etwa, der in der Schule nicht so viel Erfolg hatte, wie er es sich gewünscht hätte, und der nun von seiner

Tochter schulische Leistungen erwartet, die nicht deren wirklicher Zielsetzung entsprechen – es sei denn um den Preis einer Überanstrengung, die früher oder später in eine persönliche Krise oder eine Krise in der Beziehung zum Vater mündet. Oder etwa eines Vaters, der unter den bescheidenen Verhältnissen gelitten hat, in denen er groß geworden ist, und nun um jeden Preis möchte, dass seine Tochter eine gute Partie macht. Wozu eine junge Frau mir eines Tages sagte: »Irgendwann musste ich ihm sagen, dass er nicht derjenige ist, der meinen Mann aussucht!«

Auf einer wiederum anderen Ebene habe ich magersüchtige Mädchen erlebt (über den Ursprung der Krankheit ist noch immer wenig bekannt), von denen einige unzweifelhaft eine besondere Beziehung zu einem sehr anspruchsvollen und idealistischen Vater hatten. Manche erlebten ihren Körper als neuralgisches Zentrum ihrer Unvollkommenheit. Sie wussten nicht, dass ihr Ideal von Magerkeit und ihre allmächtige Kontrolle über das Essen im Namen einer eingebildeten Unvollkommenheit dieses oder jenes Körperteils nur die unbewusste und verinnerlichte Verwirklichung eines väterlichen Wunsches nach körperlicher Perfektion war, die er auf sie projizierte, zumal in dem Fall die Beziehung zum Vater nach außen hin eher gut war. Im Rahmen ihrer Psychotherapie erzählte mir eines dieser Mädchen eines Tages einen vielsagenden Traum: »Ich war in London und ging mit meinem Vater spazieren. Die Leute sahen sich an und sagten: ›Was für ein schöner Mann, wenn er nur dreißig Kilo weniger wiegen würde!‹ Ich fand meinen Vater auch immer schon zu dick und habe ihn oft sagen hören: ›Hauptsache, du kommst nicht nach mir, ich hätte viel darum gegeben, schlank zu sein.‹ Ich hatte immer das Gefühl, dass mein Vater auf dünne Frauen fixiert ist … Plötzlich ging in meinem Traum nicht mehr ich mit meinem Vater spazieren, sondern das Model Kate Moss, das ja magersüchtig ist oder war. Die beiden wirkten sehr glücklich. Ich verstehe das nicht, weil ich wirklich nicht so aussehen möchte wie sie.« Man muss sich nicht in langen Deutungen ergehen, um zu entdecken, welcher Wunsch sich hinter diesem Traum verbirgt: Dem zwanghaften Idealbild zu entsprechen, das der Vater auf seine Tochter übertragen hat und das er selbst so gern abgegeben hätte.

Es gibt aber auch den Fall, dass Mädchen nicht aus Begeisterung, sondern aus einem inneren Zwang heraus eine der drei folgenden künstlerischen oder sportlichen Betätigungen ausüben: Ballett, Reiten oder Kunstturnen. Dabei handelt es sich bekanntlich um Aktivitäten mit extrem hohen Anforderungen, die eine besondere Disziplin und vollkommene Hingabe voraussetzen. Bei manchen dieser Mädchen erkennt man den Zusammenhang mit der Projektion eines Ideal-Ichs durch den Vater. Diese Väter erwarten aus verschiedenen Gründen unbewusst von ihrer Tochter, dass sie das verwirklichen, was sie selbst als schmerzlichen narzisstischen Mangel erleben. Im Gegensatz zu magersüchtigen Mädchen, bei denen man meistens einen latenten Konflikt mit dem Vater und einen manifesten Konflikt mit der Mutter ausmachen kann – wobei beide Elternteile besorgt sind und Schuldgefühle haben –, handelt es sich in diesem Fall eindeutig um einen Vater-Tochter-Konflikt.

Väter in der Defensive

Eine Tochter, die das Gefühl hat, vom Vater nicht anerkannt und wertgeschätzt, nicht gehört und gesehen zu werden, die nicht den Eindruck hat, für ihn überhaupt »wirklich« zu sein, hat diese Erwartungshaltung auch sonst in der Gesellschaft, deren wichtigster Vertreter in ihren Augen ihr Vater ist. Sie fragt sich, ob sie jemals zu dieser Welt gehören wird, wo sie doch nicht einmal Teil seines Lebens ist, und ob sie jemals geliebt und akzeptiert sein wird.[9] Ein Mädchen kann das Gefühl haben, dass sie ihren Vater nicht interessiert. Und sie sucht nach einfachen Erklärungen dafür: Er ist egoistisch, er hätte lieber einen Jungen gehabt … Das glaubte beispielsweise auch Clara, die überzeugt war, ihr Vater wäre mit ihr bis ans Ende der Welt gegangen, wenn sie nur ein Junge gewesen wäre. Manchmal ist die Erklärung für ein solches Desinteresse jedoch nicht ganz so einfach. Es ist nicht leicht für ein Mädchen, mit einem Vater konfrontiert zu sein, der nach dem schon erwähnten regressiven Muster funktioniert. Bei einem Vater, der sich scheinbar wenig oder nur unter finanziellen Gesichtspunkten um seine Tochter kümmert, kann diese nur schwer begreifen, dass er in Wirklichkeit eine zu enge Bindung fürchtet und eine ängstliche Defensivhaltung einnimmt. Sie mag die aus dieser Angst resultierenden Verhaltensweisen als mangelndes Interesse an ihrer Person deuten und sich fragen, wer sie ist, was sie gesagt oder getan hat, um eine solche Haltung zu verdienen. Im Fall der Trennung ihrer Eltern denkt sie vielleicht auch, ihr Vater sei der Ansicht, sie stünde ihrer Mutter zu nahe oder sei ihr zu ähnlich, und er lasse sie für ein Problem büßen, für das sie nichts kann. Das war der Fall bei Ophélie, die eines Tages zu mir sagte: »Ich glaube, dass mein Vater sich im Grunde schon seit langem nicht mehr für mich interessiert.« Sie hatte handfeste Gründe für ihre Annahme. Wenn sie ihren Vater anrief, rief er nur jedes zweite Mal zurück. Wenn sie im Teenageralter eine Prüfung bestand, beglückwünschte er sie nicht. Als er erfuhr, dass sie die Aufnahme in eine Wirtschaftsschule geschafft hatte, sagte er: »Endlich beginnt für dich das Arbeiten!« Die wenigen gemeinsamen Mittagessen hatte sie eher in schmerzlicher Erinnerung: Er wirkte verlegen, wusste nicht, was er sagen sollte, und das Schweigen war bedrückend für beide. Manchmal erklärte sie sich sein Verhalten damit, dass er sich im Großen und Ganzen immer nur für sich und seinen Beruf und sein Privatleben interessiert habe. In solchen Momenten konnte sie ihm sogar fast verzeihen. Meistens aber wusste sie nicht, ob sie es ihm oder sich selbst übel nehmen sollte. Ihre Eltern trennten sich, als sie noch ganz klein war. Sie hatte das Gefühl, ihr Vater habe ihr sehr gefehlt und es sei ihr sehr schwer gefallen, zwischen ihrer Schwester und ihrer Mutter ihren Platz zu finden, was ihr mit ihrem Vater an ihrer Seite sicherlich leichter gefallen wäre. Die Folgen spürte sie im Umgang mit anderen immer noch, wo es ihr auch schwer fiel, ihren Platz zu finden.

Als junge Frau leidet sie heute zwar immer noch unter dem Verhalten ihres Vaters, doch spürt sie, dass bei ihm neben seinem manifesten Desinteresse sicherlich auch andere Gefühle vorhanden waren. Dennoch war er ihr rätselhaft.

Ophélie steht stellvertretend für viele Mädchen und junge Frauen, denen ich in meiner Praxis begegnet bin und die das Gefühl haben, dass ihre Väter ihnen nicht das Interesse entgegenbringen, das sie sich von ihnen erwarten dürften. Wenn ihnen bewusst wird, dass sich hinter diesem Desinteresse vielschichtigere Gefühle verbergen, dann, so die Erfahrung, können sie einen Schritt auf den ihnen gegenüber so »phobischen« Vater zugehen. Dadurch verändert sich ihre Beziehung, und sie leiden nicht mehr so stark und mitunter auch gar nicht mehr darunter. Zwei Jahre nach der Schilderung des in meinen Augen nur scheinbaren Desinteresses ihres Vaters hat Ophélie ihren Groll überwunden. Bei einem der seltenen Mittagessen mit ihrem Vater hat sie all ihren Mut zusammengenommen und ihm gesagt, was sie auf dem Herzen hatte. Und ihre Überraschung, aber auch ihre Freude waren groß, als sie bemerkte, wie sehr ihren Vater berührte, was sie sagte – obwohl sie gelinde gesagt nicht nur liebevolle Worte für ihn hatte. Seither hat sich ihre Beziehung spürbar verbessert. Sie sehen sich öfter, gehen öfter zusammen essen; er scheine sich wirklich für ihren Beruf zu interessieren und rufe sie hin und wieder sogar an …

Unglückliche Dreieckskonstellationen

Über den unbewältigten Ödipus-Konflikt ist bereits viel, vielleicht sogar zu viel geschrieben worden. Es gibt allerdings auch zu viele, entsprechend eindeutige Situationen, als dass man ihn unter den Tisch fallen lassen könnte.

Die eifersüchtige Mutter

So wie die Tochter die Mutter mitunter als feindselig empfindet (vor allem im Alter von 17 oder 18), ist es ganz normal, dass die Mutter, wenn sich die Tochter gegen sie auflehnt und clever die Unterstützung des Vaters sichert, auch einmal zu ihr sagt: »Du liebst ja sowieso nur deinen Vater« oder »Du bist wie dein Vater!« oder »Ihr seid ja wie füreinander geschaffen« usw. Ganz anders verhält es sich allerdings, wenn die Mutter tatsächlich eifersüchtig auf ihre Tochter ist.

Das zeigt die Geschichte Camille Claudels. Deren Mutter war nicht nur eifersüchtig auf die Liebe und Unterstützung, die der Vater seiner Tochter zuteil werden ließ, sondern war auch der Ansicht, dass diese einen Platz für sich beanspruchte, der eigentlich ihrem älteren Bruder zugestanden hätte, der wenige Tage nach der Geburt gestorben war. So redete sie von ihrer Tochter beispielsweise auch als von der »Usurpatorin«.

Diane hat zweifellos eine privilegierte Beziehung zu ihrem Vater gehabt. Er hat sie immer zum Lachen gebracht, und sie hat das Gefühl, dass sie sich auch ohne viele Worte verstehen. Ihrer Mutter macht sie oft den Vorwurf, ihrem Bruder näher zu sein. Ihr Vater geht einer angesehenen Tätigkeit nach, worauf sie stolz ist. Sie selbst möchte diesen Beruf später auch ausüben. Gerade studiert sie mit gutem Erfolg, so dass dieses Ziel auch in greifbare Nähe rückt. Ihre Mutter hat ihren Vater sehr entlastet, bedauert aber, selbst keine qualifiziertere Ausbildung gemacht zu haben, die ihr berufliche Befriedigung verschaffen könnte. Sie hat ihre beiden Kinder immer dazu angehalten, später einmal zu studieren – mit Erfolg. Diane räumt ein, dass sie ihrer Mutter viel verdankt. Als Kind war sie eher zerstreut, und ihre Mutter hatte immer sehr viel Geduld mit ihr. Allerdings spürt sie schon seit geraumer Zeit, dass sie eifersüchtig auf sie ist, weil ihr Vater ihr so viel Aufmerksamkeit entgegenbringt. Sie weiß, dass sie ihren Vater zeitweise auch dahingehend manipuliert und sich vor allem an ihn hält, um ihre Mutter zu ärgern. Sie betrachtet das als Rache für die kleinen Gemeinheiten, die sich ihre Mutter zu ihrem Äußeren erlaubt. Tatsächlich ist sie schon seit ihrer Kindheit eher rundlich und kommt darin nach ihrem Vater. Ihre Mutter ist eine hübsche, schlanke Frau, die sehr viel Wert auf ihr Äußeres legt und damit Minderwertigkeitsgefühle intellektueller Art kompensiert. Wenn Freundinnen von Diane zu Besuch kommen, inspiziert ihre Mutter regelmäßig Kleidung, Make-up und sämtliche Äußerlichkeiten und stellt systematisch Vergleiche an, wobei Diane immer schlechter abschneidet. Ihr Vater dagegen hebt immer ihre Wachheit, ihren Humor und natürlich ihre Intelligenz hervor. Manchmal sind ihr die Komplimente, die er ihr macht, ob unter vier Augen oder vor anderen, sogar peinlich. Lobt er sie vor ihrer Mutter, hat sie gemischte Gefühle und freut sich einerseits über die Komplimente, insbesondere, wenn sie ihre Mutter ärgern, wirft ihrem Vater aber andererseits vor, er gieße Öl ins Feuer.

Einer Tochter kann die Eifersucht ihrer Mutter schwer zu schaffen machen. Natürlich spürt sie, dass sie der Grund dafür ist, und in manchen Fällen, um die es hier auch geht, ist es im Wesentlichen die gute Beziehung zwischen Vater und Tochter, die die Mutter eifersüchtig macht. Natürlich ist es ein Leichtes zu sagen, dass man damit mitten in der Ödipus-Problematik ist. Dieser Ödipus aber, die Beziehungskrise zwischen Vater und Tochter, ist eine normale Entwicklungsphase in der Kindheit des Mädchens, die spontan auftritt und meistens unbewusst verläuft. In Situationen, die mit denen von Diane vergleichbar sind, verhält es sich von Grund auf anders. Das Verhältnis zum Vater wird zwangsläufig auch durch die Mutter definiert. Wie sehr eine Tochter ihren Vater respektiert, hängt davon ab, wie stolz sie auf ihn ist, aber auch davon, was ihre Mutter ihr vermittelt. Wenn diese zu eifersüchtig auf die Vater-Tochter-Beziehung ist, wird sie sie womöglich nicht gerade fördern und mehr oder weniger unbewusst vielleicht sogar stören, indem sie ihre Ablehnung entweder direkt durch Feindseligkeiten gegenüber der Tochter zum Ausdruck bringt, oder indirekt darüber, dass sie den Vater mehr oder weniger offen schlecht macht.

Väter, die die Mutter ihrer Töchter ablehnen

Davon, dass Mädchen genau hinhören, wenn ihre Väter sich über Weibliches und Weiblichkeit äußern, war bereits die Rede. Anders als manche Väter meinen, heißt das jedoch nicht, dass sie ihnen einen Gefallen tun, wenn sie die Mutter kritisieren oder gar gering schätzen und ablehnen – im Gegenteil. Diese Väter fördern damit unter Umständen so genannte »Vatertöchter«[10], die unbewusst von einer Welt ohne Mutter träumen. In der griechischen Sagenwelt finden wir deren symbolische Verkörperung par excellence. Die Frau und Jungfrau und vor allem mutterlose Athene ist aus dem Kopf ihres Vaters Zeus geboren. Auch hier behandelt die griechische Mythologie ein menschliches Fantasma, nämlich das des gebärenden Vaters, der die Frau nicht nur ablehnt, sondern als Mutter ausschließt und ihr in der Person der Tochter verbietet, einen anderen Mann kennen zu lernen. Dieser Mythos ist umso interessanter, als er auch auf eine fantasierte Männerwelt verweist, auf die exklusive Aufwertung des Männlichen, wie sie bei manchen Vätern zu finden ist, die die Mutter ihrer Tochter ablehnen.

Zwar kommen in der Verbindung zwischen Töchtern und Vätern die unterschiedlichsten und vielschichtigsten Gefühle zum Tragen, doch ist eine Tochter längst nicht bereit, alles hinzunehmen, was vom Vater kommt, schon gar nicht eine geringschätzige oder ablehnende Haltung gegenüber der Mutter. Das hat nicht, wie manche Väter meinen, mit weiblicher Komplizenschaft zu tun. Indem er die Mutter ablehnt, demonstriert er seiner Tochter, was er an ihrer eigenen Weiblichkeit ablehnt. Es ist leicht nachzuvollziehen, dass ein Vater umso verlockender für seine Tochter wird, je negativer das Bild von der Mutter ist. Das kann so weit gehen, dass die Tochter befürchtet, ihrer Mutter ähnlich zu sein. Sie kann mitunter sogar das Gefühl haben, dass ihr Vater in manchen Punkten richtig liegt und der Mutter gegenüber eine Animosität oder eine übermäßig kritische Haltung entwickeln. Früher oder später aber zeigen sich bei ihr konfuse Scham-, Schuld- und Wutgefühle, weil ihr Vater offen über die Mutter äußert, was sie zeitweise selbst denkt. Die Ablehnung seitens des Vaters wird in ihr tief sitzende Ängste auslösen.

Komplizierte Scheidungen

Die zuvor erwähnten Dreieckskonstellationen – Ablehnung des Vaters durch die Mutter und umgekehrt – können sich im Fall einer Trennung oder Scheidung aufaddieren. Der Vater kann seiner Frau all das vorhalten, was ihn veranlasst, sich von ihr zu trennen, oder umgekehrt das, was sie veranlasst, sich von ihm zu trennen. Dadurch gerät das Kind, in unserem Fall also das Mädchen, in einen Loyalitätskonflikt und wird in Machtspiele und Geldstreitereien hineingezogen. Dabei ist es keineswegs ratsam, auch noch an das emotionale Fundament zu rühren, das für jeden Menschen existenziell ist, nämlich einen Vater und eine Mutter zu haben und zu behalten. Wenn ein Vater die Mutter seiner Tochter offen gering schätzt oder ablehnt, bleiben der Tochter zwei Möglichkeiten: Entweder sie stärkt ihre Bindung zur Mutter oder sie flieht aus dieser schmerzlichen Situation und bricht mit beiden Elternteilen beziehungsweise – das gilt in der Pubertät – provoziert die Eltern oder macht mit selbst gefährdenden Handlungen auf sich aufmerksam. Im zuletzt genannten Fall handelt es sich oft um Signale an die Adresse der Eltern, die sich wenigstens in einer Sache, nämlich was den Zustand ihrer Tochter betrifft, einig sein sollen.

Eine andere Quelle psychischen Leids können für ein Mädchen Konflikte im Zusammenhang mit der Erziehung sein, wie sie im Übrigen nicht nur bei getrennten Eltern aufkommen. Jeder Elternteil ist selbst aus zwei Elternteilen hervorgegangen, von denen wiederum jeder seine eigenen Werte und Erziehungsmodelle vermittelt hat. Diese Werte und Modelle können übereinstimmen oder aber sehr unterschiedlich sein. Man sollte jedoch wissen, *dass zu große Dissonanzen zwischen den Eltern beim Kind unter Umständen dazu führen, dass es die elterliche Autorität nicht mehr akzeptieren kann.* Nicht nur, weil man ihm zwei zu unterschiedliche Erziehungsmodelle präsentiert, sondern auch, weil meistens jedes der beiden Modelle jeweils von dem Elternteil, der es nicht anwendet, heftig kritisiert oder gar verworfen wird.

SOS – Eltern in der Krise

Wenn Mädchen im Teenageralter mitten in der Entwicklung stecken, alles im Umbruch ist und die psychischen Konflikte toben, stellen auch Eltern vieles in Frage oder erleben alte Konflikte neu. Für einige von ihnen, die in der »Midlife-Krise« sind, kann eine Konfliktsituation mit der halbwüchsigen Tochter sogar latente Widerstände in der Ehe zutage fördern. Als Psychologe und Psychiater für ältere Kinder, Jugendliche und junge Erwachsene habe ich die Erfahrung gemacht, dass ein Mädchen oft dann eine Blockade entwickelt, wenn die eigene Krise mit der der Eltern zusammenfällt und besonders dadurch gekennzeichnet ist, dass der Vater die Mutter abwertet.

132

Ein Sonderfall:
Die Rolle des Vaters bei magersüchtigen Mädchen

Bekanntlich handelt es sich bei Magersucht um eine Störung, von der deutlich mehr Mädchen als Jungen betroffen sind. Häufig sorgen sich die Mütter als Erste um die drastisch abnehmende Tochter, die bei der Auswahl ihrer Speisen immer radikaler vorgeht und alles ausschließt, was dick machen könnte, in erster Linie alles Fetthaltige; neben der Gewichtsabnahme ist das Ausbleiben der Monatsblutung irgendwann eine weitere Folge. Häufig – vermutlich allzu häufig – hat man die Mütter zumindest zum Teil für diese Störung bei ihren Töchtern verantwortlich gemacht. Richtig ist, dass Mütter von magersüchtigen Mädchen in der Pubertät oft selbst eine ähnliche Essstörung hatten. Richtig ist auch, dass Mütter von magersüchtigen Mädchen oft exzessiv das Essen thematisieren, schon bevor sich die Störung bei ihrer Tochter bemerkbar macht. Auch hat man immer wieder darauf hingewiesen, dass magersüchtige Mädchen sich durch das Bestreben auszeichnen, anderen nichts schuldig zu sein, und dass der Verzicht auf Nahrung symbolisch für den Wunsch steht, die nährende Mutter, von der sie nicht länger abhängig sein wollen, abzulehnen.

Von den Vätern war in dem Zusammenhang bislang wenig die Rede. Gleichwohl zeigen neuere Studien, dass Väter magersüchtiger Mädchen mit ihren Töchtern die als Alexithymie bezeichnete Gefühlsarmut teilen.[11] Dabei handelt es sich um die »Unfähigkeit, Empfindungen oder Gefühle zu verbalisieren«. Das Ausmaß der Störung lässt sich anhand einer Skala der verschiedenen Symptome ermitteln: Den Betroffenen fällt es schwer, zwischen einzelnen Gefühlen und körperlichen Empfindungen zu unterscheiden und Gefühlszustände zu beschreiben; sie haben eine geringe Traumtätigkeit, und ihr Denken ist nicht nach innen, also auf sich selbst und das eigene Verhalten, sondern nach außen gerichtet (wofür auch die Umschreibung »mangelnde Fähigkeit zur Selbstreflexion« steht). Man hat festgestellt, dass Väter bei den Alexithymie-Tests ähnlich abschnitten wie ihre Töchter, während das Ergebnis bei den ebenfalls getesteten Müttern anders ausfiel. Konkret heißt das, dass man über verschiedene Vermittlungstechniken die Sensibilisierung für das eigene Empfinden fördern muss, natürlich in erster Linie bei den betroffenen Mädchen, aber auch bei ihren Vätern. Die Beschäftigung mit der Rolle des Vaters im Zusammenhang mit Anorexie bei Mädchen, auf denen diese Arbeiten aus den vergangenen Jahren beruhen, haben mehrere Hypothesen hervorgebracht. Da der Fokus des vorliegenden Buches auf die verbesserte Kommunikation zwischen Vätern und Töchtern gerichtet ist, möchte ich sie an dieser Stelle nur vollständigkeitshalber zitieren, auch wenn darin oft unterschwellig die Annahme zum Ausdruck kommt, der Vater sei für die Störung seiner Tochter verantwortlich. So ist verschiedentlich von einem Versagen in der väterlichen Funktion die Rede[12], von einem Vater, der abgewertet wurde oder überfordert ist oder aber als inzestuös oder pervers beschrieben oder empfunden wird. Ferner heißt es, die Väter würden ihren Töchtern zu wenig Aufmerksamkeit schenken und damit selbst zerstörerische Handlungen begünstigen, die sich dann unter Umständen auch gegen den eigenen Körper richten könnten.[13] Andere Autoren sprechen von einer »Maternisierung« bei Vätern magersüchtiger Töchter. Demnach gebe es Väter, die gewissermaßen in die Rolle der »guten Mutter« schlüpfen oder als »Mutterväter« in Erscheinung treten, weil bei ihnen die weibliche Identifikation überwiegt.[14] Bestätigt werde diese Annahme durch die Schwierigkeit der Väter, gegenüber der Tochter als Verbotsinstanz aufzutreten, weil sie das gute Einvernehmen mit ihr nicht beeinträchtigen wollen, vor allem im Anschluss an eine stationäre Behandlung.[15]

Alles in allem fördern diese Untersuchungen einige gemeinsame Merkmale bei Vätern magersüchtiger Töchter zu Tage, die sich als »Mangel an väterlicher Präsenz« auf einen Nenner bringen lassen: Identitätsschwäche, prägnante weibliche Identifikation, Maternisierung, eine stark ausgeprägte antiödipale Besetzung[16] u.a.m. Dabei wird man jedoch einräumen, dass sich diese Merkmale auch im Zusammenhang mit Mädchen finden, die ein anderes Krankheitsbild aufweisen.

In ihrem Buch *Das Haus der verrückten Kinder* erzählt die französische Schriftstellerin Valérie Valère, wie sie als 13-Jährige vier Monate in einer psychiatrischen Klinik in Paris zugebracht hat. Wiederholt kommt sie dabei auf ihre Eltern zu sprechen und geht speziell mit ihrem Vater hart ins Gericht: »Sie ist heuchlerisch, blind, neurotisch und schwach, er ist verlogen, schizophren, sexbesessen und frustriert.«[17] Sie erwähnt auch die homosexuellen Neigungen des Vaters und dessen außereheliches Verhältnis mit einer Frau. In dem Bericht der jungen magersüchtigen Frau, die schon mit 21 Jahren starb, finden sich einige der oben erwähnten Punkte wieder. Hervorzuheben bleibt, dass Magersucht bei jungen Mädchen ein zwar häufiges, in seiner Intensität jedoch höchst unterschiedliches Phänomen ist, das in jedem Einzelfall anders verläuft. Die Rolle des Vaters im psychischen Prozess der Frauwerdung ist allerdings nicht zu vernachlässigen.

Väterliche Verhaltensweisen, die Psychosen hervorrufen können

Manche Frauen erholen sich nie mehr von ihrer Kindheit, weil sie in dieser Zeit ein regelrechtes Trauma erlitten haben. Das kann ganz unterschiedliche Ursachen haben: Es kann mit dem Tod eines Menschen oder einer schmerzlichen Trennung zusammenhängen, mit einem psychischen Schock also, der jedoch mit physischer oder sexueller Gewalt kombiniert ist. Oft wird das Leben dieser Frauen beherrscht von der unüberbrückbaren Diskrepanz zwischen einer imaginären Welt und der Schwierigkeit, die Wirklichkeit als solche anzuerkennen. In dieser Situation können schöpferische Aktivitäten wie Schreiben, Malerei oder Musik Mittel sein, um die belastende Wirklichkeit des Alltags zu bewältigen oder zu sublimieren.

Am Rande des Abgrunds

Ohne den derzeitigen Exzessen aus Amerika, die Männlichkeit ins Licht absoluter Brutalität rücken[18], nacheifern zu wollen, muss man sich der Frage väterlicher Gewalt unbedingt stellen. Die Geschichte der Menschheit, das tägliche Leben und die berufliche Erfahrung zeigen, dass das Verhältnis zwischen Vater und Tochter von expliziter oder latenter Gewaltanwendung geprägt sein kann; beides wirkt zerstörerisch und hinterlässt meistens unauslöschliche Spuren.

Das französische Sozialforschungsinstitut Observatoire national de l'action sociale und Fachleute in diesem Bereich registrieren eine Zunahme von Kindsmisshandlungen, speziell bei Vätern gegenüber Töchtern. Kinderärzten ist das Phänomen der geschlagenen Kinder bei Jungen wie bei Mädchen gleichermaßen vertraut. Die Diagnose ist mitunter noch immer schwierig, wird aber mittlerweile durch hoch technisierte Verfahren erleichtert.

Väterliche Gewalt äußert sich vor allem durch Schläge und abweichendes Sexualverhalten, aber es gibt auch Misshandlung durch Verwahrlosung oder völlige Gleichgültigkeit, die Kinder oder Jugendliche auf den Opferstatus festschreibt und ihnen ihre Identität als Individuum versagt.

Eine andere Form von Misshandlung, die mit physischer

Gewalt einhergehen kann, aber nicht muss, und deren Folgen noch nicht in dem Maße untersucht wurden, in meinen Augen aber nicht minder pathogen sind, ist die verbale Gewalt: Schreie, Beleidigungen, jede Form des verbalen Angriffs auf ein Kind. Auf Beleidigungen mag das Mädchen etwas erwidern, doch kann es genauso gut stumm bleiben; verbale Gewalt, die systematisch mit »Sei still!« eingeleitet wird, verdammt ein Kind oft zu Schweigen und Rückzug.

Ein gewalttätiger Vater, der physische und/oder psychische Macht über seine Tochter ausübt, berücksichtigt meist nicht deren Bedürfnisse und lässt sie mit ihren Wünschen nicht zum Zuge kommen. Wenn von väterlicher Gewalt und Misshandlung die Rede ist, ist nicht eine isolierte, zeitlich begrenzte Handlung in einem Moment normal ausgeprägter Wut gemeint, die keine oder wenig Spuren beim Kind hinterlassen wird. Vielmehr handelt es sich um ein immer wiederkehrendes Verhalten, das ein Kind für immer prägt.

Gewiss ist der Begriff Misshandlung zu einem nicht unwesentlichen Teil auch eine Frage der individuellen oder kollektiven Subjektivität. Man darf nicht vergessen, dass er sich von Gesellschaft zu Gesellschaft, von Volk zu Volk und quer durch die Epochen wandelt. Tatsache ist, dass Gewalt uns berührt, je näher sie an uns herankommt. Kinderarbeit, die gleichbedeutend ist mit Sklaverei, oder Gewalt, die im Namen fanatischer Glaubenspraktiken an Mädchen verübt wird, rückt erst allmählich ins Zentrum unseres Interesses. Die größte Ungerechtigkeit aber liegt in der heimlichen Gewalttätigkeit, über die die Betroffenen, wenn überhaupt, erst als Erwachsene sprechen können. Für väterliche Gewalt gibt es vermutlich viele Ursachen: ein besonders ungünstiger familiärer, wirtschaftlicher oder sozialer Kontext, der Vorrang des Erzieherischen gegenüber dem Emotionalen, die Infragestellung der elterlichen Rollen, die klassische Wiederholung über Generationen hinweg, die es mit sich

bringt, dass gewalttätige Väter oft selbst Opfer von Miss-
handlungen waren.

Manchen Mädchen, die misshandelt oder missbraucht
wurden, gelingt es, später ein zufrieden stellendes Leben zu
führen. Eines aber muss unmissverständlich klar gemacht
werden: Zwar mag es Erklärungen für väterliche Gewalt geben, aber es gibt auch keine Zwangsläufigkeit dafür; deshalb darf es auch keinerlei Toleranz geben.

Vom Inzestuellen zum Inzestuösen

In der Regel lieben Väter ihre Töchter, wie wir gesehen
haben, und dieses Gefühl, das Körper und Geist erfasst,
kann vielfältige Formen annehmen, von Zuneigung bis Leidenschaft, von Zärtlichkeit bis Sinnlichkeit, und sich klar
definierten Grenzen entziehen. Zu Recht aber heißt es bei
Catherine Mathelin: »Ein Vater darf seine Tochter nicht verführen, auf welche Weise auch immer. Er hat sie, ohne
irgendetwas zu tun, ohnehin schon verführt. Er muss ihr
sagen, dass sie verführerisch ist, darf aber nicht versuchen,
ihr zu gefallen.«[19]

Väterliche Störungen

Charles Lutwidge Dodgson alias Lewis Carroll ist nie Vater
gewesen; fest steht jedoch, dass der Autor von *Alice im Wunderland* mit seinem Interesse für kleine Mädchen heute einige Fragen aufgeworfen hätte. Jackie Wullschläger schreibt,
seine Freundschaften seien »über jeden Zweifel erhaben gewesen. Als guter Viktorianer (er ist 1832 geboren) war der
ledige, schüchterne, originelle und diskrete Akademiker
überzeugt, die Verbindung zur Kindheit bilde Geist und
Seele [...]. In unserer postfreudianischen Zeit ist es jedoch
fast unmöglich, aus den Tausenden Briefen, die er [an kleine
Mädchen] schrieb, nicht eine versteckte Sinnlichkeit he-
rauszulesen. 1877 vermerkte er in seinem Tagebuch, er habe

›das schönste Mädchen überhaupt gesehen, als Scheren-schnitt. Am liebsten würde man sie hundertfach fotogra-fieren.‹«²⁰ Man muss kein Vater sein, um zu sehen, dass Lewis Carroll ähnlich irritiert war, wie manche Väter es sein mögen.

Bertrand erhofft sich Hilfe für seine Tochter. Die 12-jäh-rige Julie erträgt kaum noch den Alltag mit ihrer Mutter, von der Bertrand seit vier Jahren geschieden ist. Julie gibt das ohne weiteres auch zu: Mit ihrer Mutter gerät sie über fast alles in heftigen Streit. Das Essen, ihr Körpergewicht, wie oft und mit wem sie weggeht, der Freund, die Schulnoten, die Ferien – jeder Vorwand ist recht. Die Mutter ist am Ende, und Bertrand würde gern etwas tun, aber was? Ich frage ihn, ob Julie nicht eine Zeit lang bei ihm leben möchte, wie das in solchen Situationen manchmal gehandhabt wird. Er ant-wortet brüsk, dass er seine Tochter liebe und sie grundsätz-lich auch bei ihm sein könne, dass er das aber nicht wolle. Er ist der Ansicht, seine Ex-Frau habe Julie zu viele Freiheiten gelassen und sei nun auch für deren übergroßen Selbstbe-hauptungswillen verantwortlich. Dann sagt er plötzlich, ohne erkennbaren Zusammenhang zu dem zuvor Gesagten, er wolle, dass ich seiner Tochter helfe, damit aus ihr keine »Modetussi« werde. Dieser unerwartete Einwurf ist ein wirklicher Hilfeschrei. Jenseits einer Befürchtung, die ihn scheinbar nichts angeht, ist dieser Vater offenkundig durch seine Tochter verwirrt. Ob sie das weiß? Julie ist vor allem gerührt, weil ihr Vater ihr gegenüber so aufrichtig und liebe-voll ist. Es geht ihr zu Herzen, dass er sie so gut zu kennen scheint, vor allem, als er sagt, dass sich hinter ihrem bis-weilen allzu heftigen Verhalten und einem scheinbar starken Charakter eine große Sensibilität verbirgt. Da hört sie ihm sehr aufmerksam zu, macht ein nachdenkliches Gesicht und ist sichtlich bewegt. Hier geschieht etwas, das manche als inzestuell bezeichnen, im Unterschied zu eindeutig inzes-tuösen Situationen, die auf eine Fantasie oder eine anzügliche Vorstellung zurückgehen, die gleich wieder verdrängt wird, sobald sie auftaucht.

Was genau geschieht zwischen Camille Claudel und ihrem Vater, wenn es sich so zugetragen hat wie bei Anne Delbée geschildert? Als die 13-jährige Camille ihrem Vater entschlossen verkündet, sie wolle Bildhauerin werden, steht sie aufrecht vor ihm. Er umfasst ihre Taille; Zärtlichkeit überkommt ihn. Seine Tochter ist groß für ihr Alter, also steht auch er auf und drückt sie an sich. Er spürt den schon fraulichen Körper und nimmt ihren Kopf in beide Hände. »Was für eine schöne Frau aus ihr wird!« Er blickt auf ihren großen Mund mit dem verächtlichen Zug. Ihre Wangen glühen. Es herrscht drückendes Schweigen in der Küche. Beide sehen sich an ...«[21] Im Nachhinein ist es leicht, Camille Claudels Leidenschaft für Auguste Rodin, der kaum älter war als ihr Vater, und ihre Einweisung in die Psychiatrie von Ville Évrard am 10. März 1913, eine Woche nach dessen Tod, zu deuten.

Psychologen bezeichnen solche Situationen als »inzestuell«, da von ihnen eine nicht eindeutige Gefahr ausgeht, die sich auf diese oder jene Art interpretieren lässt oder kontextabhängig ist. Ganz anders verhält es sich dagegen mit dem tatsächlichen Inzest.

Ein Vater mag durch seine Tochter verwirrt sein – welcher Vater könnte von sich behaupten, das sei ihm noch nie so ergangen? Doch auch wenn der Zustand des Verwirrtseins nicht mit der eigentlichen Handlung gleichzusetzen ist, gibt es unter Umständen doch den Übergang vom einen zum anderen, oder, noch gefährlicher, es kommt zur inzestuösen Handlung ohne eine entsprechende Gefühlsverwirrung.

Der tatsächliche Inzest stellt die schlimmste Gewaltanwendung eines Vaters gegenüber seiner Tochter dar. Das damit verbundene Trauma gerät nie in Vergessenheit. Inzestgewalt gehört zu dem, was für die menschliche Psyche unvertretbar ist, und zwar von Natur aus, denn der Mensch ist so veranlagt, dass er bestimmte Ereignisse, Situationen oder Beziehungen psychisch nicht vertreten kann.

Die Abscheulichkeit des Inzests

Muss man noch erwähnen, dass es sich beim Inzest, der »Perversion par excellence«[22], um ein Verbrechen handelt, das in den allermeisten Fällen Vätern an Töchtern verüben?[23] Die Wirklichkeit lehrt uns, dass diese kriminelle Handlung in der Vergangenheit wie in der Gegenwart häufig kaschiert und verschwiegen wurde und wird. Verschwiegen natürlich vom Mann, häufig auch vom betroffenen Mädchen und in etlichen Fällen sogar von der Mutter. Beim Mädchen kann das Schweigen über viele Jahre andauern. Sie wird oft nach geeigneten Worten suchen, um das Geschehene zu beschreiben. Ihr Verletztsein kann sich auf verschiedene Weise äußern, doch was sie am liebsten herausschreien würde, bleibt unausgesprochen.

Heutzutage weiß man, dass Depressionen bei heranwachsenden oder jungen Frauen, Selbstmordversuche und pathologisches Essverhalten (Anorexie oder Bulimie) Ausdruck einer solch massiven Verwundung sein können, die nicht heilt. In anderen Fällen treiben Rachegefühle und ein ausgeprägter Lebensdrang die Mädchen oder Frauen zu gewalttätigen oder extremen Verhaltensweisen gegenüber Männern.

Das Schweigen brechen

Über die Jahrhunderte wurde Inzest lange als mehr oder weniger tolerierte Grenzüberschreitung betrachtet und vor allem weitestgehend verheimlicht. In Abhandlungen zur Strafgerichtsbarkeit im Ancien régime wurden Inzest und Vergewaltigung als strafwürdig erachtet, aber nur in einer verschwindend geringen Zahl von Fällen kam es auch zu einer Verurteilung. Das ist so in einer Gesellschaft, die traditionell physische Gewalt toleriert, in der Schande droht, die zum Schweigen nötigt, und entsprechende medizinische Gutachten unzulänglich sind.

Wenn dieses Tabu zu erdrückend und das Leiden übergroß wird, sucht das betroffene Mädchen in seinem Umfeld nach jemandem, dem es sich anvertrauen kann: die Mutter, eine Schwester oder Cousine (die ihr manchmal gesteht, dasselbe durchgemacht zu haben), eine Ärztin, ein Richter, eine Psychologin, ein Sozialhelfer, vor allem auch der Freund, zu dem sie genügend Vertrauen haben kann.

Die Misshandlung als solche erkennen

Misshandelte Kinder zeigen ihre Eltern seltener an, als man meinen möchte. Ob es sich um physische Qualen, schwere Vernachlässigung, sexuellen Missbrauch oder psychische Gewalt handelt, was oft auch ineinander greift – bestimmte Indizien sollten Alarmsignale für das Umfeld sein.

Auffällige Verhaltensweisen

Meistens ist schon die Ausdrucksweise der Eltern, insbesondere die des Vaters, verräterisch, wenn er seine Tochter nicht beim Namen nennt, sondern mit »die« und »sie« tituliert: »Sie sagt keinen Ton und heult die ganze Zeit, ich frage mich, ob das überhaupt meine Tochter ist.« In Anwesenheit des Vaters ist das Kind oft still und rührt sich nicht; sieht man es allein, ist es dagegen lebhaft, es sei denn, es ist durch die väterliche Gewalt seelisch schon gebrochen. Dann verkriecht es sich in einer Ecke und verfolgt mit starrem Körper jede Bewegung der Erwachsenen.

Kleinere Kinder setzen erlebte Gewalt oft im Spiel um oder malen ein misshandeltes Kind. Ein etwas älteres Mädchen mag so wirken, als habe sie sich mit dem Familienwahnsinn abgefunden, oder sie spricht in einem vertraulichen Moment mit einem Dritten, was sie dann unter Umständen aber auch wieder bereut.

Die Sprache des Kindes

Im besonderen Fall des sexuellen Missbrauchs und insbesondere von Inzest, der äußerlich nicht unbedingt erkennbar ist und zum Teil selbst von der Mutter nicht verbalisiert wird, muss man sich im Großen und Ganzen an Äußerungen des Kindes oder der Jugendlichen halten, die oft mit starker zeitlicher Verzögerung aufkommen. Wenn bei einem Mädchen Magersucht diagnostiziert wird oder wenn es weggelaufen ist oder einen Selbstmordversuch unternommen hat, ist man oft zum ersten Mal mit der Enthüllung eines früheren Missbrauchs konfrontiert.

Sowohl im Falle körperlicher wie auch sexueller Gewalt kann dieser erst mit Gewissheit festgestellt werden, wenn man Fachleute zu Rate gezogen hat: den Kinderarzt, Radiologen, Gynäkologen, Psychologen, Sozialhelfer, Lehrer, Richter usw.

Heute weiß man, wie wichtig Äußerungen des Kindes sind, aber man weiß auch, dass Vorsicht geboten ist, denn immer mehr Kinder und Jugendliche behaupten, Opfer physischer und/oder sexueller Gewalt zu sein, vor allem im Zusammenhang mit der Trennung der Eltern.

Es gibt eine Reihe von Hinweisen, die man ernst nehmen muss, was jedoch nicht heißt, dass Äußerungen des Kindes immer auch der Wahrheit entsprechen. In der Regel verschanzt sich ein misshandeltes Kind in seiner Familie oder in einer Betreuungseinrichtung hinter einer Mauer des Schweigens, aus Angst oder Scham, und redet nicht freiwillig. Fest steht jedoch, dass jedes Mädchen, das behauptet, misshandelt worden zu sein, leidet und Hilfe braucht.

Kapitel IV
Glück und Unglück in der Liebe

Die Beziehung zum Vater soll den Töchtern Halt geben und die Grundlage für ein möglichst glückliches Leben schaffen, vor allem im Hinblick auf ihre spätere Beziehung zu Männern. Genauso gilt jedoch, dass dafür das Verhältnis zwischen Vater und Tochter nicht allein ausschlaggebend ist und eine Frau durchaus auch mit einem Mann glücklich sein kann, der ihre Loslösung aus einer komplizierten Vaterbindung bewirkt. Jede Form von absolutem Determinismus, wonach ein unglückliches Verhältnis zum Vater zwangsläufig Schwierigkeiten mit dem Partner oder im sonstigen Leben nach sich zieht, wäre eine grobe Vereinfachung: Der frühe Tod des Vaters kann genau so gut bewirken, dass ein Mädchen nach Erfolg strebt. Die mittlerweile 90-jährige, große französische Hellenistin Jacqueline Romilly, Mitglied der Académie française und die erste Frau, die im Collège de France unterrichtete, hat kürzlich versichert, sie verdanke ihre Liebe zur griechischen Sprache ihrer Mutter, ihre Energie und ihren Optimismus jedoch ihrem Vater, der im Ersten Weltkrieg umkam, als sie ein Jahr alt war.[1]

Ausgehend von meinen beruflichen Erfahrungen bleibe ich jedoch dabei, dass es manchen Mädchen und Frauen wegen ihrer komplizierten Vaterbeziehung so schwer fällt, in der Liebe glücklich zu sein – weil sie entweder nicht den richtigen Mann treffen oder ihren Mann systematisch bemuttern oder einen Vaterersatz suchen. Unabhängig davon, wie diese Konstellationen im Einzelnen gewichtet sind, lassen sie sich alle auf die grundlegende Frage zurückführen: Warum sollte eine Tochter in der Liebe unglücklich sein, wenn nicht wegen ihres Vaters? Anders gefragt: Wie kann sie den Mann finden, der nicht ein Abbild des Vaters ist? Wie stellt sie es an, dass sie ihr Leben nicht mit der Suche nach dem idealen Mann zubringt? Wie schafft sie es, sich nicht ausgerechnet den Mann auszusuchen, der nie Zeit für sie hat oder eine andere liebt oder sie unglücklich macht?

Wenn Frauen nicht lieben oder verführen können

Eine Frau kann einen Mann verführen, ohne es zu wollen; sie kann ohne Erfolg verführen wollen oder aber mit Erfolg verführen. Was es mit den Verführungskünsten genau auf sich hat, bleibt letztlich ein Rätsel. Man kennt aber vermutlich eher einige der Ursachen dafür, dass eine Frau darunter leidet, nicht erfolgreich verführen zu können. Mindestens drei davon haben mit ihrer Vaterbeziehung zu tun: Wenn sie nämlich den Wunsch des Vaters nach einem Sohn verinnerlicht hat und unbewusst diese Rolle spielt, wenn sie Angst vor ihrer Weiblichkeit hat oder wenn sie das Verhältnis zum Vater idealisiert.

Mehrfach haben mir Frauen erklärt, sie litten darunter, Männer nicht verführen zu können, und auch den Grund dafür kennen: Sie seien nämlich ein »verhinderter Junge«. Sie hätten viele Freunde und fühlten sich unter Männern wohl, und das schon seit ihrer Kindheit; aber wenn ihnen ein Junge gefalle, hörten sie oft den fatalen Satz: »Für mich bist du wie eine Schwester ... Oder eher noch wie ein Bruder.« Sie hatten auch mehrere Erklärungen dafür, warum sie so wirken; der Hauptgrund aber sei, dass der Vater sich eigentlich einen Jungen gewünscht habe.

Viele Frauen begeben sich in Therapie, weil sie darunter leiden, dass ihre Beziehungen immer wieder scheitern. Sie haben sich noch nie richtig in einen Mann verliebt oder unter dem Eindruck ihrer unglücklichen Liebesbeziehungen nach und nach erkannt, was sie tatsächlich daran hindert, zu bekommen, was sie wollen. Die von ihnen am häufigsten genannte Ursache ist eine überaus komplizierte Vaterbeziehung. Entweder sind sie automatisch immer wieder in die Opferrolle geschlüpft, weil sie unbewusst ständig auf der Suche nach der Liebe und Wertschätzung ihres Vaters waren. Oder sie haben, in einem bewussteren Prozess, nie einen Mann gefunden, der ihnen gut genug war, wobei sie auch hier zu dem Schluss kommen, was ihnen zuvor nicht bewusst war, dass nämlich ihr männliches Ideal ein Hinweis darauf war, dass sie nach einem Mann Ausschau hielten, der genau die Eigenschaften ihres Vaters haben beziehungsweise ihrem Vater genehm sein sollte. So haben sie ihren Vater nie wirklich abgeschrieben.

Dafür gibt es mehrere Erklärungen. Manchmal ist der Vater tatsächlich früh verstorben, und das Mädchen kann sich nicht von seinem Bild lösen und dadurch auch für keinen anderen Mann öffnen. Umgekehrt gibt es Väter, die ihre Tochter zu sehr lieben und in ihr das unauslöschliche Bedürfnis wecken, eine ebenso bedingungslose Liebe wieder zu finden. Andere haben der Tochter durch ihre Ablehnung der Mutter Angst vor Männern und insbesondere vor jedem Mann vermittelt, mit dem sie eine Liebesbeziehung eingehen könnten. Eine weitere mögliche Konstellation ist die einer Tochter, die sich im verschärften Konflikt mit ihrem Vater befindet und tief im Innern das Bedürfnis hat, mit ihm Frieden zu schließen, was sie daran hindert, mit sich selbst und ihren Wünschen nach Wohlbefinden und persönlichem Glück Frieden zu schließen. All diese Konstellationen, so unterschiedlich sie auch sein mögen, zeigen jedenfalls, dass die Beziehung zum Vater prägend für die Liebesbeziehungen der Tochter ist.

Eine unmögliche Begegnung

Catherine ist jetzt 32 Jahre alt. Seit zwei Jahren lebt sie allein, doch ist ihr die Ablösung vom Elternhaus sehr schwer gefallen. Sie ist die einzige Tochter eines Ehepaares, das sich allem Anschein nach nie gut verstanden hat. Ihre Eltern entstammen zwei Kulturkreisen; die Großmutter väterlicherseits hat die Ehe ihres Sohnes mit Catherines Mutter nie akzeptiert. Ihr Vater wiederum scheint sich nie von seiner Mutter gelöst zu haben, die kurz nach der Geburt ihrer beiden Söhne Witwe geworden war. Egoistisch, wie Catherine sagt, habe er zunächst gegenüber seiner jungen Frau die Präsenz der Schwiegermutter durchgesetzt, indem er materielle und finanzielle Vorteile für die gemeinsame Tochter ins Feld führte. Als er dann mit dem ständigen Konflikt zwischen seiner Mutter und seiner Frau konfrontiert war – an den sich auch Catherine noch gut erinnern kann, obwohl sie damals erst fünf oder sechs Jahre alt war –, kam es zur räumlichen Trennung von der Mutter, die er jedoch nach wie vor täglich sah. Das zumindest berichtet Catherine, die die bevorzugte Vertraute des Vaters wurde, der sie nach ihrem Empfinden über alles geliebt hat. Als sie in der Pubertät war, habe sich der Konflikt zwischen ihrer Mutter und ihrem Vater verschärft, und sie erinnert sich vor allem, ständig Angst gehabt zu haben, ihre Eltern würden sich trennen. Catherine erinnert sich auch, dass ihr Vater ihrer Mutter paradoxerweise Eifersuchtsszenen gemacht hat, obwohl er der Beziehung zu seiner Mutter den Vorzug zu geben schien. Diese elterlichen Konflikte und die damit verbundenen Ängste haben Catherine, wie sie sagt, ihrer »Kindheit beraubt«. Sie war immer schüchtern, gab sich in der Schule viel Mühe, aber ohne besonderen Erfolg, ging wenig weg und hatte fast keine Freunde, mit Ausnahme eines Mädchens, das sie noch immer als ihre beste Freundin betrachtet. Nach dem Abitur traute sich die intelligente junge

Frau nicht, ein Studium zu beginnen, was eigentlich ihr Wunsch gewesen wäre, weil sie Angst hatte, zu weit weg von ihren Eltern zu sein. Stattdessen machte sie eine Sekretärinnenausbildung und arbeitet auch gern und mit Erfolg in diesem Beruf. In der Tat wirkt sie ausgesprochen loyal und kompetent. Manchmal kreide man ihr mangelnde Initiative an, doch werde sie auch dafür gelobt, dass sie nie Fehler mache. Als sie 23 war, hat sie sich in den Bruder ihrer besten Freundin verliebt. Es war lange Zeit eine platonische Verbindung, weil der junge Mann es mit einer festen Bindung nicht eilig hatte. Im Laufe der Zeit habe sich, mit Hilfe ihres Vaters, wie sie sagt, langsam eine Beziehung entwickelt, so dass Catherine nach einer fünfjährigen »Annäherung« ihre erste sexuelle Beziehung hatte. Ein Jahr später haben sich die beiden eine kleine Wohnung genommen, die ihren Eltern gehörte und auch ganz in der Nähe ihres Elternhauses lag. Sehr schnell war sie von ihrem egoistischen und sehr eifersüchtigen Freund enttäuscht, an dem sie diese Eigenschaften zuvor nicht wahrgenommen hatte. Nach einem Jahr des Zusammenlebens gingen sie wieder auseinander. Anscheinend haben ihre Eltern und vor allem ihr Vater diese Entscheidung mitgetragen. Sie sagt, wie erleichtert sie über die Reaktion des Vaters war, die sie gefürchtet habe, und wie sehr er ihr auch finanziell behilflich gewesen sei. Sie glaube, dass sie auf solche Männer nicht mehr hereinfallen wird. Unweigerlich denke ich an die von ihr beschriebenen Charaktereigenschaften sowohl des Vaters als auch des jungen Mannes: Egoismus und übermäßige Eifersucht. Als ich sie im geeigneten Moment darauf anspreche, ist sie nicht verwundert, sondern sagt vielmehr: »Ich weiß nicht, ob ich irgendwann ohne meinen Vater auskomme.«

Drohender Inzest hinter dem Schutzwall
der Schüchternheit

Hortense war immer schon ein zurückhaltendes Mädchen und ist mit den Jahren immer schüchterner geworden. Es schien, als habe sie einen zu engen Kontakt zur Mutter gehabt, einer anspruchsvollen Frau, die wohl unglücklich und mit ihrem Leben unzufrieden war. Ihr Vater, ein Handelsingenieur, machte dagegen den Eindruck eines aktiven, extrovertierten und stets gut gelaunten Mannes. Es lag nahe, die Verantwortung für Hortenses übermäßige Schüchternheit bei der Mutter zu suchen.

Im Laufe der Therapie kam jedoch die versteckte Seite dessen ans Licht, womit das Mädchen konfrontiert gewesen war. Neben ihrer Schüchternheit litt Hortense unter einer übermäßigen Eifersucht gegenüber gleichaltrigen Mädchen. Diese Eifersucht ließ auch dann nicht nach, als sie bereits eine junge Frau war. Obwohl sie mit ihrer besten Freundin engen Kontakt hatte, war sie überaus eifersüchtig auf deren Beziehungen zu Männern. Auch bei ihrer Arbeitsstelle reagierte sie extrem empfindlich auf Komplimente, die ihr Vorgesetzter etwa einer neuen Kollegin machte. Hortense war sich ihrer Schwierigkeiten im Umgang mit Männern bewusst. Wie eine Märchenfigur war sie auf der Suche nach dem Märchenprinzen, der auf seinem schönen Schimmel mit ihr fortreiten würde. Als intelligente und sensible Frau war sie sich völlig darüber im Klaren, dass sie unerfüllbare Erwartungen hatte; sie wusste auch, dass sie selbst zu zurückhaltend war, umgekehrt aber wollte, dass ein Mann auf sie zukäme. Sie litt so sehr, dass sie zeitweise nicht mehr wusste, wer sie war und ob sie nicht verrückt sei. Um sich von diesen Wahnvorstellungen zu befreien und ihre Passivität abzulegen, die sie selbst für krankhaft hielt, verordnete sie sich über mehrere Jahre eine Art Selbsttherapie und spielte in einer Theatergruppe. Das machte ihr zwar Spaß, befreite sie aber nicht von dem, worunter sie litt. Daraufhin beschloss sie, eine Analyse zu machen. Natürlich zeigte sich auch hier wieder ihre Schüchternheit, zumal sie es bei mir mit einem Mann zu tun hatte. Da ihre größten Probleme jedoch in der Beziehung zu Männern lagen, ließ die »neutralere« Situation im Rahmen der Therapie hoffen, dass sie darüber würde sprechen können.

Es dauerte eine geraume Zeit, bis sie ihre Geschichte rekonstruieren konnte und feststellte, wie sehr das Verhalten und die Worte ihres Vaters sie geprägt hatten. Als einziges Mädchen ging sie ganz selbstverständlich davon aus, dass ihr Vater sie abgöttisch liebte. Diese Liebe aber war ihr mit der Zeit immer unangenehmer geworden. Sie erinnerte sich an einen Satz, der sie sehr schockierte, als sie noch ein Kind war. Bei einer der vielen Streitereien zwischen ihren Eltern hatte er, nachdem die Mutter den Raum verlassen hatte, mit einem Blick, der sie peinlich berührte, zu ihr gesagt: »Wenn du groß bist, kannst ja du meine Frau werden.« Vielleicht hatte ihr Vater den Satz nicht einmal in unguter Absicht formuliert, aber Hortense hatte ihn nicht erfunden und verband ihn vor allem mit einem Blick, der ihm eine ganz andere Bedeutung gab. Sie hatte seither immer wieder daran gedacht. Ihre Mutter hatte ihr außerdem erzählt, dass sie während ihrer Kindheit lange sehr schlecht geschlafen und Alpträume gehabt habe. Hortense glaubte nun, dass ihre Alpträume und die Schlafstörungen mit dieser Äußerung ihres Vaters zusammenhingen. Sie fühlte sich lange hin- und hergerissen zwischen der Bewunderung und Zuneigung, die sie für ihn empfand, und ihrer Befangenheit.

Während der Pubertät kam es zu einem anderen Vorfall, den sich Hortense erst im Nachhinein wirklich erklären konnte. Obwohl sie immer sehr schüchtern gewesen war, hatte sie sich in einen Jungen verliebt, der sie zwang, Sex mit ihm zu haben. Seitdem verabscheute sie Männer, schämte sich jedoch auch ihrer selbst, weil sie so passiv gewesen war – was sie sich zum einen durch ihr Verlangen und den Genuss erklärte, den sie dabei verspürt hatte, und zum andern durch ihren Eindruck, sich der Gewalt des anderen gefügt zu haben.

Als sie den Zusammenhang herstellen konnte zwischen dem, was die Bemerkung und der Blick des Vaters in ihr ausgelöst hatten, und den Gefühlen, die das traumatisierende Erlebnis in ihrer Jugend ausgelöst hatte, konnte sie auch ihre Wut gegenüber Männern verbalisieren. Sie verstand, warum sie so extrem eifersüchtig war und was durch ihre übermäßige Schüchternheit unterdrückt wurde: alle heftigen Gefühle gegenüber Männern. Nach und nach gestand sie sich zu, einen, zwei, drei Männer zu treffen, an denen sie ganz bewusst ihre Fähigkeit erprobte, sich selbst als dominant und nicht länger als die Dominierte zu fühlen. Sie war sich bewusst, dass sie diese jungen Männer als Testpersonen benutzte und sich zweifellos dafür rächte, was sie selbst erlitten hatte. Gleichzeitig konnte sie sich konkret und auch emotional von ihren Eltern und vor allem von ihrem Vater lösen. Ihm zu sagen, wie sehr er ihrem Empfinden nach die Entwicklung ihrer Persönlichkeit und vor allem ihrer Weiblichkeit beeinträchtigt hatte, hat sie sich nie getraut. Aber sie konnte ihm, ohne Schuldgefühle zu haben, sagen, wie sehr sie unter den heftigen Streitereien in ihrer Kindheit gelitten hatte, für die sie vor allem ihren Vater verantwortlich machte. Er schenkte ihren Vorwürfen allem Anschein nach auch Gehör und gab ihr nicht das Gefühl, dass er sie für ungerechtfertigt halte. Hortense fühlte sich befreit und fand kurze Zeit später auch endlich einen Mann, mit dem sie glücklich ist.

Vom abwesenden Vater zum gestörten Verhältnis zu Männern

Das tragische Schicksal der Schauspielerin Marilyn Monroe hat Kinogeschichte geschrieben und auch die Psychoanalyse beschäftigt.[2] Der legendäre Star hätte, gleich Eva, Zirze, Dalila oder Salome, als Prototyp der *femme fatale* durchgehen können, als »zentrale Figur abgründiger Geschichten, in denen Männer den Hexereien einer Verführerin erliegen«.[3] Monroes Biografen sind sich mit ihrem Analytiker jedoch einig, dass sie enorme Verlassenheitsgefühle hatte und ihre Trauer darüber, den Vater nicht gekannt zu haben, riesengroß war – *My Heart Belongs to Daddy* (»Mein Herz gehört Daddy«) war eines ihrer berühmtesten Lieder. In seiner Biografie über die Monroe schreibt Donald Spoto: »›Sie redete mehr über ihren Vater als über irgendjemanden sonst aus ihrer Kindheit‹, wie später ein enger Freund von ihr sagte. ›Sie erinnerte sich an ihre Mutter, aber eher ungerührt. Ihr Vater dagegen fehlte ihr über alle Maßen.‹«[4] In dem Film *Nicht gesellschaftsfähig* von John Huston war der berühmte Clark Gable ihr Partner, über den sie sich wie folgt geäußert haben soll: »Ich hätte mir gewünscht, er wäre mein Vater gewesen und hätte mir den Hintern versohlt, so oft er wollte, wenn er mich nur an sich gedrückt und mir gesagt hätte, dass ich seine geliebte kleine Tochter bin.«[5] In verschiedenen Phasen ihres Lebens brachte sie frei erfundene und widersprüchliche Versionen über den Namen und die Person ihres Vaters in Umlauf und konstruierte sich auf diese Weise ihre Herkunft. Susan Doll schreibt in einem der Monroe gewidmeten Buch: »Unmittelbar vor ihrem Tod 1962 füllte Marilyn im Beisein ihrer Sekretärin ein offizielles Formular aus; diese sah, wie der melancholische Star verbittert ›unbekannt‹ in die mit ›Vater‹ überschriebene Spalte kritzelte.«[6] Marilyn Monroes Beziehungen zu Männern belegen, sofern es eines Nachweises noch bedarf, wie

153

unglücklich die Vaterbeziehung eine Tochter machen kann, vor allem, wenn sie ein Leben lang nach einem Ersatzvater sucht. Michel Schneider hat es Marilyn in seinem Roman so in den Mund gelegt: »Mein Lieblingssatz über meine Erfahrungen mit Männern ist, dass sie nur selten da sind.« Oder: »Ich hatte Lehrer […], Menschen, die ich bewundert habe, aber niemanden, dem ich ähnlich sein konnte. Ich habe mich immer als Nicht-Person empfunden, und die einzige Art, jemand zu sein, war vermutlich, jemand anderes zu sein. Das war auch der Grund, weshalb ich spielen wollte und Schauspielerin geworden bin.«[7]

Die Geschichte Marilyn Monroes besitzt die spektakuläre Dimension eines Lebens in der Öffentlichkeit, eines Lebens mit extremem Verlauf zudem – im Gegensatz zu den nun folgenden Geschichten zweier junger Frauen, die jedoch die These bestätigen, dass die Abwesenheit des Vaters in der Kindheit die spätere Beziehung zu einem Mann erschwert.

Eine unstillbare Neugier

Carolines Vater hat die Familie verlassen, als sie zweieinhalb war: »Immerhin zweieinhalb Jahre mit ihm«, wie sie es spontan kommentiert. Sie hat mich aufgesucht, weil sie sehr eifersüchtig ist. Sie meint, sie müsse ihrem Mann ständig hinterher spionieren, ihn fragen, wo er tagsüber war, sein Handy kontrollieren usw. Sie gibt sogar zu, dass sie regelmäßig seine Taschen durchsieht. Nie hat sie irgendeinen Hinweis darauf gefunden, dass ihr Mann sie betrügen oder ihr etwas verheimlichen würde, aber ihre Eifersucht lässt sie nicht los. Sie verspürt den Wunsch, ihm etwas heimzuzahlen, aber sie weiß nicht, was. Nach und nach wird ihr klar, dass ihr Verhalten vermutlich mit ihrem Vater und mit der Tatsache zu tun hat, dass dieser die Familie verlassen hat. Ganz allmählich macht sie jedoch noch eine andere Entdeckung. In ihr wächst die Überzeugung, dass ihr Verhalten auch auf einen ganz tief empfunden Wunsch zurückgeht, der sie selbst erstaunt: Sie will das Geheimnis der Männlichkeit ergründen. Sie glaubt, dass nichts ihren Wissensdurst danach, was ihr Mann und darüber hinaus alle Männer empfinden, stillen kann. Mit einem Mal begreift sie, dass dieses Verlangen vermutlich mit einem Satz zusammenhängt, den ihre Mutter häufig zu ihr gesagt hat: »Die Jungen bleiben beim Vater und die Mädchen bei der Mutter.« Womit die Mutter ihr sicherlich die Tatsache erleichtern wollte, dass sie sie allein aufzog. Für Caroline aber wurde dadurch erst recht ihre Neugierde auf die männliche Welt geweckt, zu der die Abwesenheit des Vaters in besonderer Weise beigetragen hatte.

Der »Vater im Herzen«

Vordergründig macht Judith eine Therapie, weil sie wegen ihres Übergewichts Komplexe hat. Die junge Frau kann sich gut und emotional adäquat artikulieren. Seit einem Jahr studiert sie in Paris Architektur, was sie in ihrer Heimatstadt nicht gekonnt hätte. Gewichtsprobleme hat sie seit ihrer Pubertät; es begann mit leichten Anfällen von Bulimie, die jedoch keine Essstörung an sich waren und trotz einiger Diäten immer wieder auftraten. Sie sagt mir auf Anhieb, sie glaube, ihre Probleme seien »psychisch«. Ich bitte sie, mir zu erklären, was sie zu dieser Annahme bewegt. Sie sagt, ihre Eltern hätten sich getrennt, als sie noch klein war. Mit ihrer Mutter habe sie sich nie sonderlich gut verstanden, wohl aber mit ihrem Stiefvater, zu dem das Verhältnis sehr gut sei. Sie hat einen älteren Bruder, der sehr früh von zu Hause weggegangen ist, um im Ausland zu studieren. Ich erkundige mich nach ihrem Vater. Zuerst sagt sie, sie kenne ihn nicht, er habe sich nie bei ihr gemeldet. Da das Problem für sie längst überwunden scheint, bin ich erstaunt, als ich Tränen über ihre Wangen laufen sehe, und spreche sie darauf an. Äußerst bewegt sagt sie mir daraufhin, sie sei nach Paris gegangen, um ihren Vater wieder zu finden. Sie hoffe, dass er immer noch hier lebe. Schon vor einigen Jahren habe sie in einer Schublade der Mutter einen Brief mit dem Stempel eines Pariser Arrondissements gefunden. Heimlich habe sie wie eine Privatdetektivin seine Adresse ausfindig gemacht. Bis zuletzt ist Judith aufgewühlt und sagt mir schließlich:»Mein Stiefvater ist mein Vater, aber mein Vater ist der › Vater im Herzen‹«.

Judith hat ihren Vater noch während der Therapie wieder gefunden. Von der Begegnung ist sie enttäuscht. Ihr Vater entspricht nicht dem idealisierten Bild, das sie sich von ihm gemacht hatte. Dass sie die Verbindung zu ihrer Familie väterlicherseits und vor allem zu ihrem Großvater hergestellt hat, empfindet sie jedoch als Erleichterung. Ihrer Mutter und ihrem Stiefvater davon zu berichten fällt ihr schwer; vor allem den Stiefvater will sie nicht verletzen. Ihre Ess- und Gewichtsprobleme lassen deutlich nach. Vor allem aber begegnet sie einem jungen Mann, in den sie sich verliebt, was zuvor noch nie der Fall gewesen ist. Judiths Kommentar dazu:»Man kann eben nicht mehrere Männer auf einmal lieben.«

Wenn ein Vater immer unzufrieden ist

Viele Frauen suchen im Leben nach einem Mann, der sie um ihrer selbst willen liebt, sie nicht erniedrigt, ihr nicht ständig sagt, was sie zu tun hat, sie nicht geringschätzig behandelt und vor anderen bloßstellt. Das entspricht im Wesentlichen auch dem, was eine Tochter von ihrem Vater erwartet. Hat sie es bei ihm nicht gefunden, läuft sie Gefahr, dem Bild von einem idealen Mann hinterherzulaufen, das ihrem innersten Empfinden nach dem Vater entspricht, den sie sich gewünscht hätte. Jeder wird zugeben, dass dieser ideale Mann

ein seltenes Exemplar ist, zumal in der Funktion des Ehe-
gatten. Die Suche nach diesem Mann ist also eher eine
Sache der Fantasie. Frei und glücklich wird man nur, indem
man akzeptiert, dass man selbst nicht perfekt ist und dies
dem anderen ebenfalls zugesteht.

Ein Mädchen, das diese Eigenschaften beim Vater nicht
gefunden hat, sucht sie unter Umständen verzweifelt bei den
Männern, denen sie begegnet. Zu den Widersprüchen des
menschlichen Daseins gehört es, dass manche Frauen, wenn
sie bei einem Mann bewusst nach diesen Eigenschaften
suchen, ganz unbewusst auf Männer treffen, die letztlich
dieselben Fehler haben wie ihre Väter. Diese Situation ist die
Ursache für viele Trennungen und Scheidungen.

Wenn der Mann bemuttert wird

Scheinbar bemuttern Frauen Männer gern; das jedenfalls
wurde ihnen im Hinblick auf ihre Ehemänner immer wieder
vorgeworfen. Man hat dieses Verhalten sogar als Hinweis
auf eine unbewusste Vaterbindung gedeutet, die entweder
auf der Wehmut der Tochter beruht, der diese Rolle vorent-
halten blieb, oder ihm das Gefühl geben soll, kein anderer
könne ihm die Rolle des starken Mannes streitig machen.
Die Vaterbindung eines Mädchens soll ihr Leben als Frau
folglich entscheidend beeinträchtigen können.

Was tun, wenn Ihr Mann von Ihnen erwartet, Sie sollen
ihn bemuttern? Entweder er nutzt Sie aus, was Sie sich nicht
gefallen lassen sollten, oder aber er ist schwächer als Sie –
eine Situation, die häufiger vorkommt, als man meint, umso
mehr, als Männer häufig durch lästiges Imponiergehabe
darüber hinwegtäuschen wollen. Sie wollen kein Kind an
Ihrer Seite, und auch keinen Vater als Freund oder Ehemann, wie schon behauptet wurde. Was Sie wollen, ist ein
Mann, und insgeheim vielleicht auch ein Mann, der für Sie
Sorge trägt. Frauen, die ihren Ehemann zu sehr bemuttern

oder dominieren und dessen überdrüssig sind, oder die sehr ehrgeizig sind und meinen, ihr Ehemann sei es in nicht ausreichendem Maße, haben oft – das ist meine Erfahrung – nicht genügend Zuneigung von ihren Eltern und insbesondere vom Vater erfahren. Es ist eine unbewusste Form der Kompensation oder der Selbstgenügsamkeit – aber um welchen Preis!

Die Wahl eines älteren Mannes

Wie wir gesehen haben, leidet ein Mädchen so sehr unter der Gleichgültigkeit des Vaters, dass eine ablehnende Haltung im Zweifelsfall besser zu sein scheint. Die Gleichgültigkeit des Vaters kann ihren Lebensweg mehr oder weniger stark prägen. Eine der häufig auftretenden Folgen ist im Grunde sehr leicht nachvollziehbar: Es ist der Wunsch nach einem deutlich älteren Mann, der ein Manko in Sachen Vaterliebe ausgleichen soll.

Oft wirkt ein älterer Mann verführerisch, aufmerksam und beschützend, was auch zeigt, dass ein Mädchen nicht nur das Interesse und die Anerkennung der Mutter, sondern auch die des Vaters braucht. Junge Frauen, die sich nach einem älteren Mann sehnen, stellen im Übrigen auch selbst oft den Zusammenhang zum fehlenden Interesse ihres Vaters her.

Nicht immer liegt es am Verhältnis zum Vater

Natürlich ist das nicht die einzige Erklärung für bestimmte Paarkonstellationen. Eine Frau kann einen Mann oder systematisch alle Männer in ihrem Leben bemuttern, eben aufgrund der besonderen Beziehungen, die sie zu ihrem Vater hatte. Und sie wird darunter leiden.

Sie unterscheidet sich deutlich von dem Typ Frau, der einen so ausgeprägten Konkurrenzsinn hat und so ehrgeizig ist, dass er sowohl privat als auch gesellschaftlich und beruflich eine dominante Position anstrebt. Diese Frauen sind glücklich, und bestimmte Paarkonstellationen funktionieren auf diese Weise auch sehr gut. Heutzutage gibt es jedoch auch ehrgeizige Frauen im positiven Sinn, die sich darüber beklagen, dass ihre Männer zuwenig Ehrgeiz zeigen. Hier geht es nicht um die Vaterbindung der Frau. Das Problem liegt eher darin, dass diese Frauen keine Entsprechung in ihrer Beziehung finden. Oft sind sie es leid, die gesamte Verantwortung schultern zu müssen, von den wichtigen Dingen wie der Kindererziehung oder dem Kauf eines Hauses bis hin zu den kleinen, aber notwendigen Dingen des Alltags, wie der Gestaltung der Wochenendaktivitäten oder der Entscheidung für diesen oder jenen Staubsauger. Mit anderen Worten: Diesen Frauen geht es gut, und es ist eher an ihrem zu passiven Gefährten oder Mann, sich Fragen zu stellen.

Kapitel V
Ein lebenslanger Dialog

Die Beziehungen zwischen Töchtern und Vätern sind so schwankend und vielschichtig, Schamgefühl spielt darin eine so große Rolle, dass sich möglicherweise beide mit einem offenen Dialog schwer tun. Die Kultur des Schweigens zu durchbrechen heißt jedoch nicht, dass man umgekehrt in eine Tyrannei der Transparenz verfällt, Intimes zur Schau stellt und sich daran erbaut, dass alles Geheime außer Kraft gesetzt wird.

Jedes Mädchen hat seine Geheimnisse, jeder Vater seine rätselhaften Seiten

Beginnen wir beim Schamgefühl, das die Vater-Tochter-Beziehung in besonderer Weise prägt und bei jedem Menschen eine gewisse verbale wie körperliche Zurückhaltung bewirkt. Im Verhältnis zwischen einer Tochter und ihrem Vater kommt diesem Gefühl im Vergleich zu anderen Gefühlen eine besondere Bedeutung zu – und das natürlich nicht von ungefähr. Es verweist auf das, was sich unterschwellig zwischen beiden abspielt und durch das Bedürfnis nach angemessener Distanz gekennzeichnet ist; diese nämlich hilft zu erkennen, wie weit man sich offenbaren will und was zu zeigen man nicht bereit ist. Es ist also ganz normal, dass jedes Mädchen seine Geheimnisse hat und jeder Vater bis zu einem gewissen Grad rätselhaft bleibt.

In dieser Beziehung müssen beide akzeptieren, dass sich die Identität des anderen nicht völlig erschließt. Es ist wie ein Dunkelfilter, durch den hindurch man sehen und doch nicht alles erkennen kann. Vater und Tochter bleiben einander in gewisser Weise rätselhaft. Bei Freud heißt es im Zusammenhang mit den kindlichen Sexualtheorien sogar, der Vater verkörpere das Rätselhafte schlechthin.[1] Ob es das Rätsel der Frauen war, das ihn zum Sherlock Holmes der Psyche machte und ohne Unterlass nach etwas suchen ließ, was unzugänglich blieb?

Wie dem auch sei: Allzu viel Distanz birgt ebenfalls ein Risiko, dessen man sich bewusst sein sollte. Wenn der oder die jeweils andere im Vater-Tochter-Verhältnis als Unbekannte oder Unbekannter, ja schlimmer noch, als *das* Unbekannte wahrgenommen wird, wird die Beziehung unweigerlich pervertiert: Das Unerreichbare stachelt die Neugier des Menschen an; es drängt ihn, immer mehr zu erfahren. Diese ganz natürliche Reaktion zeigt sich nicht nur in der Vater-Tochter-Beziehung, doch wird sie dort sehr leicht offenkundig. Je größer das Verbot, einer Sache auf den Grund zu gehen, desto größer auch das Verlangen danach. Ein Vater wird seiner Tochter nicht vollkommen rätselhaft bleiben, und umgekehrt; deswegen müssen aber längst nicht alle Rätsel und Geheimnisse aufgedeckt werden.[2]

Mit dem Vater reden können

In über zwanzig Jahren habe ich sehr viele Mädchen und Frauen in meiner Praxis erlebt, deren zentrale Frage die nach dem Verhältnis zu ihrem Vater war. Diese Mädchen und Frauen liebten ihren Vater von Herzen, aber wie viele wünschten sich dennoch, dass er sich ihnen gegenüber anders verhielte, sie besser verstünde und anders mit ihnen redete. Allerdings habe ich umgekehrt durchaus auch von Vätern den Wunsch gehört, besser mit ihren Töchtern reden zu können. Alle Hoffnung auf eine wirkliche Begegnung ist also nicht verloren, sofern man gewisse Dinge klärt, die das Miteinander erleichtern.

Jeder Mann weiß, dass Frauen gern unter sich sind, um miteinander zu reden, zu lachen oder sich etwas von der Seele zu reden. Wenn keine Männer dabei sind, haben sie nicht das Gefühl, eine Rolle spielen zu müssen: die der Frau, Ehegattin, Mutter oder des »kleinen Mädchens«; sie brauchen weder Verführungs- noch Verteidigungsstrategien. Männer würden oft viel darum geben, wenn sie wüssten, was in diesen Momenten geredet wird. Verständlicherweise, denn oft stellen Frauen über die Kritik an Männern ein engeres Verhältnis zueinander her. Während Jungen sich schon auf dem Schulhof aneinander messen, finden Mädchen sich in kleinen Gruppen zusammen und tauschen in vertrauter Runde Geheimnisse aus. Worüber kann man bloß die ganze Zeit reden, fragen sich die Männer. Über alles, sagen die Frauen: über Freude und Ärger, Ängste, Wünsche, Familienangelegenheiten, Kinder, Sex … Und über Männer natürlich! Wenn Frauen unter sich sind, fällt ihnen das Reden leichter; sie müssen wegen ihrer Vertraulichkeiten weder Spott noch Geringschätzung noch irgendwelche Vergeltungsaktionen befürchten – wenn auch längst nicht alles gesagt wird und manchmal durchaus auch Misstrauen herrscht. Frauen haben sich seit jeher untereinander ausgetauscht und tun es heute vielleicht nur offener und ohne Scham- und Schuldgefühle. Kürzlich hat eine Umfrage in Frankreich ergeben, dass 62,7 Prozent der Frauen Abende untereinander für eine gute Sache halten und bedauern, dass es nicht häufiger dazu kommt.[3]

Dieses Bedürfnis nach Vertraulichkeit gibt es natürlich auch innerhalb der Familie. Selbstverständlich fällt es einem Mädchen leichter, das, was sie als geheim, intim, verletzend oder als Tabu empfindet, mit der Mutter zu besprechen. Doch obwohl die Tochter sich damit nicht an ihren Vater wendet, wäre es für sie schmerzlich, ihn als jemanden zu erleben, mit dem man nicht reden kann. Der erwachsenen Frau bleibt ein solches Schweigen des Vaters unterschwellig präsent, was sich ganz entscheidend auf ihr Leben auswirken kann: Ein Mädchen oder eine Jugendliche muss mit ihrem Vater reden können, nicht um ihm Geheimnisse anzuvertrauen, sondern um ihn besser kennen zu lernen.

Noch einmal: Rätsel und Geheimnisse haben eine positive Funktion. Ein Mädchen braucht gegenüber dem Vater einen geheimen Garten, einen Raum für intime Geheimnisse: Das ist eine Grundvoraussetzung, damit sie sich frei entfalten und ein eigenständiger Mensch werden kann. Ihre Geheimnisse garantieren ihre psychische Unabhängigkeit und stärken ihre persönliche Freiheit. Die einzige Ausnahme betrifft die Schutzfunktion: Ein Vater muss immer erfahren dürfen, was sein Kind im persönlichen oder gesellschaftlichen Kontext gefährden könnte, zumal bei ernsthaften Bedrohungen. Umgekehrt wird auch ein Mädchen den Vater nicht hundertprozentig enträtseln, und eben diese Fremdheit verleiht ihm die symbolische Autoritätsposition, die eine Tochter braucht. Unter diesem Aspekt versteht man besser, dass die Beziehung der Tochter zum Vater deren späteres Verhältnis zu Männern beeinflussen kann. In der Tat wiederholt sich die Geschichte zwischen diesen beiden Menschen, die einander sehr nahe sind, wenn die erwachsene Frau anderen Männern begegnet.

Der Wunsch, mit dem Vater zu reden

Im Rahmen meiner beruflichen Praxis habe ich nie Mädchen oder Frauen erlebt, die nicht irgendwann den starken Wunsch gehabt hätten, über ihren Vater zu reden. Dabei sind Empfindungen zur Sprache gekommen, die sie ihm nicht direkt mitteilen konnten: Zuneigung, Stolz, Wut, Enttäuschung, Vorwürfe und natürlich auch Schamgefühle. Sie haben sich Szenen aus dem Familienalltag vergegenwärtigt und mir so ihre Geschichte offenbart, weil sie mit ihrem Vater nicht frei darüber reden konnten. Dabei möchte ich ausdrücklich hervorheben, dass diese vertraulichen Mitteilungen über den Vater immer Überwindung gekostet haben, selbst mir gegenüber, der ich als Therapeut praktisch per Definition ein neutraler, geneigter Zuhörer bin. Frauen, jüngere wie ältere, sind immer sehr zurückhaltend, wenn es um ihren Vater geht, gerade auch, wenn der Hintergrund ihrer Schilderungen ein tief sitzendes Leid ist oder sie sich schwierige Ereignisse in Erinnerung rufen – die manifeste Bevorzugung eines anderen Kindes, die Scheidung der Eltern, die Weigerung des Vaters, die Beziehung zum Freund zu akzeptieren … Wenn es um den Vater geht, sind bei einer Frau meist leidenschaftliche Empfindungen im Spiel; nur selten ist die Aussage eindeutig; meistens mischen sich Liebe und Kritik, Zärtlichkeit und Frustration, Freude und Wut, Nachsicht und Unverständnis. *Komplexität, Subtilität und starke Veränderungen über die Zeit sind charakteristisch für die Vater-Tochter-Beziehung.*

An dieser Stelle sei eine Parallele gewagt. Weibliche Lust wurde oft als etwas Intimes, Innerliches beschrieben, das sich nicht wahrnehmbar an geheimer Stelle vollzieht und dem männlichen Vorstellungsvermögen deshalb schwer zugänglich ist. Sollte nun in einem Prozess der Verallgemeinerung ein Vater die Geheimnisse eines Mädchens ähnlich empfinden wie ein Mann das Geheimnis der weiblichen Sexualität? Ich habe keine eindeutige Antwort darauf. Fest steht dagegen, dass Väter ihren Töchtern die gleiche Aufmerksamkeit schulden wie ein Mann einer Frau, wenn es darum geht, zu begreifen, was sich hinter dem Unausgesprochenen verbirgt – was nicht heißt, dass ausnahmslos alles entschlüsselt werden müsste. Und die Mädchen müssen umgekehrt Worte und Gesten finden, um zum Ausdruck bringen, was sie empfinden, und sich nicht zu sagen trauen, damit ihr Vater keine Absichten, Gefühle oder Gedanken in sie hineininterpretiert, die nicht der Realität entsprechen.

Ein Empfinden – zwei Sprachen

Eine Tochter muss also nicht alles über ihren Vater wissen und umgekehrt, aber sie sollten sich auch nicht fremd sein. Warum aber kommt es auf beiden Seiten so oft zu der schmerzlichen Einschätzung, der andere wisse kaum über einen Bescheid? Warum wollen Töchter und Väter so oft mehr voneinander wissen, warum bedauern sie, keine intensivere Beziehung zueinander zu haben?

Die Distanziertheit eines Vaters

Die 30-jährige Marine schildert ihren Vater als jemanden, der distanziert ist und wenig über seine Gefühle sagt, aber ohne Frage sehr an seinen beiden Töchtern hängt. Er sei eher introvertiert, »wie meine Schwester«, erläutert Marine. Sie dagegen könne sehr gut mit ihrer Mutter reden, der sie sich sehr nahe fühlt, sehr viel näher als ihrer Schwester. Ihr Freund, mit dem sie seit zwei Jahren zusammen ist, sei genauso wortkarg wie ihr Vater. Manchmal kostet sie seine Verschlossenheit durchaus Nerven; sie empfindet sein Schweigen als Missbilligung, obwohl sie weiß, dass das vermutlich nicht so ist. Sie bemüht sich, zwischen Schein und Sein zu unterscheiden, was ihr nicht immer leicht fällt. Erst kürzlich habe sie gegenüber der Mutter über ihren zugeknöpften Freund geklagt: »Haargenau wie Papa!« Ihre Mutter habe Verständnis gezeigt und erzählt, dass es ihr früher phasenweise auch so gegangen sei, bevor sie Folgendes sagte: »Im Grunde ist dein Vater ein durch und durch emotionaler Mensch …« Dann habe sie einen Stapel Briefe geholt, die mit einer weißen Schleife zusammengebunden waren, und daraus einen hervorgezogen, den ihr Mann ihr von einer seiner Dienstreisen geschickt hatte. »Ich habe dir diese Briefe nie gezeigt, auch diesen nicht. Das hätte ich vielleicht tun sollen. Da habe ich nämlich gerade erfahren, dass ich mit dir schwanger war …« Marine sagt, sie sei etwas befangen gewesen, habe den Brief aber gelesen, in dem neben vielen liebevollen Worten für seine schwangere Frau unter anderem auch Folgendes stand: »Du weißt ja, dass ich nicht besonders redselig bin, aber nachdem Du mir diese wunderbare Nachricht mitgeteilt hast, habe ich vor Glück geweint und musste mir vor den Augen meines Chefs die Tränen wegwischen; der stand da und wusste überhaupt nicht, was mit mir los war.« Marine freut sich, diese Zeilen gelesen zu haben, die ihren Vater von einer anderen Seite zeigen, doch als kluge Person kommt sie zu folgendem Schluss: »Ich hätte es trotzdem lieber gehabt, wenn er etwas mitteilsamer gewesen wäre. Ich hatte jahrelang das Gefühl, neben einem Mann aus Stein aufzuwachsen. Von meinem Vater ging eine ungeheure Stärke aus, für die ich ihn immer bewundert habe, aber ich hatte auch Schuldgefühle, wenn mit mir die Pferde durchgingen … Und das war nicht selten der Fall. In Liebesdingen bin ich nämlich ziemlich unbeständig …«

Besser zuhören und Gefühle zeigen

Eine der häufigsten Fragen in der Psychologie ist die nach der typisch männlichen Schwierigkeit, anderen zuzuhören. Mädchen kennen das Problem von ihren Vätern, Frauen kennen es ganz allgemein bei Männern. Haben Männer zu viel Angst vor den eigenen Gefühlen? Oder liegt es daran, dass man ihnen von klein auf beigebracht hat, ein Mann müsse seine Gefühle unter Kontrolle haben? Oft allerdings habe ich Frauen selbst in einer akuten Konfliktsituation auch sagen hören, sie seien erstaunt gewesen, wie emotional ihr Partner plötzlich reagiert habe. Mit einem Mal war aus ihrer Sicht ein sensibler, gefühlsbetonter Austausch möglich, der alles wieder leichter machte, auch die Beziehung. Bei den Mädchen ist es genauso. Sie sind gerührt, wenn ihr Vater seine oft verborgenen sensiblen Seiten erkennen lässt.

Dagegen tun sich Männer und insbesondere Väter schwer damit, dass Frauen und insbesondere Töchter oft ohne Weiteres negative Gefühle, Ängste oder Trauer äußern. Im Gegensatz zu den Frauen können sie der Verbalisierung von Gefühlen in solchen Situationen nichts abgewinnen; ihrer Ansicht nach sollte man eher versuchen, diese schmerzlichen Empfindungen irgendwie abzuschütteln, auch wenn sie damit objektiv betrachtet keinen guten Weg gehen. Wie viele Frauen haben bei mir nicht schon über das Unverständnis der Männer und deren Kommunikationsschwäche geklagt! Väter machen sich gar keine Vorstellung davon, wie sehr sie ihre Töchter in schwierigen Momenten unterstützen könnten, indem sie sich verständnisvoll zeigen oder ihnen zuhören, ohne in düstere Grübelei zu verfallen. Nur selten ahnen sie, wie sehr sich ihre Töchter danach sehnen, mit ihnen reden zu können, wenn sie deprimiert sind. Stattdessen machen sie ihnen meistens wahlweise übertriebenes Dramatisieren und fehlenden Realitätssinn zum Vorwurf oder sagen, sie seien nachlässig oder chronisch unzufrieden. Mit ihrer Kritik verstärken sie ein ohnehin vorhandenes Unbehagen oder Schamgefühl. Im Zuge der Gleichberechtigung der Geschlechter ändert sich allerdings erfreulicherweise auch die Haltung der Väter gegenüber ihren Töchtern – und umgekehrt. Das Recht auf Andersartigkeit, auch emotionale Andersartigkeit, verschafft sich Geltung.

Tabus

Eines der wichtigsten, wenn nicht das wichtigste Tabu zwischen Töchtern und Vätern ist die gegenseitige Anziehung. In der Pubertät und auch darüber hinaus verspüren Mädchen insgeheim ein Unbehagen, das sie zum Teil auch verwirrt. In der Tat lässt weiblicher Charme keinen Mann, auch keinen Vater, gleichgültig, auch wenn die menschliche Verführungskraft viele Facetten hat und sich längst nicht nur auf die sexuelle Anziehung beschränkt. Zweifellos ist es eine der häufigsten Beschwerden der Töchter über ihre Väter, dass sie sich von ihnen ständig kontrolliert fühlen, was vermutlich mit der Ambivalenz der Beziehung zusammenhängt. Nehmen wir die Geschichte von Agnès. Die 29-Jährige hat ihren Ehemann wegen eines anderen Mannes verlassen. Sorgen bereitet ihr nun das bevorstehende Gespräch mit ihren beiden Eltern, aus jeweils anderen Gründen. Bei ihrer Mutter fürchtet sie mangelndes Verständnis und diverse Ängste, Zukunftsangst, die Angst vor unsicheren Verhältnissen. Bei ihrem Vater fürchtet sie vor allem, er könne sie verurteilen und enttäuscht sein, auch wenn sie glaubt, er werde ihre Entscheidung besser verstehen. Da es außerdem finanziell für sie möglicherweise schwierig wird, möchte sie notfalls auf seine materielle Hilfe zählen können. Sie nimmt also allen Mut zusammen, klärt ihn über die Situation auf und bittet ihn um seine Unterstützung. Er reagiert wie erwartet, bis auf einen Punkt: Er versichert ihr nämlich nicht nur, dass sie auf ihn zählen könne, sondern schlägt ihr zudem vor, im Wohnhaus ihrer Eltern eine kleine Wohnung zu beziehen, die gerade leer steht. Agnès' Reaktion mag überraschen: Sie schlägt das Angebot des Vaters aus. Zur Begründung sagt sie, die Vorstellung, sich aufgrund der Nähe wieder durch den Vater kontrolliert zu fühlen, sei ihr unerträglich, denn genau darunter habe sie früher sehr gelitten.

Jenseits aller Besonderheiten im Einzelfall empfinden Töchter die väterliche Kontrolle oft als Belastung. Woher kommt dieses starke Bedürfnis der Väter nach Kontrolle über die Gefühle der Tochter? Darauf gibt es wahrscheinlich viele Antworten, die einander nicht unbedingt ausschließen. In erster Linie fühlt sich ein »normaler« Vater, ob man will oder nicht, verantwortlich für unangenehme oder gefährdende Vorkommnisse im Leben seiner Tochter und übt also seine Schutzfunktion aus. Darüber hinaus ist unsere Kultur noch immer durch eine starke patriarchale Autorität geprägt, auch wenn sie ihren einstigen Stellenwert offiziell eingebüßt hat.

Und nicht zuletzt können auch weniger eindeutige Gründe eine Rolle spielen. Kämpfen Väter unbewusst mit einem existenziellen Zweifel hinsichtlich ihrer Vaterschaft? Zeigt sich in ihrem Verhalten gegenüber ihren Töchtern nicht ein mangelndes Vertrauen in das Weibliche an sich, das die Tochter in besonderer Weise verkörpert? Die Anthropologin Françoise Héritier hat hervorgehoben, dass Weiblichkeit immer in der Negation definiert wird – »Frauen sind nicht …«, »Frau haben nicht …«; die Autorin sieht darin weniger eine »Beeinträchtigung der Frau (körperliche Schwäche und geringere Körpergröße, Beeinträchtigungen durch Schwangerschaft und Stillzeit)« als vielmehr den Ausdruck eines »Kontrollwillens« auf Seiten derer, die nicht gebären können.[4] Jean Cournut geht mit seiner psychoanalytischen Deutung noch darüber hinaus: »Das männliche Bedürfnis nach Kontrolle über die Fortpflanzungsfähigkeit der Frauen ist nur ein zusätzliches Element im Zusammenhang mit ihrer tief sitzenden Angst vor Frauen, der Angst vor dem, was sie nicht verstehen und was sich ihnen […] an der erotisch-mütterlichen Funktionsweise nicht erschließt.«[5]

Man mag sich solchen Deutungen anschließen oder auch nicht. Um auf den Fall von Agnès zurückzukommen, wirkt die unbewusste Motivation eines Vaters im Sinne von »Komm in meine Nähe, damit ich dich besser kontrollieren kann« jedoch umso schlüssiger, als seine Tochter ihren Ehemann wegen eines anderen Mannes verlässt, in den sie nicht nur verliebt ist, sondern von dem sie zudem ein Kind erwartet. Natürlich steht hinter dem Kontrollbedürfnis des Vaters die lobenswerte und bewusste Absicht, die Tochter zu beschützen, aber gibt es nicht vielleicht auch eine andere, weniger offensichtliche Motivation, nämlich die nach der Kontrolle über die Gebärfähigkeit, die er nicht besitzt?

Ein schwieriger Dialog

Dass der Dialog zwischen Vätern und Töchtern heutzutage schwierig ist, belegen sämtliche diesbezüglichen Studien. Und mit zunehmendem Alter der Tochter wird er immer schwieriger. »Er hat mich überhaupt nicht verstanden …« »Er hatte nie Zeit für mich …« »Unsere Interessen waren viel zu unterschiedlich …« »Er war immer eifersüchtig auf meine Freunde«: Diese Sätze höre ich häufig, wenn Frauen über ihre Teenagerzeit reden. In diesem Alter entwickeln Mädchen oft auch ein kritisches Bewusstsein für die fehlende Kommunikation mit ihrem Vater. Liegt es daran, dass sich die Persönlichkeit festigt und sie die zwischenmenschlichen Beziehungen besser durchschauen? Oder fällt es ihnen selbst schwer, mit dem Vater zu reden, und projizieren sie deshalb die eigenen Schwierigkeiten auf ihn? Wie dem auch sei: Wenn kein Dialog möglich ist, behalten die heranwachsenden Mädchen ihre Probleme für sich. Manchmal, wenn den Vätern auffällt, dass irgendetwas nicht stimmt, versuchen sie vielleicht, ihre Töchter durch plötzliches, ungeschicktes Nachfragen zum Sprechen zu bringen. Bleibt dann die Antwort aus, schließen sie auf Verweigerung oder Ablehnung und haken verärgert nicht weiter nach. Die Tochter zieht sich ihrerseits zurück und fühlt sich noch weniger verstanden – ein Teufelskreis.

An dieser Stelle möchte ich jedoch ausdrücklich hervorheben, dass der Fokus nicht länger auf der Unmöglichkeit eines Dialogs zwischen Töchtern und Vätern liegen sollte. Vielmehr muss man sich den Schwierigkeiten stellen, um sie besser überwinden zu können. *Das eigentliche Hindernis für den Vater-Tochter-Dialog besteht darin, dass beide eigene Gefühle und Gedanken auf den jeweils anderen projizieren, ohne zu überprüfen, ob sie damit wirklich richtig liegen.* Man muss nicht unbedingt alles voneinander wissen, um sich zu lieben, darf sich aber auch nicht jedem Austausch versperren. Das gilt für Töchter ebenso wie für ihre Väter.

Warum Väter Angst vor ihren Töchtern haben

Es gibt die situationsbedingte Angst mancher Männer vor einer Frau, und es gibt die grundsätzliche Angst der Männer gegenüber Frauen, gegenüber »der Frau an sich«, dem also, was vom anderen verborgen bleibt. Um diese Angst vor dem Weiblichen soll es im Folgenden gehen, nicht ohne an Zarathustras Ausspruch zu erinnern, der, als er einer alten Frau begegnete, sagte: »Alles am Weibe ist ein Rätsel.«

Die Angst vor weiblichen Anteilen

Selbst heutzutage fühlt sich die Mehrheit der Männer noch deutlich unwohl mit so genannten mütterlichen oder weiblichen Seiten, die den gängigen Stereotypen nach als passiv und masochistisch gelten. Sie streben eine männlich-phallische Position an, die aktiv und eher sadistisch ist. Frauen wissen das und versuchen auf intelligente Weise, für sich das Beste aus dieser Eigenschaft zu machen. Dafür aber braucht es Erfahrung, die ein Kind und ein junges Mädchen erst allmählich erwirbt.

Die Gründe, weswegen Männer das Weibliche mehr oder weniger bewusst und vor allem mehr oder weniger explizit ablehnen, liegen auf mehreren Ebenen. Am häufigsten ist zu hören, sie würden ihre eigenen weiblichen Anteile ablehnen. Diese weibliche Seite setzen viele, wie gesagt, noch immer mit Passivität und Masochismus gleich, was keineswegs weibliche Eigenschaften sind. Befasst man sich ernsthaft mit weiblichen Eigenschaften, geht es heutzutage um die Verbalisierung der Gefühle, um Dialogfähigkeit, die Fähigkeit zuzuhören und die konsensfähige Gestaltung zwischenmenschlicher Beziehung – anstelle von Hierarchie, Dominanz oder notorischer Rivalität. Mit anderen Worten:

Männer, die ihre Empfindungen zum Ausdruck bringen und einvernehmliche Lösungen mit ihren Mitmenschen anstreben, statt ihnen ihren Standpunkt aufzuzwingen, fürchten, nicht männlich genug zu sein und von der Welt der Frauen absorbiert zu werden.

Ein weiterer Grund, der häufig für die Angst vor dem Weiblichen angeführt wird, ist das Bedürfnis der Männer und vor allem der Väter, ihre Angst vor Inzest oder in einem weiteren Sinn vor der Ausübung sexueller Gewalt zu kontrollieren. In seinen 1910 veröffentlichten *Beiträgen zur Psychologie des Liebeslebens* kam Freud zu dem Schluss, dass ein Mann für ein erfülltes und befreites Liebesleben den »Respekt vor dem Weibe überwunden«, sich mit der Vorstellung des Inzests mit Mutter oder Schwester befreundet haben muss.[6] Womit wir bei einer Lieblingsthese des Vaters der Psychoanalyse wären, wonach das »ursprüngliche« Liebesleben zum Wohle einer sich weiterentwickelnden Menschheit und Zivilisation in die Schranken gewiesen wird. Nach Ansicht von Freud darf man diese Restriktion nicht leugnen, sondern muss sie im Gegenteil anerkennen und akzeptieren, um sie überwinden zu können. Dieser These zufolge müssten Väter also akzeptieren, dass sie die eine oder andere inzestuöse Fantasie hinsichtlich ihrer Tochter haben, um sie in allererster Linie nicht ausleben, aber auch nicht übermäßig verdrängen zu müssen. Im zuletzt genannten Fall würden sie in der Tat einen hohen Preis zahlen; die übermächtige Angst vor ihren Fantasien nämlich würde zwangsläufig ein übermächtiges Kontrollbedürfnis nach sich ziehen.

»Meine Tochter ist schließlich keine H...«

Die 14-jährige Anne sucht mich in Begleitung ihres Vaters auf. Sie befindet sich in einer akuten Krise, was sich in Ängsten, unkontrollierten Wutanfällen und ihrer Weigerung äußert, in die Schule zu gehen. Seit geraumer Zeit ist sie

auch gegenüber ihren beiden jüngeren Brüdern sehr aufbrausend und aggressiv. Ihre Eltern haben sich bemüht, sie
zu verstehen, und mehrere Hypothesen vorgebracht, die sie
jedoch nacheinander verworfen hat. Eines Abends ist ihr
Vater von der Arbeit nach Hause gekommen und hat sich
über eine Mitarbeiterin beklagt, woraufhin Anne ihn heftig
angegriffen und beschuldigt hat, er sei »ein genauso übler
Typ wie alle anderen auch«. Daraufhin ist sie in Tränen aus-
gebrochen, vermutlich, weil sie Schuldgefühle hatte. Nach
diesem Gefühlsausbruch ist sie zum ersten Mal in der Lage
gewesen, ihren Eltern ihre allgemeine Unlust zu erklären.
Sie habe sich Hals über Kopf in einen zwei Jahre älteren
Jungen verliebt, der sie schlecht behandelt habe. Er habe ihr
zuerst vorgemacht, er sei auch in sie verliebt, und sei dann
plötzlich mit einem anderen Mädchen losgezogen. Anne ist
zum ersten Mal verliebt. Ihr ist völlig klar, dass ihre Erfahrungen nichts Außergewöhnliches sind, aber für sie ist
diese erste Enttäuschung ein Drama.

Anders als so oft in solchen Situationen, hat sich nach der
Aussprache mit den Eltern nichts gebessert. Das ist der
Stand der Dinge, als ich sie mit ihrem Vater empfange. Anne
erklärt mir frei heraus, dass sie diesen Jungen nicht vergessen könne und sogar ständig an ihn denken müsse, und dass
sie diesen Zustand nicht mehr lange aushalte. Dieser Satz
weckt in mir die Befürchtung, sie könne sich oder ihrer
Rivalin etwas antun, und ich gebe dem Vater zu verstehen,
dass ich seine Besorgnis teile. Daraufhin erklärt er mir vor
seiner Tochter, dass er etwas ganz anderes befürchte: »Wissen Sie, ich bin deshalb mit meiner Tochter hier, weil ich
nicht will, dass aus ihr eine H… wird. Davor habe ich
Angst!« Ich bin äußerst überrascht, ja fast schockiert über
die völlig unangemessene Äußerung. Während dieses junge
Mädchen zum ersten Mal, und zwar auf besonders intensive
Weise, mit ihren verwirrenden Verliebtheitsgefühlen konfrontiert ist, erlebt ihr Vater diese Explosion der Gefühle

unbewusst als Bedrohung, was viel über seine Haltung gegenüber Frauen und deren Sexualität aussagt, die er nicht zuletzt auf seine Tochter überträgt.

Ein Mädchen ist von Natur aus anders als ihr Vater

Angst kann auch zur Aufwertung des anderen führen oder zu seiner Ablehnung. Männer könnten folglich dazu neigen, Frauen aufzuwerten, um sie gleichzeitig zu beherrschen. Der eigenen Tochter gegenüber haben Männer durchaus eine ambivalente Haltung. In ihren Augen ist sie eine Verkörperung der eigenen Gene, doch besitzt sie offenkundig auch die Gene ihrer Mutter, wodurch der Bezug zur Weiblichkeit und zum Geschlechterunterschied hergestellt ist.

Jeder Unterschied hat eine Funktion: Er ist nützlich, weil man dadurch Dinge voneinander trennen kann. Aber er räumt auch mit scheinbaren Gewissheiten auf.[7] Das Verhältnis zum Unterschied, das bei jeder Begegnung mit dem anderen erneuert wird, ist bezeichnend für das, was einen Menschen im Guten wie im Schlechten ausmacht. Und die Reaktion, die er hervorruft, fällt unter Umständen umso stärker aus, als dieser Unterschied vielgestaltig ist und gleichzeitig das Geschlecht und das Alter, die Generation und den gesellschaftlichen Status betrifft. Für einen Vater kristallisieren sich diese Unterschiede zweifellos in der Person der Tochter heraus, auch wenn diese aus ihm hervorgegangen ist.

Außerdem weiß man, dass die Gegenwart für den Menschen immer auch Anteile der Vergangenheit und damit Wiederholungscharakter hat. Obwohl das Leben ein Buch ist, dessen erste Kapitel wir größtenteils nicht kennen, haben wir mit zunehmendem Alter alle den Wunsch, in die verlorene Zeit zurückzukehren und dem Kind zu begegnen, das wir waren, gern gewesen wären oder meinen, gewesen zu sein. So fügen sich für jeden eigene Erinnerungen und Sehnsüchte zu einem Gesamtbild. Betrachtet ein Vater seinen Sohn, taucht er durch dessen Worte, die er selbst als Kind benutzt hat, durch dessen Vorlieben, die auch die seinen waren, durch Bemerkungen seiner eigenen Eltern – »Ganz wie du in dem Alter!« – und mit Hilfe seiner Vorstellung und Erinnerung wieder in die eigene Kindheit ein. Dagegen bleibt eine Tochter bei allen äußerlichen und charakterlichen Übereinstimmungen für einen Vater immer das, was er selbst nie war. Steht dieser Gedanke im Vordergrund, kann die Schlussfolgerung auch negativ ausfallen, etwa in der Art: »Ich werde sie sowieso nie verstehen, weil sie eben ein Mädchen ist!«

Warum Töchter Angst vor ihren Vätern haben

Mädchen sind ihrerseits von frühester Kindheit an mit dem Männlichen konfrontiert, durch gleichaltrige Jungen, durch Brüder und natürlich durch den Vater. Sie müssen sich schon sehr früh im Umgang mit diesen etwas eigenartigen Wesen üben, die immer mehr haben und mehr machen wollen, und lernen schnell, mit dieser Rivalität klar zu kommen, sie zu umgehen oder zu durchkreuzen, indem sie Strategien entwickeln, die die Jungen entwaffnen oder auf Abstand halten. Intuitiv spüren sie zwar, dass ihr Vater dieser männlichen Welt angehört, die ihnen fremd ist, aber sie spüren auch, dass er eben ihr Vater ist; allerdings darf er ihnen nicht durch übermäßige Männlichkeit Angst machen.

Mein Vater, das unbekannte Wesen

An dieser Stelle seien kurz die beiden Hauptgründe für die Angst vor dem Vater in Erinnerung gerufen, die bereits eingehend erläutert wurden. Das ist zum einen der ihm gesellschaftlich oder durch seine Partnerin zugebilligte Status: Ein Vater muss eine symbolische Autoritätsfigur sein, er muss Grenzen verkörpern, die nicht überschritten werden dürfen … Und das ist zum andern natürlich seine Verkörperung des Männlichen – mit allem, was es an Fremdartigem, Andersartigem und auch schwer Erträglichem in sich birgt, wenn es nach den Mädchen geht, die darüber bereits auf dem Schulhof klagen, und erst recht später als Jugendliche und junge Frauen, die die fordernde Seite der Jungen und ihr Raufboldentum schier zur Verzweiflung bringt. *Entscheidend ist jedenfalls, dass ein Mädchen die Angst vor dem Männlichen überwinden kann, um später sowohl übergroße Hemmungen als auch Kraft raubende und frustrierende Rachegelüste zu vermeiden, die gegen alle Männer gerichtet sind.*

Wie man sich besser kennen lernt

Ein Mädchen muss ihren Vater kennen; sie muss nicht alles über ihn wissen und nicht sämtliche Dunkelzonen ausleuchten, aber sie hat zweifellos irgendwann ein starkes Bedürfnis nach Austausch und Anerkennung. Kehren wir noch einmal zu der spannenden Vater-Tochter-Geschichte zwischen Jane und Henry Fonda zurück. Mitunter wird das Leben auf wundersame Weise vom Kino eingeholt. So drehte die Schauspielerin eines Tages an der Seite ihres Vaters den bereits erwähnten Film *Am goldenen See*, in dem es um die schwierige Beziehung zwischen dem schweigsamen Vater Norman und seiner Tochter Chelsea geht, die das Schweigen des Vaters wütend macht.

Wer soll in einer solchen Situation den ersten Schritt machen? Im Film gibt Chelseas Mutter ihrer Tochter zu verstehen, dass irgendwann im Leben der Zeitpunkt kommt, an dem das Kind auf die Eltern zugehen muss: »Manchmal muss man den anderen sehr aufmerksam betrachten und sich bewusst machen, dass er sein Bestes gibt.« Daraufhin kommt es zu folgendem Dialog zwischen Tochter und Vater:

» Ich muss mit dir reden, Papa.«

»Ach ja? Hast du ein Problem?« fragt er in herablassendem Ton.

»Ich glaube, wir … Wir könnten vielleicht versuchen, normal miteinander umzugehen.«

»Normal? Was heißt das?«, erwidert Norman trocken.

»Wie Vater und Tochter. Du weißt schon, wie.«

»Du hast wohl Angst, was ich ins Testament geschrieben habe? Keine Sorge, ich vermache alles dir, bis auf meine Knochen.«

»Ich will gar nichts … Es ist nur … Man könnte meinen, wir wären schon immer böse aufeinander gewesen.«

»Den Eindruck habe ich nie gehabt. Ich habe nur gedacht, dass wir uns nicht besonders leiden konnten.«

»Ich möchte, dass wir Freunde sind«, sagt sie und legt ihre Hand auf Normans Arm.

Jane Fonda erzählte später, dass ihr jedes Mal, wenn sie an diese Stelle im Drehbuch kam, die Tränen nur so herunterliefen: »Ich war im Begriff, meinem Vater vor der Kamera Dinge zu sagen, die ich ihm im richtigen Leben nie sagen konnte.«

Welche Frau, die eine besonders schwierige Beziehung zu ihrem Vater hat, wollte nicht endlich frei und unverstellt mit ihm reden können, um Frieden zu schließen? Ein Patentrezept gibt es dafür nicht; es kommt auf den Charakter an, die jeweiligen Umstände, das Umfeld, das einen solchen Schritt unterstützt oder nicht. Es gibt die direkte Aussprache, wenn der Vater dafür zugänglich ist, oder die Möglichkeit, sich schriftlich an ihn zu wenden, wodurch eine gewisse Distanz gewahrt bleibt und sich die Gefühle besser umschreiben lassen, so dass es leichter fällt, sich authentisch zu äußern. Man kann auch einen nahe stehenden Menschen bitten, als Bote zu fungieren. Alles ist erlaubt, wenn man sich seinem Vater nähern will. Ein Mädchen kann sich vom Verhältnis zum Vater befreien, wenn sie den Mut hat, auf ihn zuzugehen und ihm ihre Sicht der Dinge zu schildern, Erwartungen und Enttäuschungen, die sie stillschweigend verinnerlicht hat. Umgekehrt muss der Vater bereit sein, einen solchen Schritt anzunehmen. Willigt er ein, können sich beide von einer Last befreien. Sie werden deshalb nicht jedes Missverständnis ausräumen, aber der Weg für eine Versöhnung ist geebnet.

Sicher besser verstehen und kennen lernen – besser miteinander kommunizieren

Anhand der vorangegangenen Kapitel konnten Sie nachvollziehen, wie das Verhältnis einer Tochter zu ihrem Vater von frühester Kindheit an bis zum Erwachsenenalter glücklich beziehungsweise unglücklich verlaufen kann. Dabei wurde auch gezeigt, wie unbefriedigend eine ungenügende Kommunikation ist. Ein Anliegen dieses Buches ist es natürlich, die Kommunikation zwischen Töchtern und Vätern zu verbessern. Gut kommunizieren kann man nur, wenn man einander vertraut und akzeptiert, dass der andere nicht unbedingt genauso denkt wie man selbst. Der Psychologe Louis Parez betreut seit mehreren Jahren so genannte »Vater-Tochter-Workshops«. Dabei vertritt er die These, dass Vatersein heute vor allem eine Herzensangelegenheit ist. Anhand der therapeutischen Sitzungen, die ich seit über dreißig Jahren mit Vätern und Töchtern abhalte, kann ich diesen Standpunkt nur zum Teil bestätigen. Warum?

Gewiss ist es für eine Tochter immer interessant und wohltuend, ausdrücklich mitzubekommen, was sie unausgesprochen weiß, dass nämlich ihr Vater auch liebevoll und einfühlsam sein kann und neben dem klassischen Repertoire von Autorität und Gesetz auch noch ein anderes beherrscht. Dennoch sollte der Vater keine zu enge oder kumpelhafte Beziehung zur Tochter haben. Darüber klagen heutzutage viele Töchter – und Mütter, vor allem bei getrennt lebenden Eltern. Väter und Mütter sind gleichberechtigt, aber nicht gleich. Der Vater kann genauso zärtlich und liebevoll sein wie die Mutter. Allerdings muss zwischen den Eltern Einvernehmen herrschen, und nicht etwa Konkurrenz bezüglich der Liebe des Kindes. Das ist nicht zuletzt deshalb so wichtig, weil die Grenzen zwischen zärtlichem und liebevollem Umgang einerseits und Sinnlichkeit und Sexualität andererseits fließend sind. Und jeder wird zustimmen, dass die Vater-Tochter-Beziehung diesbezüglich frei von jeglicher Ambivalenz sein muss. Inzestfantasien und die damit verbundene Gewalt sind ein Risiko, dessen sich alle bewusst sind. Doch gibt es im Leben nicht nur die Ambivalenz auf der Ebene von Sinnlichkeit und Sexualität. In jeder zwischenmenschlichen Beziehung gibt es auch, woran man vielleicht nicht auf Anhieb denkt, die Ambivalenz der Gefühle. Das trifft in besonderer Weise auf die Vater-Tochter-Beziehung zu: Ambivalenz in Bezug auf die Empfindungen, das persönliche Interesse, den Platz, den der andere einnimmt und den man Dritten (hier der Mutter) gewährt, Ambivalenz der Rivalität und Komplizenschaft. In Anlehnung an den berühmten Ausspruch von Kardinal de Retz: »Zweideutigkeit wirkt sich immer zum eigenen Nachteil aus«, würde ich im Hinblick auf das Vater-Tochter-Verhältnis sagen: »Eine stets mögliche Ambivalenz zu leugnen geht immer zu Lasten einer authentischen Kommunikation.« Wenn ein Vater weiß, dass seine Beziehung zu seiner Tochter für diese immer vielschichtiger ist, als er meint, und wenn die Tochter das umgekehrt auch von ihrem Vater weiß, erleichtert das paradoxerweise die Kommunikation. Für beide geht es also darum, sich gegenseitig kennen zu lernen und zu verstehen und sich über ihre Gefühle und das, was sie bedeuten, im Klaren zu sein.

Die Tochter verstehen

Eine Tochter muss wissen, dass es für einen Vater nicht immer leicht ist, sie wirklich zu verstehen. Manche Ungeschicklichkeiten und Irrtümer werden allerdings so häufig moniert, dass sie durchaus vorhersehbar sind!

Nicht für sie denken

Eine Tochter erwartet von ihrem Vater nicht, dass er für sie denkt, sondern dass er sich um sie sorgt und sie versteht und sich deshalb, ganz gleich, wie alt sie ist, Zeit nimmt, ihr zuzuhören. Wenn sie klein ist, soll er sich dafür interessieren, was sie spielt, den Namen ihrer Lehrerin kennen, wissen, wie alt genau sie ist und ihre Schüchternheit oder ihre Wutanfälle hinnehmen und sie nicht mit ihren Gefühlen allein lassen. Im frühen Teenageralter soll er ihr ihre beste Freundin gönnen, der sie alles erzählt, und akzeptieren, dass das eine »Sache unter Mädchen« ist und ganz normal, und dass es außerordentlich wichtig ist, dass sie täglich mindestens eine Stunde lang mit ihr telefoniert. Noch etwas später erwartet die Tochter vom Vater Verständnis dafür, dass sie gut aussehen möchte und, wie ihre Freundinnen auch, dem Diktat eines bestimmten Modekanons unterliegt, was auch erklärt, warum sie zwanghaft über »Gewichtsprobleme« klagt und Stunden im Bad zubringt. Als junge Frau erwartet sie, dass er ihr bezüglich ihrer Beziehungen vertraut oder ihr sagt, was er davon hält, ohne sie zu verurteilen. Und noch später erwartet eine Tochter von ihrem Vater, dass er ihr nicht sagt, wie sie ihre Kinder erziehen soll, sondern ihr unter die Arme greift und aufmerksam den Sorgen einer Mutter lauscht.

Sie genauso aufmerksam behandeln wie einen Sohn

Es war schon mehrfach die Rede davon, dass Mädchen auch wie Mädchen behandelt werden wollen. Was aber ihre Lebensplanung angeht, wollen sie, dass ihr Vater ihnen die gleiche Unterstützung angedeihen lässt wie einem Sohn. In der Schule und im Beruf wollen sie heute ebenso erfolgreich sein wie Jungen und fordern, gleichberechtigt behandelt zu werden – anders als zu Hause und in Gefühlsdingen, wo sie Wert darauf legen, dass man differenziert. Ein Vater muss diesem legitimen Wunsch Beachtung schenken, wenn er den Erwartungen seiner Tochter gerecht werden will. In der Hinsicht muss sich in der Vorstellung mancher Männer noch einiges ändern. Viel zu oft noch zweifeln Väter an der Kompetenz ihrer Tochter, eben weil sie ein Mädchen ist. Dabei entwickeln wir uns immer mehr zu einer Dienstleistungsgesellschaft, in der weibliche Werte wie Sprachkompetenz, Vermittlungsbereitschaft, partnerschaftlicher Umgang oder Sensibilität gefragt sind. Das trifft für Bereiche wie Kultur und Bildung ebenso zu wie für die Wirtschaft. *Ein Vater muss sich für seine Tochter genauso viele Aufstiegs- und Erfolgschancen erhoffen wie für seinen Sohn.*

Ihr Verhalten im Alltag verstehen

Die Vorlieben und Interessen eines Mädchens und ihre Art und Weise, sie zum Ausdruck zu bringen, zeugen von ihrer Weiblichkeit, die sie eher in die Nähe der Mutter rückt. Diese weiblichen Besonderheiten haben für einen Vater durchaus ihren Charme, aber sie können ihm auch auf die Nerven fallen. Ein kleines Mädchen hat vielleicht Lust, dem Vater die neuen Schuhe zu präsentieren, die ihre Mama für sie gekauft hat, und stört ihn zu diesem Zweck beim Zeitunglesen. Später möchte sie vielleicht irgendeine Telenovela im Fernsehen anschauen, während im anderen Programm ein Fußballspiel läuft. Eine Teenagerin erzählte mir eines Tages, sie verstehe überhaupt nicht, warum es ihren Vater nervt, dass sie jeden Tag ihre Mutter im Büro anruft, nur um mit ihr zu plaudern; genauso wenig verstand er, dass sie abends Stunden im Internet auf Schnäppchenjagd gingen, um das

»fünfzehnte« Paar Schuhe oder das trendigste neue Top zu erstehen. »Aber er hat nichts dagegen«, so schloss sie mit leicht bitterem Unterton, »wenn ich den Tisch decke und wieder abdecke und mit Mama das Geschirr einräume. Und wenn ich ihn darauf hinweise, dass er uns ja helfen könnte, sagt er nichts.«

Dieser Kommentar enthält zwei der häufigsten Vorwürfe, die Mädchen ihrem Vater hinsichtlich des Alltags machen: der fehlende Respekt für bestimmte Interessen, die als »unseriös« abqualifiziert werden – Kleidung, Look, VIP-Meldungen oder die Gemütszustände der Freundinnen etwa –, und die mangelhafte Beteiligung im Haushalt, wo die Männer in den vergangenen dreißig Jahren zwar große Fortschritte gemacht, aber immer noch sehr viel aufzuholen haben. Ein Mädchen, das Brüder hat, achtet sehr genau darauf, dass die Regeln des Zusammenlebens tatsächlich für alle Kinder gelten und ihr Vater gegenüber dem Sohn, der seine Sachen im Bad liegen lässt oder vergisst, sein Zimmer aufzuräumen, nicht mehr Nachsicht walten lässt als ihr gegenüber. In ihren Augen sind gutes Benehmen, Höflichkeit und Verantwortung Eigenschaften, die alle Kinder angehen, nicht nur Mädchen.

Ihre Gefühle verstehen

Beim nächsten großen Kritikpunkt der Mädchen geht es um Gefühle und Zuneigung. Viele Mädchen klagen darüber, dass sie gegenüber ihrem Vater Probleme in Gefühlsdingen nicht ansprechen können. Dabei ist inzwischen auch wissenschaftlich belegt, wie wichtig Gefühle nicht nur für die Kreativität, sondern auch für das vorausschauende Handeln und die Intelligenz sind. Die Mehrheit der Väter ist heute zum Glück nicht mehr so in sich gekehrt, wie es deren eigene Väter waren, aber die Vorstellung, dass Gefühle zu zeigen ein Zeichen von Schwäche ist, bestimmt zum Teil noch immer das Verhalten von Männern, die ratlos oder peinlich berührt sind, wenn ihre Tochter ihren Gefühlen freien Lauf lässt; in der Regel überlassen sie das Feld dann der Mutter. Die 14-jährige Christelle erlebt das so: »Mein Vater hält es nicht aus, wenn ich weine; er verlässt den Raum, ohne ein Wort zu sagen! Er kann wohl nicht akzeptieren, dass ich mich auch auf diese Weise ausdrücke. Es tut mir aber gut, wenn ich weine; ich brauche das genauso wie mit meinen Freundinnen zu lachen!«

Töchter und Väter sprechen nicht exakt dieselbe Sprache, denn neben dem Altersunterschied trennt sie auch ihre jeweils andere Gefühlskultur, die sich im Wesentlichen auf der Ebene der Gefühlsäußerungen zeigt. Dabei wäre es abwegig zu meinen, Väter und Töchter könnten nicht dieselben Gefühle haben: Freude, Wut, Angst oder Traurigkeit sind keine Frage des Geschlechts. Väter und Töchter sollten aber wissen, dass sie ihre Empfindungen, und vor allem schmerzliche Empfindungen, nicht auf dieselbe Art äußern. Bei einer Scheidung etwa zeigt ein Mädchen ihre Angst, verlassen zu werden, indem sie traurig ist oder weint, was dem Vater umso mehr zu schaffen macht, als er sich in der Regel schuldig fühlt. Ein Junge äußert seine Angst dagegen durch aggressives Verhalten in der Schule oder indem er sich zurückzieht. Traurigkeit gehört auch zu den Gefühlen, die Mädchen leichter ausdrücken können als Jungen. Ein Vater, der seine Tochter weinen sieht, wird durch ihre Tränen gerührt und fühlt sich schuldig; sein erster Impuls ist in der Regel dennoch, sich gleichgültig oder streng zu geben. Wenn man sich in den anderen einfühlen kann, auch wenn dieser seine Gefühle anders ausdrückt, findet man aus vielen Sackgassen auch wieder heraus. Für ein besseres Zusammenleben ist es wesentlich zu verstehen, wie der Einzelne seine Gefühle kommuniziert und welches die Unterschiede zwischen den Geschlechtern sind. Auch heute kann es vorkommen, dass ein Vater die Empfindungen seiner Tochter missversteht; ihre Gefühle verbinden sie, aber ihr ganz persönliches Erleben und vor allem die Art und Weise, Gefühle zu äußern, entfernt sie voneinander. Dabei kann sich ein Vater durchaus in seine Tochter hineinversetzen und ihre Gefühle und Reaktionen wahrnehmen: Wenn er sich die Mühe macht, ihre Signale zu entschlüsseln, ist er zu Identifikation und Empathie fähig. Das ist es, was seine Tochter von ihm erwartet.

Ihr Vertrauen schenken

Ein Mädchen braucht das Gefühl, dass ihr Vater ihr vertraut; umgekehrt gilt das genauso. Vertrauen überträgt sich nicht nur, es funktioniert auch spiegelbildlich. Ein Vater sollte sich mit seiner Tochter nicht nur darüber austauschen, welche Verantwortung er ihr für ihr Leben überträgt und welchen Aktivitäten sie nachgeht, sondern auch über »ernste Themen«, die ihm am Herzen liegen, über seine Gefühle oder über Werte, die er vertritt.

Solange die Tochter noch ein Kind ist, eignet sich die Schule hier hervorragend zur praktischen Umsetzung. Zu viel Aufmerksamkeit oder gar die strenge Überwachung ihrer Vorbereitungen und Noten ist nicht nur in der Schule kontraproduktiv, sondern auch im Hinblick auf die Selbstachtung der Tochter. Allzu oft vergisst man, dass Erfolg auf Selbstvertrauen beruht. Je weniger man einem Kind vertraut, desto weniger Selbstvertrauen entwickelt es, bis es irgendwann überhaupt kein Vertrauen mehr hat, auch gegenüber anderen und seinen Eltern nicht. Was ich diesbezüglich über die Mutter-Sohn-Beziehung geschrieben habe, gilt genauso für die Vater-Tochter-Beziehung. In meiner Sprechstunde empfange ich beispielsweise Eltern – immer häufiger übrigens Väter –, deren Töchter innerhalb eines Jahres in der Schule rasant nachgelassen haben. Die Sorge der Eltern, aus der heraus sie mich auch aufsuchen, belastet in der Regel bereits die Stimmung innerhalb der Familie. Anders als ein Junge steht ein Mädchen der Begegnung mit einem Psychologen nicht unbedingt ablehnend gegenüber. Wie der Junge sagt sie: »Wenn die Schule nicht wäre, wäre alles in Ordnung.« Das sehen die Eltern häufig genauso. In einer solchen Situation sucht man in Einzelsitzungen nach einer Lösung mit dem Mädchen, das von sich aus sagt, sie wolle wieder etwas für die Schule tun. In Absprache mit den Eltern trifft man eine Abmachung mit ihr: »Ich habe das Vertrauen, dass du wieder lernen wirst, aber ich bitte dich, von dir aus nach dem nächsten Halbjahr zu mir zu kommen, damit wir sehen, ob du Wort gehalten hast: Wenn ja, brauchst du nicht mehr zu kommen; wenn nein, heißt das, dass du irgendeine Blockade hast und deine Eltern zu Recht wünschen, dass du zu mir kommst.« Ich habe noch nie erlebt, dass sich ein Mädchen einer solchen Abmachung verweigert hätte.

Was lernen wir daraus? Man kann sich das Vertrauen der Tochter wünschen, aber sie wird es einem eher entgegenbringen, wenn man eine feste Vereinbarung trifft. Ist eine solche Herangehensweise erfolglos, heißt das, dass das Vertrauen stark beeinträchtigt ist oder das Problem woanders liegt. Dieser Ansatz und sein Ergebnis zeigen, was eine Tochter von ihren Eltern und insbesondere von ihrem Vater erwartet. Der Vater vertraut in solchen Situationen übrigens tendenziell mehr seiner Tochter als seinem Sohn. Was für die Schule gilt, gilt genauso in anderen Bereichen und auch später im Leben. Väter sollten wissen, dass eine Tochter in einer schwierigen Phase des Lebens immer ihr Vertrauen sucht, auch wenn sie längst erwachsen ist.

Verstehen, wenn es ihr schlecht geht

Eine Tochter erwartet von ihrem Vater wie von ihrer Mutter Verständnis dafür, dass es ihr auch wirklich schlecht gehen kann. Das kann sich in Bauch- oder Kopfschmerzen, diversen somatischen Beschwerden, Essstörungen (Bulimie oder Magersucht) oder ausdrücklichen Klagen über Ängste oder

Traurigkeit äußern. Allerdings wird sie sich in diesen Dingen eher ihrer Mutter anvertrauen, weil sie intuitiv und auch aus Erfahrung weiß, dass ihr Vater für die Verbalisierung ihrer Sorgen weniger empfänglich ist und es ihm sogar Angst macht, paradoxerweise wahrscheinlich deshalb, weil es ihn sehr berührt.

Ein Mädchen kann wie ein Junge Leiden oder Unzufriedenheit auch über so genanntes externalisiertes Verhalten äußern: verbale und körperliche Aggressionen, ständige Wutanfälle und Dauerprotest, in der Pubertät zudem selbstgefährdendes Verhalten durch Drogenkonsum. Dabei gibt es auch unter Mädchen regelrechte »Draufgängerinnen« – von denen es ja häufig heißt, an ihnen sei ein Junge verloren gegangen –, so wie es umgekehrt auch umsichtige Jungen gibt. Externalisiertes Verhalten ist jedoch noch immer eher ein Merkmal der Jungen – was nicht bedeutet, dass Mädchen weniger leiden. Die Inzidenz entwickelt sich mit zunehmendem Alter zudem unterschiedlich, und die Diskrepanz zwischen den Geschlechtern nimmt im Laufe der Pubertät oft eher noch zu.

Warum ist eine Teenagerin weniger empfänglich für selbstgefährdendes Verhalten (ausgenommen allerdings das Selbstmordrisiko)? Dafür gibt es mehrere gängige Erklärungen. Zweifellos sind Mädchen nicht so impulsiv, sondern lassen sich mehr Zeit, bevor sie handeln. Im Vergleich zu Jungen stürzen sie sich deutlich seltener kopfüber in Unterfangen, die ihnen verlockend erscheinen. Wahrscheinlich eignen sie sich auch früher das Verhalten von Erwachsenen und insbesondere das der Eltern an; das wird durch den schnelleren Spracherwerb befördert, der es ihnen ermöglicht, ihre Gefühle besser zu äußern und sie dadurch nachvollziehbar zu machen.

Mädchen sind anscheinend auch für andere Sinneseindrücke empfänglich als Jungen. Ein frappierendes Beispiel dafür ist die Art und Weise, wie sie mit Langeweile umgehen. Wenn Mädchen sich langweilen, versuchen sie, Kontakt herzustellen und zu reden, indem sie beispielsweise ihre beste Freundin anrufen, oder vertiefen sich in ein Buch, während ein Junge etwas Handfestes tun will. Das Verhältnis zu den inneren Vorgängen ist geschlechtsbedingt unterschiedlich, was in Störungen des Essverhaltens manifest wird, die bei Mädchen deutlich häufiger vorkommen als bei Jungen: Die mit den Essstörungen verbundenen Empfindungen werden im Inneren ausgelöst und wirken weniger von außen auf den Körper ein. Langeweile ist bei gestörtem Essverhalten zudem oft ein auslösender Faktor.

Grundsätzlich können Mädchen Gefahren und Risiken anscheinend besser einschätzen als Jungen. Schon in der Kindheit haben sie mögliche Folgen einer bestimmten Situation besser im Blick als Jungen und können so auch besser erkennen, welche Gefahren mit einem bestimmten Verhalten verbunden sind, was auch ihre stärkere »Intuition« erklärt. Vor diesem Hintergrund versteht man eher, warum Mädchen – und besonders Mädchen in der Pubertät –, wenn es ihnen schlecht geht, dazu neigen, Gefühle wie Angst oder Traurigkeit zu äußern, statt sich durch mehr oder weniger radikales Risikoverhalten selbst zu gefährden. Dabei gilt es allerdings immer, wie bereits angedeutet, auch intrageschlechtliche Unterschiede zu berücksichtigen.

Ihre Wünsche verstehen

Ein Mädchen wünscht sich, ihr Vater möge sie ohne viele Worte verstehen; sie zählt auf seine Intuition. In den vorangegangenen Kapiteln habe ich erläutert, was Mädchen verschiedener Altersstufen wollen beziehungsweise nicht wollen. Anders als ein Junge, will ein Mädchen nicht prinzipiell das letzte Wort haben und die Stärkere sein. Sie erlebt Konflikte ganz anders: Der Wunsch, den anderen zu dominieren, ist bei ihr oft eher unterschwellig vorhanden, und sie konzentriert sich stattdessen auf den konstruktiven Aspekt einer Auseinandersetzung. Was eine Tochter wütend macht, ist nicht Konkurrenz, Rivalität oder unbedingter Siegeswille; wütend wird sie, wenn sie sich zurückgesetzt fühlt, man ihr kein Gehör schenkt oder wenn sie die Verachtung zu spüren bekommt, mit der manche Männer, zuweilen auch der eigene Vater, Frauen begegnen. Natürlich ist sie genauso verletzt wie ein Junge, wenn der Vater ihr kein Vertrauen entgegenbringt oder sie für unfähig hält. Sie wird darauf nicht unbedingt heftig reagieren, aber ein solches Verhalten trifft sie zutiefst und wird von ihr als Vertrauensbruch empfunden. Viele Mädchen erinnern sich noch Jahre später an eine Bemerkung oder eine Geste ihres Vaters, die sie entweder sehr ermutigt oder im Gegenteil tief verletzt hat.

Entscheidend ist natürlich, dass man an sich selbst glaubt und sich so akzeptiert, wie man ist, und nicht ständig Bestätigung durch andere benötigt. Anders als Jungen, die immer wieder ausdrückliche Bestätigung brauchen, macht es den Mädchen vor allem zu schaffen, wenn sie hinter bestimmten Worten oder Gesten Geringschätzung vermuten. Besonders beim Vater legt ein Mädchen Wert darauf, dass er solche Äußerungen unterlässt; das zählt für sie viel mehr als die ständige Erinnerung daran, wie viel sie ihm bedeutet, was bei ihr eher den Eindruck erweckt, er wolle sie verführen. *Eine Tochter erwartet von ihrem Vater immer liebevolle und behutsame Unterstützung.*

Mit den ersten Verliebtheitsgefühlen rückt unweigerlich das in den Vordergrund, was Mann und Frau ihr Leben lang voneinander unterscheidet. Auch in diesen Dingen erwartet eine Tochter von ihrem Vater einfühlsames Verständnis für ihre Empfindungen und Diskretion. Jeder Vater weiß, dass seine Tochter Verliebtheitsgefühle und natürlich auch sexuelle Gelüste hat, obwohl sie diese nicht zeigt. Es ist jedoch zwingend geboten, dass er jede Anzüglichkeit vermeidet und sie nicht ständig kontrolliert. In der Pubertät sprechen Mädchen nicht gern über ihre ersten sexuellen Erfahrungen, auch mit ihrer Mutter nicht; das tun nur 26 Prozent der jungen Mädchen. In dieser Phase ihres Lebens, aber auch später wünschen sich Mädchen vor allem, dass ihr Vater nicht versucht, alles über sie herauszufinden.

Statt übermäßige Kontrolle auszuüben, sollte sich ein Vater lieber klar machen, dass Mädchen sich von Jungen weniger im Hinblick auf die Sexualpraktiken als vielmehr dadurch unterscheiden, weshalb sie sich auf einen sexuellen Kontakt einlassen: mehrheitlich nämlich aus Liebe (60 Prozent). Bei fast der Hälfte der Jungen – Väter werden das aus eigener Erfahrung bestätigen – geschieht es aufgrund von Anziehung und körperlichem Begehren; mit Liebe hat es nur für 38 Prozent zu tun. Es ist daher verständlich, dass Väter oft befürchten, ihre Töchter könnten Jungen begegnen, die sie nicht respektieren: Einige von ihnen waren früher selbst so. Nichtsdestoweniger sei darauf hingewiesen, dass »Gefühle« im Zusammenhang mit dem Liebesleben bei Umfragen unter Jugendlichen – und zwar auch unter Jungen – einen besonderen Stellenwert haben.[8] In der Pubertät findet ein Mädchen vor allem Halt in einer Beziehung, in der sie den anderen entdecken, mit ihm neue Interessen entwickeln und ihre ersten sexuellen Erfahrungen auf befriedigende Weise erleben kann. Mit einer solchen Liebesbeziehung wird in Bezug auf den Vater ein psychischer Prozess der Übertragung, Substitution und Abnabelung in Gang gesetzt. Wenn eine Jugendliche daraus so viel Positives ziehen kann, dass der Verlust der Kindheit oder anfängliche Befürchtungen mehr als wettgemacht werden, kann sie sich ganz auf diese Liebesbeziehung einlassen, deren höchste Erfüllung der sexuelle Akt ist.

Auch als erwachsene Frau wünscht sich eine Tochter Respekt vom Vater, wenn es um ihr Gefühls- und Liebesleben geht. Sie findet Entfaltung mit dem Mann ihrer Wahl, den sie liebt und der sie bestätigt und ebenfalls liebt. Durch diese Beziehung lösen sich vielleicht sogar mehr oder weniger offene Konflikte mit ihrem Vater oder ihrer Mutter in Wohlgefallen auf. Es ist dann an den Eltern, die Autonomie, die ihre Tochter glücklich macht, zu akzeptieren, selbst wenn sie sich ausgeschlossen fühlen.

Ein Vater muss wissen, dass irgendwann unweigerlich der Moment kommt, da sein Kind selbst urteilt, seine eigenen Standpunkte vertritt und Kritik äußert. Nicht immer angenehm ist dabei die Tatsache, dass eine Tochter mit der Zeit auch eine kritische Haltung gegenüber ihrem Vater entwickelt. In diesem Punkt unterscheiden sich Mädchen und Jungen. Mädchen äußern ihre Meinung meistens mit Bedacht und bringen ihre Kritik nach und nach vor. Jungen dagegen suchen den Protest und provozieren durch zum Teil übertriebene oder unangebrachte Äußerungen. Welchen Weg sie jedoch auch einschlagen: Alle Kinder müssen sich, um unabhängig zu werden, von dem lange Zeit unangefochtenen und bewunderten Vorbild der Eltern befreien. Dieser psychische Impuls, der erstmals in der Pubertät auftaucht, zeigt sich dann bei verschiedenen Anlässen wieder, vor allem wenn es um Lebensentscheidungen auf der Ebene der Freundschaft, des beruflichen Werdegangs oder der intimen Beziehungen geht.

Die 16-jährige Coralie sucht mich auf Anraten des Schularztes ihres Gymnasiums auf, wo sie die elfte Klasse besucht. Seit mehreren Wochen ist sie gestresst und leidet unter Ängsten; sie schläft immer schlechter und kann sich im Unterricht nicht konzentrieren. Ihr Unbehagen führt sie auf ein bestimmtes, für sie sehr wichtiges Ereignis zurück. Vor einigen Wochen hat sie einen Studenten kennen gelernt, der ein paar Jahre älter ist als sie und ihrem jüngeren Bruder Nachhilfe in Mathematik gibt. Sie hat sich auf Anhieb in ihn verliebt und muss ständig an ihn denken. In seiner Gegenwart fühlt sie sich jedoch wie gelähmt. Der junge Mann, dem das aufgefallen ist, hat sie gefragt, was mit ihr los sei und ob sie Sorgen habe; sie war nicht in der Lage, ihm zu antworten. Coralie hat sich alle möglichen Strategien ausgedacht, wie sie ihn über ihre Verfassung aufklären könnte, sich letztlich aber nicht getraut, ihm reinen Wein einzuschenken. Dann hat sie sich eingeredet, dass er ihre Liebe auf keinen Fall erwidern werde. Sie war furchtbar verzweifelt, hat aber zu Hause mit niemandem darüber gesprochen. Sie wollte nicht, dass ihr Bruder etwas erfährt, damit er sich nicht über sie lustig macht und sie ärgert, wie er es oft tut. Um ein Haar hätte sie ihre Mutter eingeweiht, aber sie fühlt sich ihr nicht nahe genug, um ihr etwas so Intimes anzuvertrauen. Ihr großer Vertrauter in der Familie ist immer ihr Vater gewesen. Das sei schon seit ihrer Kindheit so – »oder war vielmehr so«, berichtigt sich Coralie seufzend. Seit sie sich verliebt habe, könne sie nämlich nicht mehr so mit ihm reden wie zuvor, und sie leide darunter. Sie habe den Eindruck, dass sie ihre Eltern nicht mehr so sehe wie früher. »Es ist, als seien sie plötzlich gewöhnliche Leute, ganz normale Menschen, die keineswegs immer gute Ratschläge geben, nicht immer die richtigen Worte finden und mit ihrem Urteil über andere auch schon mal falsch liegen … Selbst mein Vater ist nicht mehr mein Lieblingsheld, und das will etwas heißen …«

Wie viele junge Mädchen hat auch Coralie ihren Vater auf ein Podest gehoben und ist jetzt im Begriff, ihn von dort herunterzuholen, was sie selbst überrascht. Es wäre ihr lieber, wie sie selbst sagt, wenn alles wieder wäre wie zuvor, aber ihr ist auch klar, dass sie ihre Eltern und vor allem ihren Vater nicht ihr Leben lang idealisieren kann. Nachdem sie ihm lange ähnlich sein und sogar denselben Beruf ergreifen wollte – er ist Anwalt –, beginnt sie jetzt, ihre Pläne ernsthaft in Frage zu stellen. Sie erlebt einen idealisierenden Verliebtheitszustand und gleichzeitig eine kindliche Enttäuschung, was kein Zufall ist. Ihre Enttäuschung als Tochter hängt damit zusammen, dass sie ihre Gefühle überträgt: Sie projiziert die Idealisierung des Vaters auf eine andere Person. Dazu kommt es oft, wenn sich jemand verschiedene Menschen nacheinander zum Idol oder Vorbild nimmt: Tief empfundene Gefühle vertragen sich nur mit einem einzigen Helden. Nach der Zeit des geliebten und idealisierten Vaters kommt also jetzt die des »Verehrers«: Indem Coralie sich in einen anderen Mann verliebt, nimmt sie Abstand zum väterlichen Vorbild und überträgt dabei das schutzgebende oder aufgewertete und geliebte Bild, mit dem sie sich identifizieren kann.

Den Vätern fällt es schwer zu akzeptieren, dass sie nicht mehr das Bild des männlichen Vorbilds darstellen, das sie bislang verkörperten, und dass es sogar in Frage gestellt wird. Sie müssen das jedoch akzeptieren, wenn sie den Kontakt zu ihrer Tochter aufrechterhalten und ihr fortan auf eine andere Art Rückhalt bieten wollen. Eine Jugendliche, die sich verliebt, fühlt sich gänzlich verändert; sie sieht im Vater nicht mehr die Anlaufstelle, die ihr in ihrer Vorstellung die ganze Kindheit über zur Verfügung stand; sie entzieht sich zum Teil seinem Blick und seiner Bevormundung. Die plötzlichen, leidenschaftlichen Gefühle für einen Jungen, für einen gänzlich anderen Mann, sind oft der Auslöser für eine solche Emanzipationskrise.

In dieser Phase ihres Daseins, da ihr die gewohnte Orientierung abhanden kommt, steht ein Mädchen jedoch noch nicht auf besonders sicheren Füßen. In ihren Urteilen liegt sie oftmals nicht ganz richtig, ihrer Haltung und ihren Äußerungen fehlt das rechte Maß – vor allem in Bezug auf die einstigen Vorbilder, die nun abgelehnt werden, nämlich die Eltern, und ganz besonders gegenüber ihrem früheren Idol: dem Vater. Nachdem sie lange die Rolle von »Papas kleiner Tochter« inne hatte, will sie jetzt ihre eigene Meinung äußern, ohne genau zu wissen, ob es auch wirklich das ist, was sie denkt. Ein Vater muss in den Provokationen und den Protesten seiner Tochter diesen Wunsch nach Emanzipation erkennen, selbst wenn es schwer fällt, ihr Verhalten »wegzustecken«. Er muss sich, auch wenn es ihn manchmal Überwindung kostet, sogar sagen, dass diese Distanzierung nötig und sinnvoll ist, weil sie seiner Tochter ermöglicht, erwachsen zu werden. In diesen spannungsreichen Zeiten mit Gelassenheit zu reagieren und emotionale Intelligenz zu zeigen, ist entscheidend dafür, dass seine Tochter an ihrem Idealbild von ihm festhalten und sich insgeheim sagen kann: »Mein Vater versteht mich.«

Ihr richtig zuhören

Als sie noch klein war, wusste er oft nicht, wie er sie richtig trösten sollte, obwohl er es so gern getan hätte, und überließ diese Aufgabe seiner Frau. Und nun ist sie groß, demonstriert ihre Unabhängigkeit und macht ihm – jetzt ganz direkt – den Vorwurf, er sei nicht für sie da oder habe keine Ahnung, was mit ihr los sei. Für einen Vater ist dieser Vorwurf schwer anzunehmen, denn in Wirklichkeit wünscht er sich den Austausch, erwartet aber, dass seine Tochter dabei auf ihn zugeht. Was an sich keine schlechte Methode ist: Ich habe immer wieder Mädchen sagen hören, sie könnten besser mit ihrem Vater reden als mit ihrer Mutter, die ihnen mit ständigen Fragen die Luft nehme. In der Mehrzahl der Fälle ist das jedoch nicht so.

Was meinen Mädchen also genau, wenn sie – wie sie es mehrheitlich tun – sich wünschen, ihr Vater möge ihnen zuhören? Sie wollen nicht, dass er sich gleich auf sie stürzt, wenn sie ängstlich oder traurig wirken, und sie entwickeln auch Schuldgefühle, weil sie glauben, in den Augen ihres Erzeugers nicht stark genug zu sein; dennoch wollen Mädchen, dass er ihre *Gefühle* versteht, vor allem, wenn sie an sich zweifeln oder es ihnen schlecht geht. Sie möchten das, was sie empfinden und was sie berührt, mit jemandem teilen. Väter haben nicht gelernt, schmerzliche Gefühle mitzuteilen; in der Regel behalten sie sie für sich. Dennoch gibt es wohl nichts Beruhigenderes für ein Mädchen als zu entdecken, dass ihre Gefühle zu den Erfahrungen gehören, die der Mensch eben macht, und dass sie diese Gefühle ohne Scham äußern kann, selbst einem Vater gegenüber, den sie bewundert und zu dem sie ein eher zurückhaltendes Verhältnis hat. Es ist also am Vater zu begreifen, dass er durch seinen Status und seine Aura eine wichtige Anlaufstelle bleibt und seiner Tochter einen wertvollen Dienst erweist, indem er ihr zuhört.

Die Familienkonstellation

Die Familienkonstellation ist ein wesentlicher Faktor für das Verständnis der Tochter-Vater-Beziehung. Je nachdem, ob es sich bei dem Mädchen um ein Einzelkind handelt oder es mehrere Geschwister gibt oder einer der beiden Eltern vielleicht lieber Kinder beiderlei Geschlechts gehabt hätte, ändert sich die Art der Beziehung und das familiäre Beziehungsgeflecht.

Die einzige Tochter: Wenn ein Mädchen Einzelkind ist, kann die Beziehung zum Vater Stoff für aufwühlende Romane bieten, wie in Balzacs *Eugénie Grandet*, in dem es um die unglückliche Geschichte eines sehr einsamen Mädchens geht, das unter dem autoritären und geizigen Vater leidet. Auch im richtigen Leben ist der Status der einzigen Tochter manchmal eine schwere Bürde, wie das Schicksal von Marie Bonaparte zeigt, deren abgöttisch geliebter Vater mit nur 24 Jahren Witwer wurde. Von dem oft abwesenden und ihr gegenüber zunächst sehr reservierten Mann hatte sie auch ihre unstillbare intellektuelle Neugier. Marie Bonaparte, Prinzessin von Griechenland und Dänemark und Urgroßnichte Napoleons, machte später eine Analyse bei Freud, der sie »die Prinzessin« nannte, und übersetzte mehrere seiner Bücher ins Französische. Sie war es auch, die Freud 1938 half, Österreich zu verlassen und nach England zu gehen.

Ich habe oft erfahren, dass Mädchen, die Einzelkinder sind, sich gegen Ende ihrer Kindheit oder als Jugendliche sehr intensiv einer Tätigkeit zuwenden – weitaus intensiver als Töchter aus anderen Familienkonstellationen. Zweifellos haben sie viel Energie und einen starken Erfolgswillen. Liegt es womöglich an der besonderen Beziehung zum Vater? Natürlich hat ein Mädchen, das als Einzelkind groß wird, die gleichen Probleme wie andere Mädchen seines Alters auch, aber es gibt auch eine spezifische Problematik. In der Kindheit wurde es grenzenlos umhegt und musste die elterliche Liebe mit niemandem teilen. Auf die besondere Bedeutung der Liebe des Vaters für die Entwicklung der Tochter wurde dabei bereits hingewiesen. Als Einzelkind hat eine Tochter nicht mit geschwisterlicher Rivalität zu kämpfen – nicht ausreichend, wie manche sagen würden. Ihre einzige Rivalin ist ihre Mutter – oder Stiefmutter.

Ihr Erfolgsdrang und die Energie, die Einzelkindtöchter oft an den Tag legen, beruhen sicher zum Teil auf dieser ungeteilten Liebe des Vaters. Die Kehrseite der Medaille zeigt sich in dem Moment, da sich die Tochter vom Vater löst, dem sie alles bedeutet. Dass es dem Vater schwer fällt zu sehen, wie seine Tochter auf Abstand geht, wird dabei ebenso deutlich wie deren Schuldgefühle, ihn, der kein anderes Kind mehr hat, zurückzulassen. Diese Sorge ist in dem seltenen Fall, in dem ein Vater seine einzige Tochter allein aufzieht, noch um ein Vielfaches größer: Wie kann man einen Vater verlassen, dessen Daseinsgrund man ist? Die emotionale Antwort ist nicht einfach: Entscheidend ist hier, mehr noch als sonst, dass man die Schwierigkeiten, die einem diese Situation bereiten, aufrichtig und mutig kommuniziert.

Weibliche Geschwisterkinder. Im *König Lear* hat Shakespeare gezeigt, wie sehr sich ein Vater hinsichtlich der Liebe seiner Töchter irren kann. Opfer dieses falschen Verständnisses wird übrigens das zurückhaltendste seiner Kinder, Cordelia, obwohl sie ihren Vater zutiefst liebt. Meistens zeichnen sich weibliche Geschwister jedoch dadurch aus, dass sie zusammenhalten und zwischen ihnen stilles Einvernehmen herrscht.[9] Wenn, was nicht selten der Fall ist, Konkurrenz untereinander aufkommt, so wird sie, anders als bei Jungen, eher stillschweigend ausgetragen. Ein Vater ist immer wunschlos glücklich, wenn er Töchter hat, aber es fällt ihm manchmal schwer zu begreifen, was sie vereint und was sie trennt. Noch häufiger ist er sprachlos angesichts ihres einhelligen Interesses für die weibliche Mode, von der er nichts versteht, auch wenn er sich bemüht, entsprechende Zeitschriften zu lesen, die sich daheim stapeln, und er staunt über unaufhörliche Streitereien im Bad wegen unsachgemäß zugedrehter Zahnpastatuben und stillschweigend aufgebrauchtem Shampoo. Am besten versteht ein Vater seine Töchter letztlich, wenn sie miteinander konkurrieren, auch wenn dieser Konkurrenzkampf nie ganz offen ausgetragen wird.

Ein Vater weiß um den Vorteil, der einzige Mann im Haus zu sein: Er hat keinen Konkurrenten, er wird in seiner Männlichkeit nicht in Frage gestellt und hat die Liebe seiner Frau und seiner Töchter ganz für sich allein. Da er allerdings auch keinerlei Beistand durch einen Jungen hat, muss er aus eben diesem Grund auch auf das Rugbyspiel oder den Actionfilm im Fernsehen verzichten, bei dem er sich gern entspannen würde. Obwohl er sich durchaus nicht ohne Stolz als Märtyrer in einer unbarmherzigen Welt der Frauen präsentiert, die, koste es, was es wolle, ihm ihre Gesetze aufzwingt, fühlt er sich an manchen Tagen verständlicherweise auch etwas isoliert. Es wäre allerdings schade, wenn er die Rolle des einsamen, unverstandenen Mannes allzu sehr strapazieren würde. Treibt er es nämlich zu weit, läuft er Gefahr, vom »Mädchenclan« ins Abseits gestellt zu werden oder sich den Beistand eines seiner Kinder sichern zu müssen, desjenigen, das am anhänglichsten ist oder Schwierigkeiten mit der Mutter hat, und so unvermeidliche Spannungen innerhalb der Familie hervorzurufen.

Untereinander tun sich Mädchen je nach Alter, Charakter und Affinitäten zusammen, die sich im Laufe der Zeit auch ändern können. Schwierig kann es für einen Vater werden, wenn Eifersucht ins Spiel kommt und er diese natürliche Regung nicht bewusst wahrnimmt oder, noch schlimmer, sie durch die offenkundige Bevorzugung einer Tochter zusätzlich verstärkt. Mehr noch als bei männlichen Geschwisterkindern, wird die Rivalität unter Schwestern stark geschürt, wenn der »Mann des Hauses«, und sei es auch nur vorübergehend, etwa wegen einer besonderen Leistung, eine von ihnen bevorzugt. Nicht selten hat in Familien mit mehreren Mädchen eine von ihnen auch die Rolle des Jungen inne; an sie wendet sich der Vater dann am ehesten und mit ihr sucht er die direkte Auseinandersetzung. Väter mehrerer Töchter müssen, was die Eifersucht angeht, sehr auf der Hut sein, und manche haben das Problem auch sehr gut im Griff, vor allem, wenn sie selbst eine schwierige Beziehung zu einer Schwester hatten. Bei aller Gerechtigkeit, die man gegenüber den Kindern walten lässt, wenn es um Zuneigung und Autorität geht, darf man jedoch Unterschiede nicht übergehen und sollte, nur um der vermeintlichen Gerechtigkeit willen, nicht etwa alle Töchter auf dieselbe Schule schicken oder ihnen dasselbe schenken.

Männliche und weibliche Geschwisterkinder. Zwischen Bruder und Schwester kann es die größten Gemeinsamkeiten und gleichzeitig die radikalsten Unterschiede geben. Das berühmte Geschwisterpaar Camille und Paul Claudel ist dafür ein gutes Beispiel. In Familien mit Kindern beiderlei Geschlechts lautet der Standardsatz an die Adresse des Mädchens oft »Geh gar nicht drauf ein« und an die Adresse des Jungen »Ärgere deine Schwester nicht«. In Sachen Streit und Reibereien ist also durchaus etwas geboten! Die gute Nachricht ist, dass sich das mit der Zeit auch wieder legen kann und zwischendurch immer wieder größtes Einvernehmen herrscht. So ist es letztlich auch in Grimms Märchen *Die sieben Raben*, in dem ein Mädchen die Liebe des Vaters so sehr für sich beansprucht, dass dieser ihre Brüder in Raben verwandelt, woraufhin sie bis ans Ende der Welt reist, um dieses Schicksal wieder rückgängig zu machen … Die schlechte Nachricht ist, dass diese Auseinandersetzungen manchmal Narben hinterlassen, die auch Jahre später wieder aufbrechen können, wenn eine Schwester den Vater zu sehr für sich vereinnahmt und ihre Brüder sich deshalb zurückgesetzt fühlen.

Den Vater verstehen

Während eine Tochter für ihr Selbstwertgefühl als künftige Frau also in besonderer Weise die Unterstützung des Vaters erwartet, weiß sie umgekehrt auch, dass ihr Vater ganz bestimmte Erwartungen an sie hat, auch wenn er diese durchaus nicht immer präzise benennt. Zum besseren Verständnis versuche ich im Folgenden zusammenzufassen, was Väter mir diesbezüglich anvertraut haben.

Der diskrete Charme der Bescheidenheit

So wie Männer Angst vor Frauen haben, haben Väter Angst vor ihren Töchtern. Liegt es daran, dass die Frau im archaischen Bewusstsein, ob als Fee oder Hexe, als »Schicksalsmacherin« gilt?[10] Selbst wenn dem so ist, überrascht die Angst der Männer dennoch, da sie sie so gut wie nie zeigen. Tatsächlich wollen Männer sich behaupten und dominieren, auch wenn sie es sich versagen. Frauen wissen um diese männliche Unzulänglichkeit, diese Angst, und begegnen ihr bestenfalls mit einem Lächeln, untereinander durchaus auch mit leichtem Spott; aber sie können auch sehr darunter leiden. Väter legen zudem besonderen Wert darauf, ihre Autorität zu behaupten; nicht von ungefähr hört man aus ihrem Mund häufig Sätze wie: »Ich lasse mich doch von meiner Tochter nicht herumkommandieren!«

Töchter stehen also vor einer schwierigen Aufgabe: Sie sollen dem Mann, der ihr Vater ist, zugestehen, dass er sich durchsetzen und das Regiment führen will, sich ihm jedoch nicht unterwerfen, gleichzeitig aber die Autorität, die er verkörpert, durchaus anerkennen. Anders ausgedrückt: Sie wissen, dass sie mit ihrer Persönlichkeit oder ihren Standpunkten nicht allzu sehr auftrumpfen sollten, um nicht mit dem Vater aneinander zu geraten, dass sie aber auch nicht zu folgsam sein dürfen, um sich Respekt zu verschaffen. Manche sind clever genug und beherrschen beide Register; zumindest nach außen hin erkennen sie die väterliche Autorität an und setzen sich mit ihren Wünschen dennoch durch.

In der Regel geben sich Frauen unprätentiöser als Männer; sie betrachten Demut als lobenswerte Eigenschaft und können ihren Stolz selbst in entscheidenden Momenten ihres Lebens zügeln. Mit diesem diskreten Charme der Bescheidenheit bringen sie sich jedoch nicht ins Hintertreffen und fügen sich auch keiner Dominanz, unter der sie leiden würden. Vielmehr bedienen sie sich seiner als Beziehungswaffe, denn es zeugt nicht nur von Geschick, nicht um jeden Preis überlegen sein zu wollen und seine Botschaft trotzdem an den Mann zu bringen; es ist auch außerordentlich effizient. Ein feines Gespür für andere und ein gesunder Selbstbehauptungswille sind eine gute Kombination für den Umgang mit den Mitmenschen, und Frauen verstehen sich in der Regel besser darauf als Männer – wahrscheinlich, weil sie sich schon von klein auf darin üben, die bestmögliche Beziehung zu ihrem Vater zu haben.

Wie der Vater, so die Tochter

Abgesehen von paranoiden Vätern – die es durchaus gibt –, schätzen Väter es, wenn sie eigene Charakterzüge bei ihrer Tochter wiederfinden, und sind sogar stolz darauf. Im Grunde können sich sämtliche Charaktereigenschaften des Vaters auf die Tochter übertragen. Man denke nur an Athene, die die Stärke ihres Vaters hatte, Sissi, die ebenso romantisch veranlagt war wie ihr Vater Max, an Frauen wie Marie Curie, Marie Bonaparte oder Christine de Pizan[11], eine französische Schriftstellerin des Mittelalters, die als erste Frau gilt, die vom Schreiben leben konnte: bei ihnen war es die Bewunderung für einen außergewöhnlich intelligenten Vater, die ihre intellektuelle Neugier geweckt hat. Wie viele Mädchen haben nicht von der hübschen Kaiserin Sissi und ihrem Prinzen geträumt und genauso von deren enger Bindung zu ihrem Vater. »Wenn wir nicht Herzog und Herzogin wären, wären wir Zirkusreiter« – wie viele hatten nicht diesen berühmten Satz im Kopf. Im Grunde hatten beide dieselbe unkonventionelle, exzentrische Seite, dieselbe Liebe zur Natur, und das innerhalb des sehr strengen Rahmens des österreichischen Hofes. Sissis Schwierigkeiten in ihrer Ehe könnte man sicher besser verstehen, wenn man sich ihre Beziehung zu ihrem Vater näher ansehen würde, den sie über alles liebte und nicht verleugnen wollte, während sie gleichzeitig ihrer Rolle als junge Kaiserin gerecht werden musste. Es handelte sich wohl eher um einen Loyalitätskonflikt als um Probleme mit der Krone an sich.

Um den Vater besser zu verstehen, muss ein Mädchen wissen, dass er in der Regel stolz darauf ist, wenn sie sich in manchen Dingen ähneln, sofern es sich um positive Eigenschaften wie Selbstvertrauen, Kämpfergeist oder bestimmte Wertvorstellungen handelt. Jane Fonda schreibt dazu: »Es ist nicht schwer herauszufinden, worin ich nach meinem Vater komme. Wir sehen uns schon äußerlich ähnlich, ich habe denselben Beruf gewählt, und wir stimmen zweifellos in manchen Charakterzügen überein, wozu leider auch gehört, dass ich dazu neige, mich zurückzuziehen und schroff zu reagieren (obwohl ich mir viel Mühe gegeben habe, das abzulegen). In den väterlichen Genen steckte aber auch die Robustheit eines Mannes aus dem Mittleren Westen und eine Grundhaltung, in der Unbestechlichkeit, der Schutz der Unterdrückten und der Hass auf die Unterdrücker zum Ausdruck kamen ... Ich glaube, dass Papas Auffassung von Moral bis zum letzten Tag durch seine Erdverbundenheit geprägt war, und das haben ich und auch meine Kinder geerbt.« Umgekehrt mag eine Tochter ihrem Vater vorwerfen, ihr einen Charakterzug vermacht zu haben, der ihr weniger behagt, oder ein Vater kann sich für unvorteilhafte Verhaltensweisen seiner Tochter verantwortlich fühlen, weil er sie von sich selbst kennt. Ein solches Schuldgefühl durch spitze Bemerkungen noch zu verstärken führt zu nichts, außer zu unbeholfenen Reaktionen auf Seiten des Betroffenen ...

Ein Vater kann sich auch sehnlichst wünschen, dass seine Tochter ihm in manchen Dingen ähnlich sein möge, so wie eine Tochter sich vielleicht für sich selbst einige der Eigenschaften wünscht, die sie bei ihrem Vater schätzt, und ihm dadurch Freude macht, dass sie ihm vor Augen führt, was sie an Gemeinsamkeiten haben, ihm also zeigt, dass sie sich mit ihm identifiziert. In schwierigen Momenten erinnert sie sich vielleicht an einen Satz, den er ihr oft gesagt und den sie sich zu eigen gemacht hat, wie jene junge Frau, die immer noch ihren Vater vor sich stehen sieht, der sagte: »Man muss annehmen können, was man von anderen bekommt.« Ein solcher Identifikationsprozess hat jedoch auch Grenzen, allein schon deshalb, weil eine Tochter durch ihre Mutter noch ein anderes Identifikationsmuster hat, und weil sie darüber hinaus zu ihrer eigenen Persönlichkeit finden muss. *Kein Vater kann seine Tochter dazu zwingen, sein Abbild zu sein; es wäre narzisstisch, sich um der eigenen*

Befriedigung willen in der Ähnlichkeit zur Tochter bestäti-
gen zu lassen.

Léa leidet unter ihrem ständigen Konkurrenzdenken, sei
es im Beruf, gesellschaftlich, im Freundeskreis oder in Beziehungen. Ihm hat sie es aber sicherlich auch zu verdanken,
dass sie einen hervorragenden Universitätsabschluss hat
und heute eine angesehene Wissenschaftlerin ist. Von wem
sie das habe? Von ihrem Vater, antwortet sie ohne zu zögern.
Er habe sein Leben lang gekämpft, und deshalb bewundere
sie ihn. Sie hat ihn oft sagen hören: »Man muss im Leben
immer der Beste sein.« Gefolgt von dem Satz: »Und für
dich gilt das doppelt, weil du ein Mädchen bist.« Konkurrenz verträgt sich allerdings nicht besonders mit Freundschaft und Liebe. Léa muss auch mit Männern konkurrieren, mit denen sie eine Beziehung hat, weswegen ihr letzter
Freund sie auch verlassen hat. Sie kann ihn nicht vergessen,
was ihr in ihrem ganzen Leben noch nicht passiert ist. Heißt
das, dass sie sehr verliebt in ihn gewesen ist? Nicht unbedingt. Wenn sie es genau betrachtet, sagt sie sich, dass sie
deswegen ständig darüber nachdenkt, weil sie das Gefühl
hat, »unterlegen« gewesen zu sein. Dieser Gedanke bereitet
ihr großes Unbehagen, und sie nimmt es ihrem Vater übel,
dass sie so werden sollte wie er. Sie gesteht: »Den Satz
meines Vaters, von wegen: ›Immer der Beste sein‹, kann ich
jedenfalls nicht mehr hören.«

Jederzeit ein Wiedersehen mit ihr

In den allermeisten Fällen wollen Väter ihre Töchter wieder
sehen, selbst wenn das Verhältnis zu ihnen zeitweise
schwierig war, und dieser Wunsch bleibt auch ein Leben
lang bestehen. In seinem Roman *La Course du Chevau-
léger* erzählt der Schriftsteller Jacques André Bertrand[12] die
Geschichte von Jérémie, der sich eines Tages auf die Suche
nach der jungen Frau macht, deren Foto er nie vergessen
hat, das seiner Tochter Magdalena nämlich, die er seit eini-

gen Jahren aus den Augen verloren hat. Was er weiß, ist, dass sie einen eisernen Willen hat, gern reist und es sie bei ihrem Abenteuergeist leicht bis ans andere Ende der Welt verschlagen haben könnte. Er findet ihre Spur in der Schweiz, in Frankreich und in Portugal wieder und trifft sie schließlich im Norden Thailands, unweit der Grenze zu Birma, wo sie Kinder aus dem Hmong-Stamm betreut. Dort kommt es zu der letzten, sehr humorvollen, feinfühligen und liebevollen Begegnung mit ihr. Der Roman zeigt, wonach sich viele Väter sehnen: dass nämlich der Kontakt zu ihrer Tochter immer bestehen bleiben möge, auch wenn sie sich zwischenzeitlich von ihm entfernt hat. Natürlich gibt es Ausnahmen, wenn es zu große Spannungen und Konflikte gibt und die Väter sich, wie bereits erwähnt, nach einem lang andauernden Streit einer Versöhnung verweigern. Abgesehen von solchen Einzelfällen sollte eine Tochter jedoch wissen, dass ihr Vater sie bis zu seinem Tod lieben wird, und dabei mitunter auch etwas unbeholfen oder Besitz ergreifend sein mag, sie im Grunde aber immer zärtlich liebt.

Einfach für sie da sein

Wie zeigt sich dem Vater, dass ihm das Vertrauen seiner Tochter erhalten bleibt, auch wenn sie sich mit persönlichen Problemen eher an ihre Mutter oder sonst wen wendet? Die Frage stellen Väter sich oft. Im Grunde muss man unterscheiden zwischen einer Alltagssituation – ein Zeugnis unterschreiben, an einen Termin erinnern, Kleidungsfragen besprechen – und einer Situation, in der Verständnis und Liebe gefragt sind und sich zeigt, wie belastbar man notfalls ist. Im ersten Fall spielt der Vater natürlich eine Rolle, aber oft ist hier, ob man will oder nicht, die Mutter präsenter. Im zweiten Fall empfindet die Tochter ein tiefes, natürliches Vertrauen gegenüber ihrem Vater. Doch sollte sie wissen, dass Vertrauen auf Gegenseitigkeit beruht und dass sie nur dann auf den Vater zählen kann, wenn sie selbst ihm auch Vertrauen entgegenbringt.

An einer ganz bestimmten Situation lässt sich ablesen, welche Schwierigkeiten Mädchen diesbezüglich typischerweise haben: Die Rede ist von Liebeskummer. Töchtern ist gar nicht bewusst, wie sehr ihre Väter sich wünschen würden, dass sie mit ihnen darüber sprechen. Fest steht, dass sie sich damit eher schwer tun. Sie halten sich gegenüber den Vätern in diesem Punkt eher bedeckt, schweigen sich lieber aus oder reden mit ihrer besten Freundin, ihrer Schwester oder ihrer Mutter darüber – Mädchen halten in Liebesdingen eher zusammen als Jungen; der Vater kommt oft erst an letzter Stelle. Alle Väter, die wussten oder aber ahnten, was mit ihrer Tochter los war, haben mir andererseits versichert, sie hätten ihrer Tochter gern erspart, deshalb leiden zu müssen.

Gewiss ist ein Vater oft unsicher, ob er den passenden Zeitpunkt oder auch die richtigen Worte für ein solches Gespräch findet; auch sagt er sich, dass seine Frau in diesen Fragen die geeignetere Ansprechpartnerin ist. Wenn es allerdings zu einem Gespräch kommt und wenn er dann nicht weiß, was er sagen soll, ist es jedenfalls besser, es bei einem vorsichtigen Kommentar wie »Vielleicht hat er nicht richtig zu dir gepasst« zu belassen und auf vermeintlich tröstende Bemerkungen wie »Andere Mütter haben auch hübsche Söhne« oder »So schlimm ist es auch wieder nicht, das geht vorüber« zu verzichten, denn diese Worthülsen werden dem, was die Töchter tatsächlich empfinden, nicht gerecht.

Eine Mutter ahnt immer als Erste, was mit ihrer Tochter los ist, und findet mit viel Feingefühl noch am ehesten die richtigen Worte. Dass die Tochter sich ihr anvertraut, hängt mit dem tatsächlichen oder projizierten Gefühl zusammen, dass sie eine gemeinsame Erfahrung haben; dagegen gehört der Vater dem Lager der Männer an, was in solchen Momenten die Kommunikation nicht gerade erleichtert. Die Pubertät ist für Mädchen – was die Liebe angeht – eine Zeit mit erheblichen Problemen; so sehen es 38 Prozent von ihnen gegenüber nur 20 Prozent bei den Jungen, wie kürzlich eine Umfrage ergab.[13] Ein Vater ist als Vertrauter seiner Tochter in Liebesdingen nicht nur in der »schlechteren Position«, sondern fühlt sich in der Rolle auch nicht wirklich wohl. In der Regel wird er in diesen affektgeladenen Momenten, statt sich Zeit zum Zuhören zu nehmen, von der typisch männlichen Tendenz geleitet, sofort nach einer Lösung zu suchen, die es hier freilich nicht gibt. Manchmal wird er seiner Tochter höchst ungeschickt sogar vorwerfen, sich den Falschen ausgesucht zu haben, und sie dadurch unwillentlich abwerten. Bestenfalls versucht er, ihr eine Brücke zu bauen, indem er fragt, was mit ihr los ist, was seine Tochter meistens mit »nichts« beantworten wird. Er spürt, wenn er nachhakt, dass er zurückgewiesen werden oder einen Tränenausbruch provozieren könnte und dass er dann die Tochter nicht würde trösten können.

In den meisten Fällen aber nimmt der Vater durchaus Anteil am Kummer der Tochter, auch wenn er das nicht zu erkennen gibt, und er wünscht sich aufrichtig, sie würde ihm das gleiche Vertrauen entgegenbringen wie ihrer Mutter. Er möchte ihr ganz einfach zeigen, dass er für sie da ist. Selbst wenn eine Tochter ihrem Vater darüber lieber nichts mitteilt, sollte sie doch wissen, dass kein Elternteil, auch nicht ihr Vater, den Liebesnöten des Kindes gleichgültig gegenübersteht. Wenn sie darüber nachdenkt, weiß sie auch, dass dies für sie zwar ein sehr schwieriger Moment ist, ihr aber keiner der beiden Eltern diese Erfahrung ersparen kann; sie weiß, wie sehr sie in der Situation darauf angewiesen ist, dass beide Eltern, und vor allem ihr Vater, ihren Kummer respektieren, ohne sie zusätzlich durcheinander zu bringen, ihr Schuldgefühle zu vermitteln oder sich gar über sie zu mokieren. *Im Grunde erwarten Väter in dieser Situation von ihren Töchtern, dass sie sie nicht ausschließen.*

Respekt gegenüber seinen berechtigten Ansprüchen

Ein Vater akzeptiert, dass er für seine Kinder und vor allem seine Tochter eine Schutzfunktion hat, auch dass er kritisiert wird und im übertragenen Sinn einstecken muss, aber auch er darf Erwartungen und Ansprüche haben. Was man in der Psychologie klassischerweise als die drei großen Problemstellungen von Verbot, Abstammung und Übertragung bezeichnet, betrifft Jungen und Mädchen gleichermaßen.

Die Schutzfunktion des Vaters beruht konkret darauf, dass er sie liebt und dass sie verletzbar ist. Es ist seine Pflicht, über ihr Umfeld zu wachen, um Gefährdungen auszuschließen. Mit zunehmendem Alter der Tochter akzeptiert er in der Regel, dass dieses Umfeld sich erweitert. Selbst wenn sie es nicht unbedingt so wahrnimmt, bleibt der Vater immer eine besondere Anlaufstelle.

Auch wenn sie unbedingt zeigen will, wie unabhängig sie ist, möchte sich eine Tochter auf einen ihr nahe stehenden Menschen verlassen können, sei es ihr Vater oder, in anderer Weise, auch die Mutter. In diesem Alter weiß sie auch, dass ein Vater, der dieser Bezeichnung würdig ist und den sie deshalb auch respektiert, eine doppelte Funktion erfüllt: Er unterstützt sie und übt gleichzeitig seine Autorität aus, um Gefühlsausbrüche, Launen und Wutanfälle in Schach zu halten und, wenn nötig, Grenzen zu setzen. Dann sind Väter oft mit den Aggressionen ihrer Tochter konfrontiert und müssen akzeptieren, dass sich die Spannungen an ihnen entladen. Und wenn sie von der Aggressivität der Tochter verschont bleiben, müssen sie gegebenenfalls klar machen, dass nicht die Mutter die Leidtragende sein darf. In beiden Fällen stehen sie jedenfalls vor einer schwierigen Aufgabe, der sie sich schwerlich entziehen können.

Gewiss gehört es zu den wichtigsten Qualitäten der Eltern, diese aggressive Spannung zu »überstehen«, aus ihr nicht wirklich beschädigt, nicht deprimiert und unbesiegt hervorzugehen, sich aber auch nicht dazu verleiten zu lassen, Gleichgültigkeit an den Tag zu legen, was einer Kapitulation gleichkäme, oder selbst entsprechend aggressiv zu reagieren. Mit einem Wort: Eltern dürfen ihre Funktion nicht preisgeben; sie dürfen sich weder ihrer Verantwortung entziehen noch übermäßig betroffen sein. Dazu gehört auch die Fähigkeit, immer sensibel auf das Kind zu reagieren, sich von ihm anrühren zu lassen, und unabhängig von seinem Alter Interesse zu bekunden, sich zu sorgen und sein Kind vor allem weiterhin zu lieben.

Eine Tochter muss begreifen, dass nicht nur sie Ansprüche gegenüber ihrem Vater hat, sondern umgekehrt auch er gegenüber ihr. Bekanntlich hat sich der kulturelle und gesellschaftliche Kontext gewandelt, von einer zweifellos zu strengen Erziehung, bei der die Kinder mit ihren Bedürfnissen, ihren früh vorhandenen Fähigkeiten und in ihrem Recht auf Anerkennung als eigenständige Person zu kurz kamen, hin zu einem auch über die Medien weit verbreiteten Credo, wonach Kinder systematisch im Recht oder aber Opfer sind. Diese neue Last, die man Kindern zumutet, kann auch Angst erzeugen. Dabei versteht ein Mädchen durchaus, dass ihr Vater unter bestimmten Bedingungen das Recht hat, seine Autorität bis zu einem gewissen Grad auszuüben.

Mädchen stellen die väterliche Autorität weniger direkt in Frage als Jungen, bringen ihre Ablehnung auf Umwegen aber ebenso unmissverständlich zum Ausdruck. Sie leisten durch demonstrative Passivität Widerstand, durch eine angesichts eines harmlosen Anlasses überraschende Hartnäckigkeit, durch Kritik, die geschickt auch feministische Thesen aufgreift – und hier bringen sie besser als jeder andere die unterschiedlichen Argumentationsweisen ihrer Mutter und ihres Vaters auf den Punkt – oder einfach, indem sie sich zurückziehen. Ich greife hier nicht im Detail auf, was ich in meinem Buch über Mütter und Söhne oder in dem Ratgeber über Jugendliche zur elterlichen Autorität geschrieben habe, doch sei an dieser Stelle daran erinnert, dass es drei verschiedene Arten von Autorität gibt: eine, die ermutigt, eine zweite, die erlaubt, und eine dritte, die verbietet; entsprechend unterscheidet man zwischen der affektiven, der moralischen und der formalen Autorität.[14]

- *Die affektive Autorität* beruht auf der Liebe und dem Wunsch nach Glück und Erfolg für das Kind. Sie ist »ermutigend«, weil sie dem Kind das Gefühl gibt, dass ihm das, was es gut macht, auch gut tut. Diese affektive, ermutigende Autorität ist keineswegs nur eine Sache der Mutter, sondern sollte vielmehr zu gleichen Teilen vom Vater und der Mutter ausgehen.
- *Die moralische Autorität* verweist auf Elternrepräsentationen, die das Kind verinnerlicht hat und eine Versinnbildlichung dessen sind, was seine Mutter und sein Vater für gut und böse, gerecht und ungerecht halten. Sie ermöglicht einem Kind, eigene Grenzen zu erkunden und durch die Identifikation mit den Regeln, die die Eltern für sich und ihre Kinder aufstellen, herauszufinden, welches die eigenen Regeln sind. Durch diese Art von Autorität vermitteln sich auch moralische Wertvorstellungen. In diesem Zusammenhang sei Tahar Ben Jelloun und sein Buch *Papa, woher kommt der Hass?* erwähnt, in dem ein Vater seiner 10-jährigen Tochter erklärt, für welche Werte er einsteht.[15] Natürlich reagiert ein Kind besonders empfindlich, wenn es in diesen Fragen bei einem Elternteil oder bei den Eltern untereinander auf Widersprüche stößt. In diesem Fall wird eine Tochter zunächst im Stillen denken: »Du verlangst, dass das und das geschieht, hältst dich aber selbst nicht daran!«, und ihren Vater auch damit konfrontieren. Der Satz ist deshalb so schmerzlich, weil er meistens seine Berechtigung hat.
- *Die formale Autorität* schließlich hat willkürliche Anteile. Sie bestimmt, was gesellschaftlich verboten ist, und stützt

sich auf das Gesetz: Eine durchgezogene Linie darf nicht überfahren werden, eben weil es verboten ist, eine gestrichelte dagegen schon. Nichts hindert jedoch daran, einem Kind zu erklären, warum ein Verbot existiert. Da diese Art von Autorität teilweise vom jeweiligen Ermessen des Erwachsenen abhängt, ist es für Kinder unabdingbar, dass zwischen den Eltern Einigkeit herrscht.

Bei der Ausübung der von diesen drei Aspekten geprägten elterlichen Autorität gilt es, bestimmte Klippen zu meiden, etwa eine durchgängig aufopfernde Haltung, Defätismus und allzu große Lässigkeit. Letzteres empfinden vor allem Töchter im Hinblick auf ihre Väter sehr schnell als Gleichgültigkeit und als ein Verlassenwerden. Umgekehrt wird eine zu rigide Autorität, die nur auf strenge Verbote gerichtet ist, die Erfahrung des Dialogs verhindern und nur zwei Auswege eröffnen: offene Rebellion, zu der ein heranwachsendes Kind ohnehin jederzeit neigt, oder Unterwerfung und Entsagung. In beiden Fällen wird die kontinuierliche Auseinandersetzung auf der psychischen Ebene, die das Erlernen des sozialen Miteinanders charakterisiert, beeinträchtigt oder in eine ganz andere Richtung gelenkt. Eine weitere Gefahr liegt nicht zuletzt darin, dass nur ein Elternteil oder ein Vertreter der Eltern sich Autorität verschafft. Die Frage der elterlichen Autorität berührt die Paarbeziehung ganz unmittelbar: Ausschlaggebend ist, dass die Eltern sich nicht gegenseitig abwerten, indem sie einander systematisch in Frage stellen.

Um ihren Vater verstehen zu können, muss ein Mädchen wissen, dass er bestrebt ist, seine väterliche Funktion, die sich immer wieder verändert, sein Leben lang auszuüben, und dass sie in seinem Verstand und in seinem Herzen immer präsent ist. Dieser Wunsch mag manchmal belastend und widersprüchlich sein, mitunter auch paradox anmuten, doch wenn der Vater ihn zum richtigen Zeitpunkt intelligent und sensibel genug zum Ausdruck bringt, geschieht dies immer zum Wohl der Tochter.

Frieden schließen

»Immerhin ist er mein Vater!«, sagte mir Françoise eines Tages, nachdem sie mir monatelang von den Schwierigkeiten mit diesem Mann berichtet hatte, der autoritär, unnachgiebig, perfektionistisch und manchmal schlichtweg ungerecht war. Vom heiligen Augustinus stammt der Ausspruch, man könne manchmal »zu spät« lieben: Wenn ein Mädchen an dem Faden zieht, der sie mit ihrer Vergangenheit verbindet, muss sie oft die Feststellung machen, dass ihr Pullover lauter Löcher hat.

Um auf Françoise zurückzukommen: Sie hatte sich seit ihrer Jugend heftig gegen ihren Vater aufgelehnt. Der Firmenchef genoss die Bewunderung der Familie und all seiner Freunde. Seine Frau ordnete sich ihm unter; Françoise wollte keineswegs werden wie sie. Sie erinnert sich, dass sie mitunter auch stolz auf ihren Vater war, sich aber von diesem Mann, der keinen Unterschied zwischen Berufs- und Familienleben machte, immer unterdrückt fühlte. Sobald sie konnte – das war gleich nach dem Abitur –, zog sie also weit weg von zu Hause, um zu studieren. Ihr Vater war damit nicht einverstanden und weigerte sich, ihr Studium zu finanzieren. Sie schlug sich allein durch und hielt die Verbindung zur Mutter und den Geschwistern immer aufrecht, lehnte aber selbst telefonischen Kontakt zum Vater ab. »Ich habe ihn lange Zeit nicht als meinen Vater betrachtet«, erzählt Françoise. »Er war für mich ein Fremder, schlimmer noch: ein Feind.« An ihrer Hochzeit durfte er teilnehmen, doch wechselte sie praktisch kein Wort mit ihm. Sie lebte ihr Leben und wurde selbst Mutter eines Mädchens und eines Jungen. Manchmal bedauerte sie, dass ihre Kinder ihren Großvater nicht kannten. Freundinnen aus ihrem Bekanntenkreis hatten Konflikte mit den Eltern beilegen können.

Besonders berührte sie dabei das Schicksal einer Frau, mit der sie viel über ihre jeweiligen Schwierigkeiten mit ihren Vätern diskutierte und die ihr berichtet hatte, ihr Vater habe sich komplett gewandelt, seit er Großvater geworden sei. Nach diesem Gespräch beschäftigte sich Françoise ernsthaft mit der Frage, welche Art von Kontakt sie eventuell wieder zu ihrem Vater herstellen könnte. Woraufhin auch der anfangs zitierte Satz fiel: »Immerhin ist er mein Vater!«

Über ihre Schwester, die die ganze Zeit über ein sehr viel engeres Verhältnis zu den Eltern gehabt hatte und sich mehr unterordnete als sie, wurde der Kontakt aufgenommen – was anfangs nicht leicht war, weil jeder misstrauisch war und dem Wiedersehen wahrscheinlich auch ängstlich entgegensah. Tief im Innern war Françoise jedoch froh zu erleben, wie stolz ihr Vater auf ihr geglücktes Familien- und Berufsleben war. Und sie selbst war stolz darauf, dass die Initiative zu einer neuerlichen Begegnung von ihr ausgegangen war. Das freute sie umso mehr, als sie wenige Monate später, als ihr Vater eine Herzattacke erlitt, aus ihrer dominanten Position heraus ganz liebevolle Gefühle für ihn entwickelte und ihm zeigen konnte, dass sie ihm nicht mehr böse war.

Wie soll man mit seinem Vater Frieden schließen, wenn er sich weigert oder der Tod ihn daran hindert? Ein ernsthaftes Problem für viele Töchter, die in einem Konflikt stecken, der sie überfordert. Es ist nicht leicht, die eigenen Überzeugungen in Frage zu stellen, zumal wenn sie auf tief empfundenen Gefühlen beruhen. Wenn eine Tochter überzeugt ist, dass ihr Vater so große Fehler hat, dass sie keinen Umgang mehr mit ihm wünscht, ist dieses Gefühl nur schwer zu hinterfragen, denn es ist nicht zuletzt mit einer tiefen Enttäuschung über einen Menschen verbunden, den sie über alles geliebt hat. Zu den rationalen Argumenten, die zu einer solchen Überzeugung geführt haben, kommen tiefe emotionale Blessuren. Man kann sich denken, wie schwer es fällt, den umgekehrten Weg zu beschreiten; es geht nicht mehr nur darum, zwischen zwei gegensätzlichen Standpunkten zu vermitteln, sondern den damit verbundenen Groll zu überwinden. Wenn eine Tochter und ihr Vater einander gehasst und sich dauerhaft gegenseitig bekämpft haben, gehen sie nicht wie durch ein Wunder nahtlos zur Aussöhnung über. Das können viele Töchter und ebenso viele Väter bestätigen. Eine Psychotherapie oder eine richtige Psychoanalyse, in der die Geschichte unter einem anderen Blickwinkel betrachtet wird, sind vielen dabei eine unverzichtbare Hilfe.

Am Anfang dieser Arbeit an sich selbst steht die Suche nach den zerstörerischen Folgen des schmerzlichen Kontaktabbruchs: »Die kränkende Beziehung zu meinem Vater sorgte dafür, dass bei mir in den entscheidenden Lebensbereichen alles durcheinander geriet, im Hinblick auf meine Weiblichkeit und meine Beziehung zu Männern, […] zur Sexualität und Kreativität, und auch was das Selbstvertrauen angeht, das man braucht, um sein Dasein zu meistern. Dank meines Berufs als Therapeutin habe ich rasch begriffen, dass es für Frauen, die unter einer unguten Beziehung zu ihrem Vater gelitten haben, eine wichtige Aufgabe ist, ein anderes Verhältnis zu ihm zu entwickeln.« So formuliert es die Analytikerin Linda Schierse Leonard in ihrem Buch *The Wounded Woman, Healing the Father-Daughter Relationship*.[16] Frieden mit seinem Vater zu schließen ist meistens ein langer Prozess, den man unter Umständen durch eine Therapie begleitet und der in einigen seltenen Fällen, wie dem dieser Kollegin, auch dazu führt, dass man selbst Therapeutin wird. In einem ersten Schritt analysiert man dabei die destruktiven Folgen im Zusammenhang mit dem Verhalten des Vaters, bevor man in einem weiteren Schritt begreift, was er an Positivem hatte – und noch immer hat, sofern er noch am Leben ist. Frieden mit seinem Vater zu schließen heißt, dessen verborgene Eigenschaften zu erkennen. Eine Tochter kann nur dann Frieden schließen, wenn sie Klarheit über ihre Gefühle gewinnt, die widersprüchlicher sind, als es zunächst scheinen mag, und wenn sie bereit ist, sich damit auseinanderzusetzen und sich selbst in Frage zu stellen, ohne sich in all dem zu verleugnen, was für sie möglicherweise unerträglich war. Wenn der Vater gestorben ist, schließt die Tochter ohne ihn Frieden, und manchmal eben auch erst dann; bei dieser einseitigen Arbeit geht sie den Weg allein.

Diese Situationen zeigen mehr noch als andere, dass es manchmal ein Leben lang dauert, bis eine wirkliche Begegnung zwischen Tochter und Vater möglich ist. Sie machen auch deutlich, dass eine Tochter selbst ohne schwierige Vaterbeziehung fast immer das Bedürfnis hat, sich irgendwann mit ihrem Vater auszusöhnen, um sich definitiv von ihm zu lösen und die glückliche Zeit der Kindheit hinter sich zu lassen, in der sie darauf zählen konnte, dass er sie immer beschützen und bedingungslos lieben würde. Dieses Bedürfnis hilft, sich darüber bewusst zu werden, wie vielschichtig diese so wichtige Beziehung im Leben jeder Tochter ist, wie auch immer sie im Einzelnen verlaufen sein mag. Es hilft auch, das eingangs erwähnte Paradox zu verstehen, dass nämlich die Beziehung zwischen einer Tochter und ihrem Vater einerseits Halt im Leben gibt und gleichzeitig ein Leben lang braucht, bevor beide einander wirklich begegnen können.

Seinen Vater verstehen heißt, die Männer insgesamt verstehen – und umgekehrt

Wenn man seinen Vater versteht, kann man die Männer mit ihren Stärken und Schwächen insgesamt besser verstehen. Manchmal entwickelt sich das Verständnis für den Vater im Nachhinein auch dadurch, dass man den Mann, mit dem man zusammenlebt, besser versteht. Auch hilft die eigene Paarbeziehung manchmal dabei, dem Vater das zu

214

sagen, was man sich vorher nie zu sagen getraut hat. Und weil Kommunikation immer besser funktioniert, wenn man den anderen besser versteht – dafür steht der Begriff Empathie –, möchte ich hier einige Fährten aufzeigen, die es Töchtern wie Vätern ermöglichen, auf ihrem Weg gewissermaßen etwas Zeit zu sparen. Diese Fährten schließen andere Wege nicht aus; manche eignen sich mehr für die einen, manche eher für die anderen, weshalb es nicht schaden kann, möglichst viele von ihnen zu kennen.

- Eine Frau muss vor allem akzeptieren, dass ihr Mann oder ihr Vater allem Anschein zum Trotz vermutlich nicht über die gleiche Energie verfügt wie sie.
- Eine Frau sollte das Glas eher halb voll als halb leer sehen: Was sie als Faulheit, übermäßige Unbekümmertheit oder mangelnde Reife bei einem Mann – also ihrem Vater – wahrnimmt, ist auch der untrügliche Beweis für die tatsächliche Fähigkeit, sich zu entspannen, das Leben von seiner schönen Seite zu sehen und sich an Kleinigkeiten zu erfreuen.
- Eine Frau muss akzeptieren, dass ihre Angst, Zeit zu verlieren – wie sie bei ehrgeizigen Menschen oft anzutreffen ist –, im Beruf oder in tatsächlichen Notsituationen angemessen ist, nicht aber 24 Stunden am Tag.
- Man sollte nicht vergessen, dass ein Mann ein Ego besitzt. Das stellt er zwar nicht immer unter Beweis, bisweilen aber zum falschen Zeitpunkt – doch je mehr man ihm zeigt, dass man schätzt, was er tut, desto zufriedener wird er sein; er wird sich geliebt fühlen und auch in Zukunft bereit sein, etwas für einen zu tun.
- Man muss einem Mann immer sagen, dass man ihn zwar gern ermutigt, wenn man es tut, umgekehrt aber auch erwartet, dass er einen unterstützt und sagt, was man ihm bedeutet.
- Man muss den Mut haben, ihm – natürlich mit dem nöti-

gen Feingefühl – zu sagen, dass einem seine Eifersucht auf Männer, die einen bewundern oder hofieren, nicht gleichgültig lässt (es sei denn, man hat es mit einem krankhaft eifersüchtigen Mann zu tun).

● Und schließlich muss man ihm sagen, dass er nicht alle Probleme für einen lösen soll; eigentlich soll er nur zuhören und einem zur Seite stehen.

Kapitel VI
Die Zukunft der Töchter gestern und heute

Der Wandel, wie er sich seit rund hundert Jahren im Status von Frauen und Männern vollzieht, und vor allem die allmähliche Veränderung der Stereotype im Zusammenhang mit der Mutter- und Vaterfunktion haben sich deutlich auf die Entwicklung der Töchter und deren Verhältnis zu ihren Vätern ausgewirkt. Ohne der Karikatur der »Vaterglucke« zu entsprechen, sind Männer ihren Kindern heute sehr viel näher, als dies in der Vergangenheit der Fall war. Oft kümmern sie sich von deren Geburt an um sie und akzeptieren inzwischen viel selbstverständlicher eine Rolle, die sie früher als weiblich betrachteten. *Diese Einbeziehung der Väter wirkt sich auf die Töchter auch insofern aus, als sie die Bipolarität zwischen männlichen und weiblichen Anteilen, wie sie in jedem Menschen vorhanden ist, besser zum Zuge kommen lassen können, nicht zuletzt auch, weil sie darin von einer Mutter unterstützt werden, die ebenfalls in ihrer Autonomie gestärkt ist.*

Die Vorstellung, dass die Ausübung von Autorität und die materielle Absicherung Sache der Männer sei und dass sie die emotionale Versorgung anderen, sprich den Müttern, überlassen, herrscht heute nicht mehr vor. Vielmehr wollen Männer ebenfalls ein gewisses Gleichgewicht zwischen diesen verschiedenen Lebensaspekten herstellen. Das bekommen auch ihre Töchter mit, die sie beobachten, ihnen zuhören und sich, obwohl sie natürlich Unterschiede zwischen beiden Eltern wahrnehmen, leichter mit ihrem Vater identifizieren können, ohne gleich den Stempel des »ver-

217

hinderten Jungen« aufgedrückt zu bekommen. Für die Frauen ist der Kampf um Gleichstellung zwar noch nicht gewonnen, aber es geht mit langsamen Schritten voran. Noch unterwegs zu wirklicher Chancengleichheit ist immerhin festzustellen, dass die »Supermamas« immer häufiger auch »Superfrauen« sind, und umgekehrt: Immer weniger Frauen, die, sei es im öffentlichen Dienst, als Freiberuflerinnen oder in der Finanzwelt etc., Posten mit hoher Verantwortung inne haben, geben ihren Kinderwunsch preis; sie beanspruchen für sich ein Dasein außerhalb ihrer Arbeit und wollen auch Frau und Mutter sein. Mädchen können sich heute auf das Vorbild dieser Frauen stützen, die nicht mehr zwischen Berufstätigkeit auf der einen und Kindern auf der anderen Seite wählen, sondern im Leben vorankommen und sich in verschiedenen Bereichen entfalten wollen, ohne von vornherein einen auszuschließen.

Väter von heute sind ihren Vorfahren, was die Teilung der elterlichen Verantwortung angeht, sicher um einiges voraus. Sie sind bei der Geburt dabei, wechseln Windeln, bringen das Kind in die Krippe oder zur Tagesmutter; sie gehen zu Elternabenden, zum Kinderarzt oder sogar zum Psychologen! Diese starke Beteiligung am Alltagsgeschehen kann sich nur vorteilhaft auf ein Mädchen auswirken, allein schon deshalb, weil sie den Vater und damit das Männliche nicht als etwas wahrnimmt, das ihrer Identität fremd wäre. Der grundlegende Beitrag der Mutter wird dadurch keineswegs geschmälert. Immer noch ist sie diejenige, die nach der Geburt beim Baby in der Klinik bleibt, auch wenn die Dauer inzwischen stark reduziert wurde, um eine schnellere Rückkehr nach Hause zu ermöglichen; die Babymilch- und Windelwerbung zielt noch immer in erster Linie auf sie, und in dringenden Fällen wird in der Regel sie als Erste von der Schule angerufen. Abgesehen von einigen Ausnahmefällen, die ich auch erlebt habe, wird ein Vater, selbst wenn er schon in den ersten Lebensjahren präsent ist und aktiv mitwirkt, für seine kleine und selbst seine große Tochter nie das sein, was eine Mutter ist. In ihren Augen ist und bleibt er ein Mann. Seine Autorität aber, und der fundamentale Unterschied, den er verkörpert, sollten nicht mehr, wie es früher der Fall war, Angst und insbesondere keine Angst vor anderen vermitteln. Man darf annehmen, dass diese Entwicklung den Vater der Psychoanalyse gefreut hätte. Die Lebenswege seiner drei Töchter, deren Schicksal so unterschiedlich war, hätten jedenfalls mit Sicherheit einen anderen Verlauf genommen.

Freud und seine Töchter

Wir erinnern uns: Die Geburt der Psychoanalyse verdankt sich Freuds Begegnungen mit seinen ersten Patientinnen, deren Leiden sich auf ihre Väter und Ersatzväter zurückführen ließen. Die klassische Beobachtung von Lucie R. ist eine präzise Darlegung der von Freud vor 1895 angewendeten Methode, aus der sich später der psychoanalytische Ansatz zur Behandlung von Fällen pathologischer Hysterie herausbildete, bei denen der Vater eine zentrale Rolle spielt. Interessant ist, dass Freud in mehreren Schritten ein Bewusstsein für die väterliche Funktion entwickelte. Während er um 1895 eine negative, da potenziell traumatische Vorstellung davon hat, geht er in der Folge mit Ödipus zu dem triumphalen Bild vom Vater über, der speziell für die Entwicklung der weiblichen Psyche unbedingt notwendig ist, und erarbeitet schließlich die theoretischen Grundlagen für den fantasierten Vatermord, den das Kind begehen muss, um unabhängig zu werden. Dabei sei festgehalten, dass in seinem Werk *Totem und Tabu* nur von Söhnen, nicht aber von Töchtern die Rede ist, als könnten Mädchen nicht die Fantasie haben, ihren Vater symbolisch zu töten. Der Unterschied zwischen Jungen und Mädchen besteht darin, »dass Mädchen die Erbinnen des toten Vaters sind, während die Jungen [...] die Erben und Akteure seines Todes sind.«[1] Heißt das, dass bei Jungen ein idealisiertes Bild vom Vater vorherscht – »Mein Vater ist der Stärkste« –, oder sie ihn abwerten und symbolisch zerstören – »Mein Vater ist ein Versager!« –, während Mädchen eine komplexere und subtilere Vorstellung von ihm haben?

Kehren wir zur persönlichen Familiensituation Freuds zurück, der sechs Kinder hatte, darunter drei Mädchen: Mathilde, Sophie und Anna. Zu jeder hatte er eine ganz eigene Beziehung, und wenn auch niemand leugnen wird, dass er sie sehr geliebt hat, kann man bei genauerer Betrachtung ihrer jeweiligen Geschichte auch davon ausgehen, dass er durch sein Handeln, seinen Einfluss oder die bestehende Beziehung das bestätigt hat, was er in der Schrift *Zur Einführung des Narzißmus* schrieb: »Die zärtliche Einstellung der Eltern ihren Kindern gegenüber verstehen wir als Wiederbelebung des eigenen Narzißmus.«[2]

Mathilde, die Unbeugsame

Bei der Geburt der ältesten Tochter Mathilde im Jahr 1887 schreibt er an seine Schwiegermutter und seine Schwägerin: »Es heißt natürlich Mathilde, nach Frau Dr. Breuer [...] Es wiegt 3400 g, was sehr anständig ist [...] Wie kann man über ein fünf Stunden altes Ding so viel schreiben. Ich habe es nämlich schon sehr lieb, obwohl ich es noch nicht bei Licht gesehen habe.[3] Bei dieser ersten Geburt ist er von den einsetzenden Wehen bis zur Entbindung an der Seite seiner Frau geblieben. Das Kind wird nach der Frau seines Freundes Josef Breuer benannt. Die größer werdende Mathilde erweist sich als ein verhinderter Junge und macht Freud mit ihrer Unverschämtheit beinahe Angst. Er schreibt den Übermut seiner Ältesten der »schrecklichen Erziehungsmethode der Kinderfrau [zu] und Marthas Schwäche [...] Der kleine

220

Kerl wird aber hoffentlich auch diese Einflüsse überstehen und sich wieder ins Mädchenhafte finden.«[4] Sich selbst stellt er jedenfalls keineswegs in Frage. Im Alter von zehn Jahren wird sie schwer krank. Sie leidet an »septischer Diphtherie«, und ihr Vater hebt hervor, wie »ausgesprochen tapfer« sie sei. Freuds Biograf und Schüler Ernest Jones schreibt, Freud habe selbst die Genesung bewirkt: »In der Krise fragte der verzweifelte Vater das Kind, was es sich am meisten von allem wünschte, und erhielt zur Antwort: ›Eine Erdbeere.‹ Es war nicht die Jahreszeit für Erdbeeren, aber in einem bekannten Geschäft trieb Freud einige auf. Der erste Versuch, eine zu schlucken, löste einen heftigen Hustenanfall aus, der das Diphteriehäutchen vollständig entfernte, und am nächsten Tag war das Kind auf dem Weg der Besserung. Eine Erdbeere und ein liebender Vater hatten ihm das Leben gerettet.«[5]

Mathildes schwieriger Charakter schien sich mit Beginn der Pubertät zu legen. Freud schrieb damals, sie sei ein »vollendeter Mensch und natürlich eine richtige kleine Frau … Zu Hause entwickelt sie sich immer mehr zu einer ›Ersatzmutter‹.« Diese Worte haben bei manchen zu der Einschätzung geführt, Freud habe für Mathilde übermäßig zärtliche Gefühle gehegt, und die Hypothese begünstigt, wonach es einen Zusammenhang zwischen seiner ersten »Verführungstheorie«, die das Phänomen der Hysterie bei den von ihm behandelten jungen Frauen erklären sollte, und seinen eigenen Gefühlen für seine Tochter gebe. In ihrer Jugendzeit wurde Mathilde behandelt wie jedes andere junge Mädchen aus gutem Hause damals auch. Sie durfte nur in Begleitung das Haus verlassen, sei es für den Weg zur Schule, in ihren – sehr teuren – Tanzkurs oder ins Theater. Stefan Zweig bemerkte dazu in seiner Kritik an den Vätern jener Generation, der Mann, dessen Werk auf der Aufhebung der sexuellen Tabus und der Befreiung der weiblichen Sexualität aufbaue, ziehe seine eigene Tochter wie eine »Gewächshauspflanze« heran, die in einer »künstlich überhitzten Atmosphäre« gedeihe.

In ihrem Buch über die Familie Freud vertritt Eva Weissweiler die These, wonach Minna, die jüngere Schwester seiner Frau Martha, Freuds Geliebte gewesen sei. Nach ihrem Dafürhalten waren Mathildes nervöse Störungen in direktem Zusammenhang mit der Untreue des Vaters zu sehen. Sie berichtet, dass sich Mathildes Zustand zumindest nach außen hin auf Anhieb verbesserte, wenn er in Minnas Begleitung von einer Reise zurückkehrte. Ein klassischer Fall »ödipaler Eifersucht« oder »weiblicher Hysterie«, vergleichbar dem von Ida alias Dora, einer von Freuds ersten Patientinnen? »Es wiederholt sich also ziemlich exakt der Fall Ida. Der Vater betrügt die Mutter und die Tochter gerät in Verzweiflung.«[6] Wäre Mathilde eine anonyme Patientin gewesen, hätte Freud sicherlich von Hysterie und ödipaler Eifersucht gesprochen, bei der die in den Vater verliebte Tochter sich unbewusst so sehr mit der betrogenen Mutter identifiziert, dass sie deren Symptomatik reproduziert.

Wie dem auch sei, Mathildes furchtlose und aufrührerische Seite gewinnt wieder die Oberhand, und sie erhält von ihren Eltern die Erlaubnis, eine höhere Schule für Wissenschaft, Kunst und Literatur zu besuchen, die sie als »freie Universität für Frauen« bezeichnet. Freud ist mit dieser Wahl nur mäßig einverstanden und bittet sie, ihre Unterrichtsstunden dort auf ein bestimmtes Maß zu beschränken, vordergründig wegen ihrer fragilen Gesundheit. Mathilde gibt nicht nach und schreibt: »Es wäre wunderbar, wenn ich soviel verdienen würde, dass ich genügend Geld zum Ausgehen und für Kleidung hätte. Es wäre schön, unabhängig zu sein, vor allem, wenn man nicht dazu gezwungen ist.« Dann passiert, was vielleicht passieren muss: Mit 21 Jahren verliebt sich Freuds älteste Tochter trotz des Drucks ihres Vaters, der eine standesgemäße Hochzeit wünscht, in den jungen Wiener Robert Hollitscher. Wieder ist der Vater von der Nachricht nicht gerade angetan. Unter Einsatz all seiner väterlichen Autorität versucht er, sie zu einer »Bedenkzeit« zu überreden. Als könne man die Tabus und die »zivilisierte Sexualmoral« im bürgerlichen Wien des ausgehenden 19. Jahrhunderts mit aller Macht bekämpfen, derweil man sie im Privatleben aufs Eifrigste verteidigt!

Mathilde verlobt sich heimlich mit ihrem Verehrer. Freud und seine Gattin haben keine andere Wahl, als ihrer Tochter, die sie erst im Nachhinein informiert, ihren Segen zu geben. Der künftige Ehemann ist in seiner körperlichen Erscheinung das pure Gegenteil des Vaters: »Groß, blond, blaue Augen, er ist 33 Jahre alt, wirkt aber sehr viel jünger«, berichtet Matilde. »Er ist sehr nett, vernünftig und ausgesprochen feinfühlig; wir verstehen uns.«[7] Am 7. Februar 1909 heiratet Freuds älteste Tochter, lange bevor das Jahr Bedenkzeit, auf dem ihr Vater bestanden hatte, abgelaufen ist. Obwohl sie oft krank ist, versteht sie sich »prächtig« mit ihrem Mann. Die Beziehungen zu ihrem Vater bleiben trotz der Unstimmigkeiten herzlich, und Freud zeigt sich immer besonders aufmerksam, wenn gesundheitliche Probleme auftauchen, was häufig der Fall ist. Im Mai 1938 verlässt die kinderlose Mathilde Wien und geht in Begleitung ihres Mannes nach England. Dort ist sie glücklich und viel seltener krank als in Wien. Sie wird dort Modestylistin, wie man heute sagen würde, und eröffnet in einem schicken Londoner Stadtviertel einen Laden, der über Jahrzehnte hinweg gut läuft.

Freud scheint immer eine gewisse Bewunderung für seine älteste Tochter gehegt zu haben, vielleicht mehr noch als für Anna, die doch seine intellektuelle Nachfahrin war. Vater und Tochter waren sich vermutlich charakterlich sehr ähnlich, weswegen sie einander sehr nahe waren und was sie gleichzeitig gegeneinander aufbrachte. Wie ihre Mutter Martha, scheint Mathilde sich nie für Psychoanalyse interessiert zu haben, doch hat sie sich wohl unbewusst an das gehalten, was Freud anderen in Sachen sexuelle Befreiung und Befreiung der Frau predigte. Sie hat sich ihren Mann selbst ausgesucht und ist ihren Weg gegangen, gegen den Willen der Eltern; ihre Autonomie – die Ichstärke – hat sie, wie es sich gehört, über die Auflehnung gegen den Vater und das mächtige Über-Ich erworben. Indem sie sich von dem, was Freud für sie vorsah, unabhängig machte, hat Mathilde ihre Ablösung geschafft und sich den Stolz des großen Mannes erworben.

Sophie: das süße, kleine Mädchen

Freud hatte zwei weitere Töchter, Sophie und Anna. Eva Weissweiler beschreibt eine Fotografie, auf der man beide wie zwei entzückende Püppchen sehe, die man fast für Zwillinge halten könne. Anna, in ein Buch über Schneiderei vertieft, Sophie aufmerksam in die Kamera schauend, zeigten sie ein Bild einer Kindheit ohne Probleme. Eva Weissweiler fügt an, was für erbitterte Kämpfe sich die beiden kleinen Mädchen lieferten, ein exemplarischer Fall von ›Schwesternrivalität‹; Anna tue alles, um ihrem Vater zu gefallen, während Sophie sich zärtlich an ihre Mutter klammere, die sie am liebsten ganz für sich allein hätte. Sophie ist Freuds zweite Tochter; sie kommt am 12. April 1893 zur Welt. Freud schreibt über sie: »Sophiechen ist ein fesches Kerlchen, hat letzte Woche 37 Deka zugenommen.« Drei Jahre später, als sie bei einer Hochzeit Brautjungfer ist, bemerkt er: »Das Schönste [...] war übrigens unser Sopherl. Mit gebrannten Haaren und einem Vergissmeinnicht-Kranz auf dem Kopf.«[8] Sophie ist auch später immer auffällig weiblich und steht der Mutter sehr nahe. Im Alter von 19 Jahren macht sie es wie ihre große Schwester Mathilde und verliebt sich in den elf Jahre älteren Max Halberstadt. Angesicht seines familiären Hintergrunds und seiner wohlhabenden Verhältnisse willigt Freud sehr viel leichter in die Hochzeit ein.

Seinem künftigen Schwiegersohn, der ihm im Übrigen auch ähnlich sieht, schlank und immer ernst ist und nur selten lächelt, schreibt er: »Ich war wirklich stets in gutem Einvernehmen mit meiner Frau und bin ihr vor allem dankbar für die vielen redlichen Eigenschaften unserer wohlgeratenen Kinder, auch weil sie nie übermäßig von der Norm abgewichen ist noch häufig krank war. Ich hoffe, dass das ein gutes Omen ist und aus der kleinen Wilden eine gute Ehefrau wird.« Es scheint allerdings, dass der Vater sich tatsächlich etwas schwer tat, die hübscheste seiner Töchter ziehen zu lassen. 1914 schenkt Sophie Freud seinen ersten Enkel, Ernst. Der widerlegt offenbar die Theorie seines Großvaters über die orale Phase des Babys, in der es saugen und später »wonnesaugen« will, wie es bei Freud heißt, und die er als das erste Stadium kindlicher Sexualität bezeichnet. In der Tat will der kleine Junge nicht gestillt werden … Das Problem legt sich, aber dann kommt der Krieg. Dass seine geliebte Sophie und sein Enkel nun bei ihm in seinem Haus sind, scheint Freud, der mitunter sehr niedergeschlagen ist, einen Lebensinhalt zu geben.

1920, zwei Jahre also nach dem Ende des Ersten Weltkriegs, geschieht ein für Freud furchtbares Unglück: Seine Tochter Sophie, die er sein »geliebtes Götterkind« nannte, stirbt mit 26 Jahren plötzlich an einer bösartigen Grippe. Seinem Schüler Ferenczi vertraut der Vater Folgendes an: »Jahrelang hatte ich mich auf den Verlust meiner Söhne gefasst gemacht, und jetzt erlebe ich den meiner Tochter … Tief im Innern schwante mir eine schwere, unüberwindbare narzisstische Kränkung.« Das Jahr 1920 ist eine Wende im Leben und im intellektuellen Werdegang des Wiener Psychoanalytikers. Mit *Jenseits des Lustprinzips* veröffentlicht er eines seiner Hauptwerke, das die Grundlage für die so genannte zweite Triebtheorie bildet: Während er in seiner ersten Theorie den Antagonismus zwischen Sexualtrieb und Selbsterhaltungstrieb hervorhebt, stellt er in dieser spekulativeren zweiten Theorie Lebens- und Todestrieb gegenüber. In der Regel wird ihr Entstehen darauf zurückgeführt, dass Freud in dem zu Ende gehenden Krieg vor allem die Brutalität des Menschen und seine kriminellen oder suizidalen Neigungen erfahren und begriffen hat, aber eben auch den schweren Verlust durch den Tod seiner Tochter. Daraus lässt sich ablesen, inwieweit Freuds Schaffen sich zum Teil auch aus der Beziehung zu seinen Töchtern heraus erklärt. Als Sophie 1920 stirbt, ist Freud 64 Jahre alt; 1939 stirbt er im Alter von 83 Jahren in London. Mehrfach musste er noch schwere Schicksalsschläge hinnehmen. So starb 1923 Sophies Sohn Heinele an einer Miliartuberkulose. Im selben Jahr unterzog sich Freud seiner ersten Gaumenkrebsoperation. 1923 war auch das Jahr, in dem ein weiteres seiner Hauptwerke erschien, *Das Ich und das Es*, in dem er das dringende Bedürfnis des Menschen beschreibt, das, was er als unerträglich empfindet, aus seinem Bewusstsein zu verdrängen.

Anna, die Erbin

Anna ist Freuds jüngste Tochter; sie kommt am 3. Dezember 1895 zur Welt. In einem Brief an seinen Freund Fließ berichtet der Vater: »Wenn es ein Sohn gewesen wäre, hätte ich Dir telegraphische Nachricht gegeben [...] Da es ein Töchterchen namens Anna geworden ist, kommt es bei Euch verspätet zur Vorstellung. Es hat sich heute um $3\frac{1}{4}$ h in die Ordination gedrängt, scheint ein nettes, komplettes Frauenzimmerchen zu sein, hat seiner Mutter dank der Fürsorge Fleischmanns [des Gynäkologen] nichts Böses getan, und nun befinden sich beide recht wohl.«[9] Lässt sich Annas Schicksal anhand dieser wenigen Zeilen vorhersagen? Hoffte Freud auf einen Sohn? Ist dies schon die Erklärung dafür, dass Freuds jüngste Tochter zum »geistigen Sohn« wurde, zum Nachfolger, der allerdings, wie wir sehen werden, sehr beunruhigt wegen seiner geschlechtlichen Identität war?

Freud behandelt Anna schon früh wie eine Erwachsene; er erwartet von ihr, dass sie reif und ernsthaft sei, was sie auch ist, und nicht in weibliche Konkurrenz zur Mutter tritt, was sie nicht tut. Annas Leidenschaft ist das Lernen. Als einzige Tochter Freuds darf sie schon in jungen Jahren an den Mittwochssitzungen der »Wiener Psychoanalytischen Gesellschaft« teilnehmen; sie ist auch die Einzige, der ihr Vater schon früh erklärt haben soll, was Psychoanalyse ist: »Siehst du diese Häuser mit ihren schönen Fassaden? Hinter den Fassaden sind die Dinge nicht immer so schön. Genauso ist es auch mit den Menschen.«

Im Gegensatz zu ihrer Schwester Sophie, mit der sie ständig konkurriert, scheint Anna also wenig weibliche Züge zu besitzen und will vor allem etwas lernen. Den Vater hindert das nicht daran, sich auch ihr gegenüber so autoritär zu geben wie gegenüber den anderen Töchtern und ihr beispielsweise den Besuch des Gymnasiums zu verwehren, der ihr das angestrebte höhere Studium ermöglicht hätte. Anna scheint es ihm nicht allzu übel zu nehmen; die Beziehung zu ihrem Vater ist eher von Liebe geprägt. »Vermisst Du mich manchmal?«, fragt sie ihn in einem Brief, und schließt mit folgenden Worten: »Ich küsse Dich einmal und bleibe immer Deine kleine Anna.« Vermutlich weiß sie, dass ihre Liebe auf Gegenseitigkeit beruht und ihr Vater von ihr als seiner »sehr lieben und einzigen Tochter« redet. Mit ihr unternimmt er auch eine Reise zu zweit nach Italien, in deren Verlauf er mit ihrer Analyse beginnt …

Nach dem Italienaufenthalt macht sich Anna etwas unabhängiger. Ihr Vater aber will weiterhin übermäßige Kontrolle über sie ausüben, wie die allseits bekannte Episode mit dem bereits erwähnten Dr. Jones zeigt, einem Freund und Mitarbeiter Freuds, der später auch sein Biograf wurde. Da er davon ausgeht, Jones wolle bei ihm um Annas

Hand anhalten, greift er zur Feder und schreibt an seine Tochter, dass Dr. Jones trotz seiner guten Seiten kein geeigneter Ehemann für sie sei und es ihm am feinfühligen Umgang fehle, den jedes eher zurückhaltende Mädchen erwarten dürfe und empfiehlt ihr, Treffen mit ihm allein zu vermeiden. Seinem Mitarbeiter Jones schreibt er ebenfalls und erklärt mit Blick auf Anna, dass sie nicht verlange als Frau behandelt zu werden, noch weit von sexuellem Verlangen entfernt sei und Männer eher ablehne.[10] Jones, der die Situation vermutlich richtig deutet, schreibt seinerseits: »Anna ist eine noble Persönlichkeit, und aus ihr wird sicherlich eine bemerkenswerte Frau, sofern ihr sexuelles Verdrängen ihr nicht schadet. Natürlich ist sie Ihnen außerordentlich nahe, und es ist dies einer der seltenen Fälle, in denen der wirkliche Vater mit der Imago des Vaters übereinstimmt.« Deutlicher könnte man nicht ausdrücken, was es mit der Intensität dieser Vater-Tochter-Beziehung auf sich hat, und kaum diplomatischer darlegen, wie sich eine solche Beziehung auf das Leben einer Frau auswirken kann! Anna bringt es bei anderer Gelegenheit selbst vielsagend zum Ausdruck: »Immer, wenn ich woanders hinging, nach England, Budapest, überall, waren alle sehr freundlich. Ich träume davon, kein Mann zu sein.«

Anna Freud blieb von ihrem Vater abhängig und unterstand ihr Leben lang seiner Autorität, auch wenn sie zeitweise eine gewisse Unabhängigkeit erlangte, als sie zum Beispiel trotz starker väterlicher Vorbehalte Grundschullehrerin wurde. Im Oktober 1918 begann Freud offiziell mit ihrer Analyse; anscheinend sollte sie in seine Fußstapfen treten. Wie er seinem Schüler Ferenczi schrieb, betrachtete er sie als das »charmanteste« und »angenehmste« seiner Kinder, das die Psychoanalyse am besten verstand, auch wenn er ihre geschlechtlichen Neigungen ihm Sorgen bereiteten. All das war vielleicht zu delikat und zu persönlich, als dass er seine Tochter einem seiner Mitarbeiter hätte anvertrauen können. Wie dem auch sei, im Frühjahr 1923 begann Anna ihrerseits, mit der Psychoanalyse zu arbeiten. Damals wurde Freud erstmals wegen seiner Krebserkrankung operiert, von der er nie geheilt wurde. Von da an betrachtete es Anna als ihre Aufgabe, an seiner Seite zu bleiben, und kümmerte sich bis zu seinem Tod um ihn.

Kleines zeitgenössisches Kaleidoskop

Die von mehreren Biografen rekonstruierte Geschichte von Freuds drei Töchtern erinnert einmal mehr daran, dass es nicht ganz leicht ist, einen illustren Vater zu haben, vor allem wenn, wie im Fall von Anna, die Beziehung von allzu großer Nähe geprägt ist und in eine ausweglose Abhängigkeit führt. Dagegen ist Mathilde, die modernste von Freuds Töchtern, eindeutig den Weg der Autonomie gegangen, der einem Mädchen die Chance gibt, als Erwachsene frei zu sein und sich nach eigenen Wünschen entfalten zu können.

Natürlich haben sich die Zeiten geändert. Väter von heute sind nicht mehr wie Sigmund Freud im 19. Jahrhundert; sie haben auch gar nicht mehr dieselben Rechte oder die Macht über ihre Kinder und insbesondere über ihre Töchter. Innerhalb von einem guten Jahrhundert hat sich ein Wandel von der allmächtigen väterlichen Autorität, wie sie bereits zu Zeiten der Römer bestand, hin zur gleichberechtigten elterlichen Gewalt vollzogen, wie sie in Deutschland seit 1959 und in Frankreich seit 1970 besteht. Die ehemalige väterliche Autorität wirkte sich lange natürlich vor allem auf das Schicksal der Mädchen aus. Wie viele Mädchen haben noch vor hundert Jahren den Mann geehelicht, den ihr Vater für sie ausgesucht hatte, wie viele mussten sich mit einer arrangierten Ehe abfinden und hatten das Gefühl, dass die Ehe nur zustande gekommen war, weil es um Geld, Grundbesitz, einen Titel oder ein Bündnis ging! Bekanntlich gibt es diese und noch schlimmere Praktiken in manchen Ländern der Erde bis heute. Sehr gut dokumentiert ist dies in einem kürzlich erschienenen Buch[11], das beschreibt, was Frauen heute noch in zahllosen Regionen der Welt erleiden müssen, nur weil sie als Frauen zur Welt gekommen sind. Diese inakzeptable Situation hängt natürlich in erster Linie mit der Macht der Männer über diese Frauen und die Gesellschaft zusammen, in der sie aufwachsen. So weiß man, dass Mädchen immer besonders von Gewalt und Diskriminierung, von Unterernährung, mangelnder Fürsorge und Bildung betroffen sind: Fast zwei Drittel der 127 Millionen Kinder, die weltweit im schulpflichtigen Alter sind, aber keine Schule besuchen, sind nach Angaben von Unicef Mädchen.

Bei uns ist die männliche Dominanz weniger offenkundig, und unzweifelhaft geht sie weiter zurück. Zwar ist noch nicht alles erreicht, doch geben die Frauen nicht auf, und Mütter achten gemeinsam mit einer wachsenden Zahl von Vätern darauf, dass ihre Töchter unabhängig sind. Allerdings vermitteln die Märchen, die man kleinen Kindern so gern vorliest oder mit ihnen im Kino ansieht, oft eine Vorstellungswelt, die den innersten Fantasien entsprechen und alle möglichen Stereotype zum verheißenen Schicksal von Jungen und Mädchen bereit halten. Man denke nur an Aschenputtel, Dornröschen oder Schneewittchen. Kann man davon ausgehen, dass kleine Mädchen nicht daran glauben, und glauben sie nicht vielleicht auch als Erwachsene noch ein bisschen daran? Glauben sie, wenn niemand sie gewarnt oder ihr Bewusstsein geschärft hat, nicht weiterhin, dass Männer von Natur aus liebende Väter und tapfere Kämpfer sind, und Frauen größtenteils vergrämte Rabenmütter und böse Hexen, und dass ein Mädchen, wenn es denn hübsch ist, fraglos durch die schützende Hand eines liebenden und ebenso wunderbaren wie märchenhaften Prinzen errettet wird?

Experten in Sachen Vaterschaft unterscheiden zwischen juristischer, biologischer und sozialer Vaterschaft. Vor allem die zuletzt genannte hat sich in den vergangenen dreißig Jahren zum Teil zulasten der beiden anderen stetig weiterentwickelt. Davon sind im Übrigen nicht nur die Väter, sondern auch die Mütter betroffen. Eltern heute sind, wie der französische Soziologe François de Singly bemerkt, »nicht mehr in erster Linie Angehörige der vorangegangenen Generation, die angestammtes Wissen und Erfahrungen an die nachfolgende Generation weitergeben. Fortan sind sie Individuen, denen es obliegt, die Bedürfnisse der Kinder zu entschlüsseln und zu interpretieren, um ihnen zu helfen, sie selbst zu werden.«[12] Wenn eine Gesellschaft an die reale und symbolische Autorität der Väter gewöhnt war, wirft ein solcher Wandel natürlich auch Fragen auf und schafft Unsicherheit.

Für manche ist die Vaterfigur also im Niedergang begriffen, was Feministinnen angeblich erfreut, Psychoanalytiker hingegen besorgt zur Kenntnis nehmen.[13] Andere wiederum sind der Ansicht, die kürzliche Entschlüsselung der DNS und entsprechende Gentests verliehen der Vaterbindung eine gänzlich neue Form von Wahrhaftigkeit, vergleichbar der Mutterbindung durch die Geburt. Fest steht, dass wir es künftig mit einer Vielzahl von Vaterfiguren zu tun haben werden, die zusammen eine Art zeitgenössisches Kaleidoskop der Vaterschaft ergeben. Drei besonders aktuellen Konstellationen wollen wir uns nachstehend näher widmen: der des geschiedenen Vaters und des Stiefvaters, der des allein erziehenden Vaters einer Tochter und der des mit seinem Sohn rivalisierenden Großvaters. Sämtliche Formationen scheinen heute möglich zu sein. Ob Freud sich da noch zurecht- oder gar wiederfinden würde, darf bezweifelt werden …

Väter und Stiefväter

In seinem Buch *La Petite Présence* wendet sich der Autor Dominique Sampiero an seine fünfjährige Tochter, die nicht bei ihm lebt. Die Eltern haben sich getrennt, und Olivia ist bei ihrer Mutter in Paris geblieben. Der Vater lebt im Norden Frankreichs und beschließt, dennoch täglich für seine Tochter gegenwärtig zu sein, als Ausgleich für seine Abwesenheit und die Entfernung, die sie trennt. Er hoffe für sich, dass »meine Worte Dein Leben als Frau wie ein Schal umhüllen, wie eine lange, blasslila-blaue Seidenrobe, die einst jede Deiner Gesten begleitet, wenn Dir das Herz blutet beim Gedanken an uns und Deine zu kurze Kindheit, an diese herausgerissene und zerknüllte Seite Deiner Geschichte, von der nur mehr drei Fetzen übrig sind, Du, Deine Mutter und ich.«

Nicht alle Väter haben das Talent, den Kummer der Tochter über ihren Weggang auf diese Weise zu besänftigen, ohne darüber hinwegzugehen. Alle Frauen, die mir von der Trennung ihrer Eltern berichtet haben, haben mir gesagt, sie hätten sehr darunter gelitten und sie als tiefen Einschnitt in ihrem Leben in Erinnerung, selbst wenn die Trennung oder Scheidung »richtig« war. Dass eine Tochter, die ihre Eltern liebt, auf deren Trennung reagiert, ist mehr als normal. Dieses gravierende Ereignis wirkt sich manchmal auch im späteren Leben noch auf bestimmte Ansichten oder Verhaltensweisen aus, die man auf den ersten Blick nicht damit in Zusammenhang bringt, wie die Geschichte von Eléonore zeigt.

Die hübsche Frau arbeitet seit mehreren Jahren im Finanzgeschäft, doch fragt sie sich immer häufiger, ob sie den einmal eingeschlagenen Weg weiterverfolgen und in ihrem Unternehmen weiter aufsteigen oder sich dem zuwenden soll, was sie schon immer interessiert hat: Mode. Eléonore stellt fest, dass ihr die Entscheidung sehr schwer fällt. Einerseits will sie die Menschen, die ihr bislang bei ihrem Werdegang Vertrauen entgegengebracht und sie unterstützt haben, nicht enttäuschen. Andererseits hat sie das Gefühl, nicht genügend Freiraum zu haben und nicht das umsetzen zu können, wovon sie immer geträumt hat. Über die psychoanalytische Arbeit, mit der sie an diesem Wendepunkt beginnt, kann sie einen Zusammenhang zwischen der aktuellen Situation und persönlichen Ereignissen in der Kindheit herstellen. So berichtet sie mir in einer unserer Sitzungen, dass sie sich nicht traut, ihrem Vorgesetzten zu sagen, dass sie sich gern umorientieren würde, so wie sie sich früher nicht traute, ihrem Vater zu sagen, dass sie nicht zwischen ihm und ihrer Mutter vermitteln wollte, wenn die beiden, wie es nach ihrer Scheidung oft der Fall war, um Geld stritten. Im Anschluss kommt sie auf die für sie quälende Frage zurück, wie es beruflich für sie weitergehen soll, und sagt spontan: »Es ist furchtbar, wenn man sich zwischen seinen Eltern entscheiden muss, das hat Folgen fürs ganze Leben …«

Was Töchter geschiedener Eltern häufig beschäftigt, sind die genauen Gründe, weswegen ihr Vater gegangen ist oder die Trennung kampflos hingenommen hat. Hier zeigt sich auch die ganze Ambivalenz der Mutter-Tochter-Beziehung. Die meisten Frauen, denen ich im Rahmen meiner Tätigkeit begegnet bin und die als Kind oder Jugendliche erlebt haben, dass die Eltern sich scheiden ließen, haben mir gestanden, dass sie lange mit widersprüchlichen Gefühlen zu kämpfen hatten. Ihrem Vater warfen sie vor, nicht durchgehalten oder nicht die richtigen Worte gefunden zu haben, um die Ehe zu retten, oder, andersherum, untreu gewesen zu sein und nur an sich gedacht zu haben; oft waren sie in ihrer Haltung jedoch auch kritisch und regelrecht schonungslos der Mutter gegenüber, die in ihren Augen ihrem Mann nicht die Liebe und Aufmerksamkeit entgegengebracht habe, die er sich gewünscht hätte.

Dorothée berichtet mir, dass sie, als ihre Eltern sich scheiden ließen – damals war sie zwölf –, eine Mischung aus Wut, Enttäuschung, Widerwillen und Gleichgültigkeit empfand. Und sie erzählt von einem Traum, den sie kürzlich hatte: Ihr Vater und ihre Mutter leben in einem großen Haus am Meer, sie sind in einem Swimming-pool und wirken sehr glücklich miteinander. Ihr Vater schwimmt völlig unbeholfen, wofür sie sich schämt. Plötzlich entdeckt Dorothée, dass der Mann, mit dem ihre Mutter zusammen ist, der um einige Jahre ältere eigene Freund ist: Sie sitzen auf einem schönen Boot in der Bucht von Cannes, wo sie als Kind mit den Eltern die Ferien verbrachte und wohin sie mit ihrem Freund gerade auch ein paar Tage fahren wollte. Dorothées Traum ist relativ eindeutig und bringt zwei Wünsche zum Ausdruck: Zum einen will sie Vater und Mutter wieder zusammenbringen, zum andern möchte sie, dass ihr gelingt, was ihrer Mutter mit ihrem Vater nicht gelungen ist, und es besser machen als sie. Viele Mädchen oder Frauen, deren Eltern sich scheiden ließen, bedauern diese Trennung, wie Dorothée auch, und wünschen, sie hätte nie stattgefunden; sie sind wütend auf ihren Vater, der weggegangen ist, haben aber auch das Gefühl, dass ihre Mutter versagt hat.

An dieser Stelle sei daran erinnert, dass eine Tochter nicht nur die Liebe ihres Vaters braucht, sondern auch erwartet, dass er ihr innerhalb der Familie den ihr gebührenden Platz einräumt, was auch bedeutet, dass er ihr genau darlegt, warum er gegangen ist oder sich getrennt hat. Seine Vertraute oder Komplizin will sie deshalb nicht sein; sie verlangt nur, berechtigterweise, wie ich finde, dass ihr Vater sie bei seinen Entscheidungen und folglich in seinem Leben nicht außen vor lässt. Das ist schon allein deshalb so wichtig, weil dieser Mann, der ihr Vater ist, seinerseits gute Gründe haben kann, weshalb er eine andere Liebesgeschichte mit einer anderen Frau begonnen hat und darüber hinaus früher oder später gegebenenfalls auch in Konkurrenz zu einem anderen Mann treten wird: dem neuen Partner der Mutter. *Ein Vater, der sich die Zeit nimmt und die Mühe macht, seiner Tochter die Gründe für die Trennung von der Mutter zu erklären, hilft ihr, sich innerhalb der neuen Familienkonstellation zurecht zu finden und den Platz einzunehmen, der ihr gebührt.*

Mireille beispielsweise behauptet, ihr Stiefvater könne sie nicht ausstehen; er sei ungerecht und bevorzuge seine eigenen Töchter. Sie glaubt, dass er nur am Geld ihrer Mutter interessiert ist, die ihren Vater verlassen hat, um mit ihm zusammenzuleben, und ihr diese Entscheidung aufgezwungen hat, ohne mit ihr zu reden. Gleichzeitig gesteht sie ihre Angst, dem Vater ähnlich zu sein, der empfindsam und ängstlich sei und wenig Kampfgeist besitze. Heute fühle sie sich hin- und hergerissen zwischen der Bewunderung für ihre Mutter – »trotz all ihrer Fehler«– und dem Mitleid für ihren Vater, der allein und unglücklich ist. Sind diese Gefühle nicht belastend für die Beziehung zu ihrem Stiefvater? Könnte ein Vater, der selbstbewusst wäre und in sich ruhen würde, seiner Tochter nicht helfen, mit ihrem Stiefvater zurecht zu kommen?

Von manchen Ausnahmen abgesehen, erwartet ein Mädchen nicht, dass ihr Stiefvater sich wie ein Vater verhält. Manchmal allerdings gibt es vielleicht Situationen, in denen Töchter froh über einen solchen Stiefvater sind, weil ihr leiblicher Vater sehr früh gestorben ist und dieser Mann sehr liebevoll mit ihnen umgeht und den Part der männlichen Bezugsperson in ihrer Erziehung voll und ganz übernimmt, oder weil der Vater sich entzieht oder in nicht vertretbarer Weise verhalten hat. In der Regel aber erwartet ein Mädchen vom Stiefvater nach einer anfänglich vielleicht gespannten Phase, dass er sich wie ein Stiefvater verhält, also die Rolle des Vaters respektiert, und ansonsten seinen eigenen Platz einnimmt und weder als Ersatzvater fungiert noch sich in allem vornehm zurückhält. Berücksichtigt er das nicht, können sich anfängliche Schwierigkeiten verschlimmern oder dauerhafte Spuren hinterlassen. Zwischen Stiefvater und

Stieftochter kommt es darauf an, dass sie einander vertrauen können und der leibliche Vater nicht ausgeklammert, sondern respektiert wird, ohne jede Rivalität. Man sollte sich nicht dazu zwingen, besonders liebenswürdig und gefällig zu sein; ein Mädchen spürt sofort und vermutlich noch besser als ein Junge, ob Gefühle aufrichtig sind. Man sollte man selbst sein, seinen Platz einnehmen und auch darüber hinaus präsent sein. Die Mutter sollte ihrer Tochter klar machen, dass sie die erzieherische Autorität in grundlegenden Fragen wie der Gesundheit, bei psychischen Problemen oder wenn es um die Schullaufbahn, die Ferien und musische oder sportliche Aktivitäten geht, weiterhin gemeinsam mit dem Vater ausübt, während sie sich mit dem neuen Mann die Verantwortung für den Alltag teilt.

Allein mit dem Vater

Manchmal kümmert sich auch der Vater allein um die Erziehung seiner Kinder, meistens wenn die Mutter gestorben ist. In solchen Fällen sieht sich oft die älteste Tochter mit der Rolle der Ersatzmutter konfrontiert oder nimmt diese freiwillig gegenüber ihren Geschwistern ein. Das macht sie vielleicht sogar stolz, doch kann sie diese Verantwortung auch als Belastung empfinden. Der Vater muss darauf achten, dass er ihr auch ungewollt nicht zuviel zumutet und sie nötigenfalls entlastet, indem er sich Unterstützung von den eigenen Eltern, den Schwiegereltern oder nahe stehenden Personen holt. Und er muss vielleicht noch mehr darauf achten, dass er nicht zu viel von ihr erwartet, und zwar sowohl im Hinblick auf ihre tatkräftige Unterstützung als auch emotional. Es besteht nämlich die Gefahr, dass ein Vater eine Art Abhängigkeit von seiner einzigen Tochter entwickelt und sie dadurch nicht nur in eine Erwachsenenrolle drängt, sondern auch in eine Art Paarbeziehung, aus der sie sich später nur schwer wieder lösen kann. Gerade in der Pubertät kann er auch durch übermäßige Strenge die bewusste oder unbewusste Angst vermitteln, sie könnte ihn verlassen, und sie daran hindern, selbstständig zu werden, indem er ihr allzu viele Vorschriften bezüglich ihres Umgangs und ihrer Freizeit macht.

Väter sollten hier – wie Mütter in der umgekehrten Situation auch – das richtige Maß finden zwischen der symbolischen Funktion, die sie insbesondere hinsichtlich ihrer Autorität ausüben müssen, und dem Respekt für die wachsende Unabhängigkeit der Tochter, die für deren Persönlichkeitsentwicklung genauso wichtig ist. Jedes Kind braucht für seine Entfaltung Liebe und Orientierung, Grenzen und Freiraum. Ein heranwachsendes Mädchen, das allein bei seinem Vater lebt, hat vielleicht manchmal das Gefühl, zu sehr eingeengt zu sein, mehr noch, als es in dem Alter ohnehin der Fall ist. Sie wird versuchen, auf Distanz zu gehen und sich damit vielleicht ebenso heftig durchsetzen wollen, wie man es von Jungen gewohnt ist, oder auch viel stiller, indem sie eine große Schüchternheit an den Tag legt oder eher depressiv wird und Traurigkeit demonstriert oder aber Essstörungen entwickelt. Nicht selten jedoch werden Mädchen, die allein bei ihrem Vater aufwachsen, auch schneller selbstständig und haben mehr Kampfgeist. Es kommt auch vor, dass sie sich mehr anstrengen und erfolgreicher sind als Gleichaltrige, die mit beiden Eltern groß werden, weil sie ihrem Vater dadurch Freude machen wollen oder den Verlust der Mutter auf diese Weise kompensieren.

Väter und Großväter

Laura ist eine junge Frau, die sehr vom Großvater väterlicherseits geprägt ist. Sie hat ihn als faszinierenden Mann in Erinnerung, der immer elegant gekleidet und von Freunden umgeben war. Sie erinnert sich gern daran, dass ihre Eltern sagten, sie sei sein Lieblingsenkelkind. Sie zweifelt auch nicht daran, denn in ihrer Erinnerung gibt es lauter glückliche Momente mit ihm, in denen sie gelacht haben und miteinander spazieren gegangen sind. Für Medizin habe sie sich bestimmt auch deshalb entschieden, weil sie gesehen habe, wie leidenschaftlich dieser Mann in seinem Beruf bei der Sache war, wie geachtet und zufrieden er war. Sie bedauert, ihn nicht länger erlebt zu haben und ihm nicht zeigen zu können, dass sie in seine Fußstapfen tritt. Wenn sie sich ängstige, erschöpft sei oder grüble, tue es ihr immer gut, an ihn zu denken.

Und die Rolle ihres Vaters? Kein Vergleich mit der des Großvaters, sagt sie; sie hätten ein schwieriges Verhältnis zueinander gehabt. »Das liegt vielleicht auch daran«, sagt sie. »Vermutlich hätte ich mit meinem Vater nicht solche Probleme gehabt, wenn mein Großvater mir nicht so viel bedeutet hätte …« Schon als kleines Mädchen habe sie mitbekommen, wie sehr der Sohn den Vater, ihr Vater also den Großbater bewundert habe; er habe sich immer mit ihm verglichen und vermittelt, dass er ihm nie das Wasser reichen könne. Sie habe erst kürzlich richtig verstanden, was es mit dieser Beziehung auf sich hatte, und ist jetzt überzeugt, dass ihr enges Verhältnis zum Großvater den Vater sicher brüskiert hat und dass er ihren Bruder zum Teil auch deswegen bevorzugte.

Großväter sind heute viel jünger als früher und haben deswegen vermutlich auch nicht mehr den Status von etwas entrückten und schweigsamen Verwandten, sondern sind sehr viel präsenter. Ein Freund, der bereits Großvater ist, berichtete mir kürzlich, seine siebenjährige Enkelin habe ihn nach einem Streit mit ihrem Vater gefragt, ob er nicht ihren Vater ersetzen könne. Sie habe ihre Bitte auch untermauert, wie es Kinder heute tun, und erläutert, er müsse gar nicht häufiger da sein als ihr Vater, den sie ohnehin nicht oft sehe, und sie wäre dann auch besser in der Schule, weil er wenigstens Geduld mit ihr habe. Wie man sieht, kann die einst vielleicht eher imaginierte Rivalität zwischen Vater und Großvater in Zeiten, da wir alle älter werden, für ein kleines Mädchen ganz real Gestalt annehmen …

Väter heute – Töchter morgen

Eines Sonntags hatte ich ein Erlebnis, von dem ich an dieser Stelle berichten möchte. Bei meinem morgendlichen Spaziergang kam mir plötzlich der Chef eines großen, international tätigen französischen Unternehmens entgegen. Der Vater, von dem ich weiß, dass er in zweiter Ehe verheiratet ist, ging mit seinen beiden Töchtern spazieren. Eine zeigte stolz, wie gut sie auf ihrem kleinen Fahrrad fahren konnte, die andere war im Kinderwagen, den der Vater liebevoll schob. Dieser Mann, der mehrere tausend Angestellte beschäftigt, wirkte stolz und durchaus glücklich. Hätte ich eine solche Szene auch dreißig Jahre zuvor erleben können?[14] Sicher nicht, die Zeiten haben sich tatsächlich geändert, sagte ich zu mir. Zwischen Freud oder auch nur der vorangegangenen Vätergeneration einerseits und den neuen Vätern andererseits, ob geschieden oder allein erziehend, Stief- oder Großväter, sind die Unterschiede so gewaltig, dass man sich mitunter kaum noch auskennt. Vielleicht ist deshalb ein abschließender Blick auf die Zahlen hilfreich.

Im Jahr 2002 haben in Frankreich 43 Prozent der Väter den Vaterschaftsurlaub in Anspruch genommen. Damit ist Frankreich zwar noch weit von Schweden entfernt, aber dennoch kümmern sich Väter sehr viel mehr um ihre Kinder, als es früher ihre eigenen Väter taten, selbst wenn es sicher immer auch »Vaterglucken« gegeben hat, die insgeheim lieber eine Frau gewesen wären.[15] Niemand kann leugnen, dass es zu tief greifenden Veränderungen gekommen ist, die sich auf die Familie, die Rolle beider Eltern in der Gefühlswelt der Kinder, das männliche und das weibliche Rollenverhalten und natürlich auch den Status der Frauen und damit auch der Mädchen schon von Geburt an auswirken. Mitunter liegt der Fokus zwar auf der geschwächten Rolle der Männer, aber genauso gut kann man hervorheben, was für eine positive Rolle diese »neuen Väter« spielen. Jedenfalls ist heutzutage unstrittig, dass der Status des Vaters, die Umwälzungen in der traditionellen Familienstruktur und die Emanzipation der Frauen untrennbar miteinander verbunden sind. Die Veränderungen, die wir erleben, zielen eindeutig auf eine Annäherung der Funktionen und der Rollen von Vater und Mutter. Die Grundsätze des französischen Bürgerlichen Gesetzbuchs, das lange das juristische Machtinstrument des Vaters und Ehemanns war, wurden mit dem Gesetz vom 13. Juli 1965, durch das der Begriff der Gleichberechtigung der Eheleute eingeführt wurde, strittig. Durch das Gesetz vom 4. Juni 1970 wurde dann, wie bereits erwähnt, bestätigt, dass künftig beide Eheleute gemeinsam die »elterliche Gewalt« ausüben; die dem Vater zugeordnete Bezeichnung »Familienoberhaupt« wurde damit de facto abgeschafft. Ein weiterer Höhepunkt war am 8. Januar 1993 die gesetzliche Verankerung des Prinzips, wonach jedes Kind, ob Mädchen oder Junge, unabhängig von seinem Alter, sobald es »Unterscheidungsvermögen besitzt« – was ein schwieriger Begriff ist –, zu allen Vorgängen, die es betreffen, angehört werden muss. Und der seit kurzem aussterbende Familienname hat zweifellos einige Symbolkraft für die Rolle von Vater, Mutter und Kind.

All diese rechtlichen Änderungen haben ganz konkrete Auswirkungen. Eine Studie über die quantitative und qualitative Präsenz der Väter in den Krippen bei Kindern im Alter von sechs Monaten bis zwei Jahren hat ergeben, dass die »neuen Väter« ihren Kindern – Jungen wie Mädchen – ohne Zweifel sehr viel näher sind, als sie es bei ihren eigenen Vätern erlebt haben. Sie hat zudem belegt, dass 30 Prozent der Väter bei der Anmeldung anwesend sind, rund 60 Prozent ihre Kinder bringen und holen und 36 Prozent an der Eingewöhnung beteiligt sind. Diese »neuen Väter« bezeichnen sich selbst als »sehr liebevoll« (61,8 % bei Kindern bis 6 Monaten, und 70 % bei Kindern bis zwei Jahren), als »Vaterglucken« oder »große Vaterglucken« (55,8 % bei Kindern bis 6 Monaten, und 46,7 % bei Kindern bis zwei Jahren), als »wenig autoritär« (50 % bei Kindern bis 6 Monaten, und 40 % bei Kindern bis zwei Jahren) und vor allem als »verantwortungsvoll« (80 % bei Kindern im Alter von 6 Monaten bis zu zwei Jahren).[16] Solche Zahlen wären nur eine Generation früher noch undenkbar gewesen.

Allgemein wird heute von einem Vater erwartet, er solle »väterlich« sein, also seine reale und symbolische Funktion der väterlichen Autorität ausüben, wie er sie schon lange verkörpert, gleichzeitig aber auch »mütterlicher« sein, also präsenter, disponibler und in einem größeren Maße zuständig für die Erziehung seiner Kinder. Die meisten jungen Väter entsprechen ganz offensichtlich diesen Erwartungen und schalten sich inzwischen auch ein, wenn es beispielsweise um die Kleidung ihrer Kinder geht; ihren Töchtern gegenüber sind sie achtsamer in ihrer Wortwahl und auch im Hinblick auf das, was sie möglicherweise auf sie projizieren. Was in der Hinsicht inzwischen erreicht wurde, kann einen nur freuen, ebenso wie die Tatsache, dass im Kampf um die Gleichstellung der Frauen der Mann nicht mehr, wie es lange der Fall war, als Feind betrachtet wird, gegen den man zu Felde ziehen muss. Mittlerweile behauptet sich eine Frau nicht mehr dadurch am besten, dass sie sich männlich gibt, sondern dass sie Selbstvertrauen zeigt und sie selbst ist. Mädchen von heute haben das Glück, dass sie sich auf die Errungenschaften des feministischen Kampfes oder des Kampfes ihrer Mütter und Großmütter stützen und doch weiblich sein können, worauf sie auch stolz sind – ein von den Frauen hart errungener Sieg, dem Anerkennung gebührt.

Die Zeiten ändern sich also doch. Einige sehen in dieser Entwicklung allerdings eine bedauernswerte Schwächung des einst in seiner Autorität allmächtigen Vaters. Andere, zu denen auch ich mich zähle, heben eher darauf ab, dass es einen neuen »Herkunftspakt« gibt, der sich auf den Familienzusammenhalt auswirkt. Meiner Ansicht nach weisen all diese juristischen, sozialen und kulturellen Veränderungen in die richtige Richtung. Ich bin überzeugt, dass die Mädchen von morgen aus dem Vorbild beider Eltern die nötige Energie schöpfen können, um ein Leben nach eigenen Vorstellungen führen zu können. *Eine Angleichung der mütterlichen und der väterlichen Rolle innerhalb der Familie heißt für mein Empfinden jedoch nicht, dass man über den für die Geschichte der Menschheit prägenden Geschlechterunterschied hinweggeht.*

Die lange Praxis des Zuhörens hat mich in meiner Überzeugung bestärkt, dass die väterliche Funktion unverzichtbar für die Subjektwerdung jedes einzelnen ist, der Jungen wie der Mädchen, und der Mädchen in vielleicht noch größerem Maße. Das berechtigte Streben nach Gleichstellung der Geschlechter darf die Unterschiede nicht verwischen, ganz im Gegenteil. Männer und Frauen sind zwar nicht grundverschieden, aber doch unterschiedlich, und ein heranwachsendes Mädchen braucht eben Mutter *und* Vater oder genauer gesagt »mothering« und »fathering«, um die Begriffe des englischen Psychoanalytikers Winnicott aufzugreifen. Bereits 1963, also einige Jahre vor den Ereignissen von 1968, verkündete der Begründer des Sigmund-Freud-Instituts in Frankfurt, Alexander Mitscherlich, wir befänden uns auf dem Weg in eine »vaterlose Gesellschaft«.[17] Mit Blick auf die heutige Gesellschaft kann man sagen, dass dies nicht eingetreten ist; umgekehrt aber steht fest, dass die Abwesenheit der Väter für Jungen wie für Mädchen mit schwer wiegenden Folgen verbunden ist.[18] Eine Tochter jedenfalls, um mit dem Schwerpunkt dieses Buches zu schließen, baut unendlich auf die Liebe und Autorität ihres Vaters – sofern man Autorität als das Vermögen versteht, sie selbstsicher, frei und glücklich zu machen.

Schlussbetrachtungen

Väter spielen für Töchter eine zentrale Rolle, im Hinblick auf ihre Persönlichkeit, ihr innerstes Wesen, ihre Zukunft als Frau und vor allem ihre Begegnung mit den Männern ihres Lebens. Diese Beziehung, die die Grenzen für ein ganzes Leben absteckt, ist nicht unwandelbar, aber für eine Tochter immer mehr oder weniger präsent. Ein Vater kann wesentlich dazu beitragen, dass seine Tochter harmonisch heranwächst, so wie eine Tochter umgekehrt auch Veränderungen bei ihrem Vater bewirken und ihm vielleicht bestimmte Ängste oder seine Voreingenommenheit bezüglich der weiblichen Welt nehmen kann. Und sie ist manchmal auch die Einzige, die das kann. Dass es die fürsorgliche, glückliche Liebe zwischen einer Tochter und einem Vater durchaus gibt, habe ich erlebt. Leider hat es jedoch immer auch Töchter gegeben, die schwer unter ihren Vätern gelitten haben und auf lange Sicht zutiefst unglücklich waren. Ich habe die Erfahrung gemacht, dass sich die Tochter, wenn es zu schweren Konflikten oder gar einem Zerwürfnis gekommen ist, meistens früher oder später mit ihrem Vater aussöhnen will. Eine solche Begegnung, in die auch der Vater einwilligen muss, kommt manchmal allerdings erst spät im Leben zustande.

Wer heute ein »guter Vater« sein will, muss wissen, dass Töchter selbstständig sein und etwas auf die Beine stellen wollen, sie wollen den Lauf der Dinge beeinflussen und ihrem Leben einen Sinn geben. Aufgrund meines Berufes habe ich vielen Töchtern und Vätern zugehört, und in diesem Buch habe ich zu vermitteln versucht, was ich durch Töchter und Frauen, aber ebenso durch Väter über deren zwischenmenschliche Beziehung erfahren habe. Die Tochter-Vater-Beziehung ist vielschichtig und je nach Lebensphase unterschiedlich, und meistens prägt sie eine gewisse Schamhaftigkeit, die es in der Mutter-Tochter-Beziehung so nicht gibt. Ungeachtet der ganzen Bandbreite der Gefühle und unabhängig vom Alter der Mädchen und Frauen, die sich mir im beruflichen Kontext oder als ihrem Freund anvertraut haben und zwischen fünf und sechzig Jahre alt waren: Sie alle wollten vor allem stolz auf ihren Vater sein. Um sich mit ihm identifizieren zu können und Selbstsicherheit zu entwickeln, erwarten sie von ihm, dass er sie liebt und wertschätzt, und umgekehrt selbst liebenswert ist und Wertschätzung verdient.

In der Vater-Tochter-Beziehung spielt immer auch die Mutter eine zentrale Rolle, sei es vermittelnd, versöhnend, helfend – oder hemmend. Alle Mütter sind selbst Töchter und waren einst Mädchen. Sie wissen also aus eigener Anschauung, worum es in dieser Beziehung geht. Umgekehrt kann ein Vater auch entscheidend auf das Verhältnis seiner Tochter zu ihrer Mutter einwirken. Ihm wurde klassischerweise eine trennende Rolle zugeschrieben. Ich halte das für sehr vereinfachend, denn auch der Vater sollte sich als Vermittler und mitunter als Friedensstifter verstehen und sich dieser Rolle nicht entziehen. Die Rivalität zwischen Mutter und Tochter im Verhältnis zum Vater ist oft thematisiert worden, doch diese Sichtweise ist meines Erachtens einseitig. Ein Mädchen leidet, wenn der Vater die Mutter abwertet, denn damit trifft er auch die Tochter selbst als weibliches Wesen. So wie eine Mutter es ihren Kindern, gleich welchen Geschlechts, ermöglichen muss, Umgang mit ihrem Vater zu haben, muss ein Vater der Mutter seiner Kinder Respekt entgegenbringen, ganz besonders im Hinblick auf eine Tochter.

Die Beziehung zwischen Töchtern und Vätern hatte immer auch etwas Geheimnisvolles und Mysteriöses. Einiges davon kann durch das heutige Bemühen um gegenseitiges Verständnis aufgeklärt werden. Dieses Buch soll die Hoffnung vermitteln, dass Väter und Töchter bei aller Verhaltenheit in Zukunft leichter miteinander reden können.

Dank

An erster Stelle möchte ich all denen danken, die mir Vertrauen geschenkt, mich angeregt und meine Gedanken bereichert haben und denen ich so gut ich konnte zu helfen versucht habe.

Bei den Fallbeispielen in diesem Buch handelt es sich jeweils um eine Synthese mehrerer Geschichten zur Wahrung der Anonymität einzelner Personen.

Mein Dank geht auch an Caroline Rolland und Marie-Lorraine Colas für ihre tatkräftige und effiziente Hilfe. Gabrielle Gelber danke ich für ihre freundschaftliche Unterstützung in der Vergangenheit, Gegenwart und Zukunft.

Mein ganz besonderer Dank gilt Odile Jacob für ihre triftigen, freundschaftlichen und wohlwollenden Ratschläge, ohne die dieses Buch nicht wäre, was es ist.

Anmerkungen und bibliografische Angaben

Kapitel I
Vater, wer bist du? Tochter, wer bist du?

1 Braconnier Alain, *Mutterliebe. Warum Söhne starke Mütter brauchen*, DVA, München 2006.
2 André Christophe, *Unvollkommen, glücklich und frei. Die Kraft der Elternliebe,* Patmos, Düsseldorf 2007.
3 Bataille Georges, *Die innere Erfahrung*, Matthes & Seitz, Berlin 1998.
4 Sollers Philippe, »Lacan même«, Gespräch mit Jean Allouch, *L'Unebévue*, Nr. 23/2005, S. 7–27.
5 Depardieu Julie, Gespräch mit David Le Bailly, *Paris Match* vom 5. Oktober 2006.
6 »La gloire en héritage«, Umfrage Élizabeth Sancey, *Paris Match* vom 9. November 2006.

Kapitel II
Eine Liebesgeschichte mit Fortsetzung

1 Missonnier Sylvain, »Bloc-notes«, *Le Carnet psy*, Nr. 112/November 2006, S. 14–15.
2 Bayle Benoît, *L'Enfant à naître. Identité conceptionnelle et gestation psychique*, Érès, Toulouse 2006.
3 Marbeau-Cleirens Béatrice, *Les Mères imaginées*, Les Belles Lettres, Paris 1988.
4 Missonnier Sylvain, Golse Bernard, Soulé Michel (Hrsg.), *La Grossesse, l'enfant virtuel et la parentalité*, PUF, Paris 2004.
5 Houzel Didier, *L'Aube de la vie psychique*, FSF, Paris 2002.
6 Fivaz-Depeursinge Elisabeth, Corboz-Warnery Antoinette, *Le Triangle primaire, le père, la mère et le bébé*, Odile Jacob, Paris 2001.
7 Stern Daniel N., *Die Mutterschaftskonstellation*, Klett-Cotta, Stuttgart 1995.
8 Bruner Jérôme S., *Wie das Kind sprechen lernt,* Hans Huber, Bern 1987.
9 Pierre-Humbert Blaise, *Le Premier Lien*, Odile Jacob, Paris 2003.
10 Lamb Michel E., *The Role of the Father in Child Development*, Wiley & Sons, New York 1997.
11 Golse Bernard, *Du corps à la pensée*, PUF, Paris 1999.

12 Herzog J., »L'enseignement de la langue maternelle – aspect du dialogue développemental fille-père« in *Journal de la psychanalyse de l'enfant*, Nr. 11/1992, S. 47–60.

13 Laplanche Jean, *Entre séduction et inspiration*, PUF, Paris 1999.

14 *Ibid.*

15 Pierre-Humbert Blaise, wie Anm. 9.

16 Pedersen, F. A., Rubenstein J.-L. und Yarrow L. J., »Infant Development in Father-absent families«, in *Journal of Genetic Psychologie*, Nr. 135/1979, S. 51–61.

17 Field Michel, *Contes cruels pour Anaëlle*, Robert Laffont, Paris 1995.

18 Le Camus Jean, *Väter*, Beltz, Weinheim 2003.

19 Cournut Jean, *Pourquoi les hommes ont peur des femmes?* PUF, Paris, 2001.

20 Assoun Paul-Laurent, *Freud et la femme*, Payot, Paris 1995.

21 Mathelin Catherine, *Raisins verts et dents agacées*, Denoël, Paris 1994.

22 Lauru Didier, *Père-Fille*, Albin Michel, Paris 2006.

23 Assoun Paul-Laurent, *Le Regard et la voix: leçons de psychanalyse*, Anthropos, Paris 2000.

24 Lacan Jacques, *Das Seminar, Buch VIII. Die Übertragung*, Passagen Verlag, Wien 2007.

25 Freud Sigmund, *Neue Folge der Vorlesungen zur Einführung in die Psychoanalyse*, S. Fischer, Frankfurt 1991.

26 Klein Melanie, *Die Psychoanalyse des Kindes*, Internationaler Psychoanalytischer Verlag, Wien 1997.

27 Cournut Jean, wie Anm. 19.

28 Vasseur Nadine, *Je ne lui ai pas dit que j'écrivais ce livre*, Liana Levi, Paris 2006.

29 Assoun Paul-Laurent, wie Anm. 20.

30 Lacan Jacques, *Schriften*, Quadriga, Weinheim/Berlin 1991 ff.

31 Freud Sigmund, *Briefe an Wilhelm Fließ. 1887–1904*, Fischer Verlag, Frankfurt 1986.

32 Silber A., »Une journée avec Faïza Guène«, Interview in *Elle* vom 28. August 2006.

33 Maestripieri Dario, *Evolution of Communication*, Harvard University Press, 2003.

34 Vincent Lucy, *Comment devient-on amoureux?* Odile Jacob, Paris 2004.

Kapitel III
Von schmerzlichen Worten zur schmerzenden Seele

1 Delbée Anne, *Der Kuß. Kunst und Leben der Camille Claudel*, btb, München 2003.
2 Testud Sylvie, *Gamines*, Fayard, Paris 2006.
3 Goscinny Anne, *Le Père éternel*, Grasset, Paris 2006.
4 Middlebrook Diane, *Her Husband. Hughes and Plath – a marriage*, Penguin Books, New York 2004.
5 Bericht von Jean-Luc Douin, *Le Monde* vom 23. Juni 2006.
6 Savigneau Josyane, »Une dernière visite à Sybille Bedford«, *Le Monde* vom 23. Juni 2005.
7 Cyrulnik Boris, *De chair et d'âme*, Odile Jacob, Paris 2006.
8 Brun Danièle, *La Maternité et le Féminin*, Denoël, Paris 1990.
9 Maine Margo, *Father Hunger: Fathers, Daughters and Food*, Gurze Books, Carlsbad 1991.
10 Nielsen Linda, *Embracing your Father*, Mac Graw-Hill, New York 2004.
11 Dethieux Jean-Baptiste u. a., »A la recherche des émotions perdues: l'adolescente anorexique et son père« in *Neuropsychiatrie de l'enfance et de l'adolescence*, Nr. 49/2001, S. 131–140.
12 Brusset Bernard, *Psychopathologie de l'anorexie mentale*, Dunod, Paris 1998.
13 Maine Margo, wie Anm. 9.
14 Jeammet Philippe, »Le corps à l'adolescence« in Roux Marie-Lise und Dechaud-Ferbus Monique, *Le Corps dans la psyché. La psychothérapie de relaxation*, L'Harmattan, Paris 1993.
15 Bochereau Denis, »Rencontre avec des pères d'anorexiques« in *Neuropsychiatrie de l'enfance et de l'adolescence*, Nr. 6/1994, S. 233–239.
16 Foliot Blandine, »La manque de père: relation père-fille et anorexie«, Magisterarbeit im Fach Klinische Psychologie, Frankreich 2004–2005.
17 Valère Valérie, *Das Haus der verrückten Kinder*, R. Wunderlich, Tübingen 1982.
18 Badinter Élisabeth, *Die Wiederentdeckung der Gleichheit. Schwache Frauen, gefährliche Männer und andere feministische Irrtümer*, Ullstein, München 2004.
19 Mathelin Catherine, »Le père, c'est la santé« in Colin-Simard, *Pères d'aujourd'hui, filles de demain*, Anne Carrière, Paris 2003.
20 Wullschläger Jackie, *Inventing wonderland: the lives and fanta-*

sies of Lewis Carroll, Edward Lear, J. M. Barrie, Kenneth Gra-
hame and A. A. Milne, Free Press, New York 1995.

21 Delbée Anne, wie Anm. 1.

22 Ciavaldini André und Balier Claude, *Agressions sexuelles: patho-
logies, suivis thérapeutiques et cadre judiciaire*, Masson, Paris
2000.

23 Zum Inzest verweise ich den Leser auf das ausgezeichnete Buch
von Hélène Parat, in dem die Autorin historische, anthropologi-
sche, soziologische, juristische und psychologische Fragen behandelt: *L'Inceste*, PUF, in der Reihe »Que sais-je«, Paris 2004.

Kapitel IV
Glück und Unglück in der Liebe

1 Weissmann Élisabeth, »Une journée avec Jacqueline de Romilly«
in *Elle* vom 21. August 2006.

2 Schneider Michel, *Marilyns letzte Sitzung*, btb, München 2007.

3 Maingueneau Dominique, »Esthétique de la femme fatale« in André Jacques u. a., *Fatalité du féminin*, PUF, Paris 2002.

4 Spoto Donald, *Marilyn Monroe. Die Biographie*, Heyne, München
1993.

5 Schneider Michel, wie Anm. 2.

6 Doll Susan, *Marilyn. Leben und Legende*, Karl Müller, Erlangen
1991.

7 Schneider Michel, wie Anm. 2.

Kapitel V
Ein lebenslanger Dialog

1 Freud Sigmund, »Über infantile Sexualtheorien« (1908) in *Schriften über Liebe und Sexualität*, Fischer Taschenbuch, Frankfurt
2004.

2 Lévy-Soussan Pierre, *Éloge du secret*, Hachette Littératures, Paris
2006.

3 Héritier Françoise, *Masculin/Féminin I. La pensée de la diffé-
rence*, Odile Jacob, Paris 1996.

4 Umfrage, www.linternaute.com, 2006.

5 Cournut Jean, *Pourquoi les hommes ont peur des femmes?* PUF,
Paris, 2001.

6 Freud Sigmund, *»Beiträge zur Psychologie des Liebeslebens«*

252

Enthalten in: *Schriften über Liebe und Sexualität*. Fischer Taschenbuch 1994.

7 Cournut Jean, wie Anm. 5.

8 1987 gaben 85% der befragten Jugendlichen an, eine »leidenschaftliche Beziehung zu leben« sei »modern« und wünschenswert (laut einer im September durchgeführten Umfrage von BVA-*Le Monde* und NRJ), während 1996, wie erwähnt, 87% der Mädchen und 70% der Jungen sagten, sie seien in ihren Partner verliebt.

9 In ihrem Roman *Les Trois Sœurs* erzählt Sylvie Testud die Geschichte dreier Schwestern, deren Gedanken stets um den Vater kreisen, der im wirklichen Leben jedoch nie auftaucht (Fayard, Paris 2006).

10 Maingueneau Dominique, »Esthétique de la femme fatale« in André Jacques u. a., *Fatalité du féminin*, PUF, Paris 2002.

11 Roux Simone, *Christine de Pizan, femme de tête, dame de cœur*, Payot, Paris 2006.

12 Bertrand Jacques André, *La Course du chevau-léger*, Julliard, Paris 2006.

13 IPSOS-Umfrage im Auftrag der Wyeth Stiftung für das »Forum adolescences«, Mai 2005.

14 Braconnier Alain, *Le Guide de l'adolescent*, Odile Jacob, Paris 1999.

15 Ben Jelloun Tahar, *Papa, woher kommt der Hass? Gespräch mit meiner Tochter*, Rowohlt Taschenbuch, Reinbek bei Hamburg 2005.

16 Schierse Léonard Linda, *La Fille de son père. Guérir les blessures dans la relation père-fille*, Le Jour éditeur, Montréal 1990.

Kapitel VI
Die Zukunft der Töchter gestern und heute

1 Margarita D., »Non deux fois non« in *Documents et Débats* Nr. 39, 1992.

2 Freud Sigmund, »Zur Einführung des Narzißmus« in *Das Ich und das Es*, Fischer Taschenbuch, Frankfurt 2005.

3 Aus Freuds Briefwechsel (1873–1939) in Eva Weissweiler, *Die Freuds*, Kiepenheuer & Witsch, Köln 2006.

4 *Ibid.*

5 Jones Ernest, *Das Leben und Werk von Sigmund Freud*, Huber, Bern 1982.

6 Aus Freuds Briefwechsel (1873–1939), wie Anm. 3.

7 Gödde Günter, *Mathilde Freud*, Aufbau Taschenbuch, Berlin 2005.

8 Weissweiler Eva, wie Anm. 3.

9 Freud Sigmund, *Briefe an Wilhelm Fließ. 1887–1904*, Fischer Verlag, Frankfurt 1986.

10 Jones Ernest, wie Anm. 5.

11 Ockrent Christine (Hrsg.), *Das Schwarzbuch zur Lage der Frauen. Eine Bestandsaufnahme*, Pendo Verlag, München 2007.

12 Singly François de, *Les Adonaissants*, Armand Colin, Paris 2006.

13 Burguière André, »Joseph, père moderne« in *Le Nouvel Observateur*, 3.–9. August 2006.

14 Das bringt mich auf die These von Olivier Rey, wonach kleine Kinder heutzutage üblicherweise andersherum, nämlich mit nach vorn gerichtetem Blick, im Kinderwagen sitzen. Dem Autor zufolge eine viel sagende Position, lernt doch der Mensch in unserer Zeit von Kindheit an, den Errungenschaften der vorangegangenen Generationen, einer Selbstständigkeit in Gestalt einer allmählichen Eroberung, den Rücken zuzukehren, das »Projekt seiner Selbstfindung« anzugehen und »die Welt nach eigenem Gutdünken fürchten zu lernen«. *Une folle solitude*, Seuil, Paris 2006.

15 Braconnier Alain, *Mutterliebe. Warum Söhne starke Mütter brauchen*, DVA, München 2006.

16 Lamour M., »Coconstruire la paternalité: une expérience de recherche-action-formation à la crèche« in André Jacques und Chabert Catherine, *L'Oubli du père*, PUF, Paris 2004.

17 Mitscherlich Alexander, *Auf dem Weg zur vaterlosen Gesellschaft*, Beltz, Weinheim 2003.

18 Corneau Guy, *Père manquant, fils manqué*, Éditions de l'homme, Paris 1992.